智能交通先进技术译丛

基于云计算的车辆自组网大数据分析

[印度]
拉姆·辛格·拉奥(Ram Shringar Rao)
纳海·辛格(Nanhay Singh)
翁普拉卡什·凯瓦尔蒂亚(Omprakash Kaiwartya)
桑乔伊·达斯(Sanjoy Das)
编著

焦 阳 王 涛 田洪刚 李 羚 译

机械工业出版社

本书涵盖了车联网领域的多个研究方向，如智能交通环境、地域群播路由协议、基于拓扑结构路由协议、VANET 和物联网应用、垂直切换的两阶段非合作博弈模型、网络安全风险管理、软件定义的车辆自组网、车辆传感器网络、车载延迟容忍网络，以及无线传感器节点的能量收集的技术等，并深入探讨了相关技术的原理、优缺点、应用场景及研究进展。同时，本书也重点关注了基于云计算的大数据分析在车联网中的应用，详细介绍了其原理、技术、工具和方法，并结合实际案例展示了它在交通管理、车辆监控、安全保障等方面的应用。

First published in English under the title

Cloud-Based Big Data Analytics in Vehicular Ad-Hoc Networks

edited by Ram Shringar Rao, Nanhay Singh, Omprakash Kaiwartya, Sanjoy Das

Copyright © 2021 by IGI Global，www.igi-global.com.

北京市版权局著作权合同登记　图字：01-2022-4626 号。

图书在版编目（CIP）数据

基于云计算的车辆自组网大数据分析／（印）拉姆·辛格·拉奥等编著；焦阳等译．－－北京：机械工业出版社，2024.8．－－（智能交通先进技术译丛）．
ISBN 978-7-111-76425-0

Ⅰ．U469-39

中国国家版本馆 CIP 数据核字第 20241788PM 号

机械工业出版社（北京市百万庄大街 22 号　邮政编码 100037）
策划编辑：李　军　　　　　责任编辑：李　军
责任校对：郑　雪　刘雅娜　责任印制：邓　博
北京盛通数码印刷有限公司印刷
2024 年 10 月第 1 版第 1 次印刷
169mm×239mm・13.75 印张・2 插页・280 千字
标准书号：ISBN 978-7-111-76425-0
定价：129.00 元

电话服务　　　　　　　　　　网络服务
客服电话：010-88361066　　　机　工　官　网：www.cmpbook.com
　　　　　010-88379833　　　机　工　官　博：weibo.com/cmp1952
　　　　　010-68326294　　　金　书　网：www.golden-book.com
封底无防伪标均为盗版　　　　机工教育服务网：www.cmpedu.com

前　言

根据世界卫生组织（WHO）的数据，每年全球有数百万人因车辆交通事故而丧生或受伤，同时交通事故和交通堵塞导致数十亿小时的时间损失，全球生产力也因此降低。由于车辆数量的急剧增加、交通拥堵和道路事故频繁发生，优化交通管理面临着巨大挑战，因此，为了减少交通事故数量、改善交通系统的性能、提升道路安全和保护环境，引入了车辆自组网（VANET）的概念。VANET是为智能交通系统（ITS）开发的，也是未来道路交通系统的发展方向。随着无线通信、计算范式、大数据和云计算的发展，智能设备配备了无线通信功能和高性能处理工具。

近年来，VANET通过引入云计算、大数据和物联网（IoT）等基于服务和概念的先进蜂窝网络（如5G网络）和车联网概念，得到了改进。大数据和云计算正成为VANET领域的新兴研究方向，在全球范围内涉及许多项目。车载通信系统将产生大量数据，这些数据如今被存储在云端，称为云数据，也被视为大数据。大数据指的是大量结构化和非结构化数据，可以通过各种应用软件进行分析。利用大数据分析，我们可以从数据中获取收益。因此，云端的大数据对于VANET的实施具有深远影响，使交通系统更加安全、高效和有效。

此外，由于VANET的独特性和广泛的应用和服务，如减少交通事故、提升乘客安全、改善交通效率以及提供娱乐和信息服务，VANET一直受到密切关注和深入研究。借助大数据分析，我们能够提高交通效率、提升拥堵控制和运输安全水平。然而，在VANET中应用大数据分析存在着许多关键的研究问题和重要挑战。为了满足VANET需求，云计算或移动云计算成为一种全新的计算模式，通过互联网按需存储、访问、处理、共享数据、文件和程序。云计算被认为是满足VANET需求的关键要素，它提供了一个网络访问模型，旨在交换大量的计算资源和服务。云计算和大数据技术的结合为VANET提供了实时解决方案，并在全球范围内引起了广泛的研究兴趣。同时，云服务提供商将为车载节点用户提供基于云的付费服务，也会提供一些免费服务。

随着无线技术、大数据、物联网和智能车辆的快速发展，将智能设备（如智能手机、个人数字助理、智能手表、智能电视、笔记本计算机等）与云相连接的需求日益增加。传统VANET在部署中面临着灵活性不足、连接性差和智能度不足等技术挑战。因此，云计算、大数据分析、车载云计算、物联网和VANET成为当前智能交通系统中的重要组成部分。各种关于VANET、云概念和大数据分析的研究表明，它们对包含智能VANET的智能交通系统具有显著影响。

由于车辆数量的增加，交通事故、安全问题、道路拥堵、停车困难和环境污染等全球性问题变得严峻，智能交通系统已成为解决这些问题的主要方法。因此，为了应对这些问题，基于云计算和大数据的未来 VANET 将对自主驾驶车辆提出独特要求，包括高效性、更好的连接性、低延迟和实时应用，这些要求可能无法通过传统的 VANET 满足。因此，本书将探讨如何将云计算、大数据、车载云计算和物联网与传统的 VANET 进行整合。

本书涵盖了与 VANET 相关的多个问题，涉及路由、安全性以及云计算、物联网等最新技术的应用。同时，本书还介绍了机器学习技术的应用。因此，本书的目标读者非常广泛，包括学者、研究人员、本科生和研究生，以及行业内人士等。

本书共分为 11 章，各章内容简介如下：

第 1 章讨论了机器学习技术在智能交通环境中的应用及其价值。为了优化车辆的运行并降低事故率，几乎所有路口都安装了交通信号灯。交通信号灯的目的是减少交通拥堵，但由于交通流动的动态性，拥堵问题一直存在。这种拥堵导致车辆等待时间增加。本章介绍两种基于机器学习的方法来改善拥堵交通环境。首先，基于深度学习的交通信号控制，通过图像处理技术识别路口各方向的拥堵情况。根据拥堵程度分析，算法提出了动态绿灯时间，取代传统的固定信号灯系统。其次，提出基于 Q 学习的方法，通过累积奖励来决定交通信号灯的状态。最后，在不同的交通模拟环境中，通过 SUMO 测试这些算法，并进行了详细的分析。这些研究成果对于学术界的学者、研究人员、本科生和研究生以及相关行业人员都具有重要的参考价值。

第 2 章探讨用于自组网的各种基于位置的路由算法。其中，地域群播是传统多播问题的一种特殊情况，它指的是将消息或数据传递到特定地理区域。在自组网中，路由是将消息从源节点传输到目标节点所需的关键活动。由于节点快速移动、网络负载或流量模式以及网络拓扑结构的动态变化，路由问题在自组网环境中变得非常重要且相对复杂。本章介绍了在移动自组网和车辆自组网中使用的各种地域群播路由机制，并深入分析了每种协议的优点和局限性。在地域群播消息的传递过程中，源节点和目标节点都利用位置信息进行确定，而全球定位系统（GPS）则用于确定节点的位置。本章还对现有地域群播路由协议进行了全面的比较分析，并提出了未来设计新路由协议以明确相关问题的研究方向。

第 3 章对各种基于拓扑结构路由协议在印度城市车辆交通场景中的表现进行评估。VANET 是移动无线自组网（MANET）的一种特殊形式，助力实现智能交通系统。印度交通运输与公路部的报告显示，2015 年印度有 150 万人在道路事故中丧生。为了减少伤亡并提升旅程中的舒适感，印度也需要引入 VANET

技术。在实际应用之前,需要对VANET在印度道路上的适用性进行测试。本章选择了开放街图网站上新德里康诺特广场的真实地图,并使用SUMO进行交通流建模。通过采用多种场景来反映印度真实道路条件,评估了AODV、DSDV和DSR等路由协议的性能。在城市车辆交通场景中,使用CBR流量来传播紧急消息。通过NS-2.35网络模拟器,考虑了吞吐量、数据包传递率和端到端延迟等指标进行性能分析。

第4章讨论车辆自组网中物联网的各种应用。用户可以利用云存储大量数据,无须担心本地硬件和软件的维护。用户将数据外包并进行安全控制,以保证数据的可靠性。存储在云服务器中的数据会定期接受用户的审计,通过无线网络检查服务提供商的正确性。用户可以委托第三方审计人员代表他们进行安全审计,以满足时间限制。同时,第三方审计人员也会保护数据的机密性。为了保护数据免受各种漏洞的侵害,需要构建更高效的系统。提出的审核机制使用VANET,在确保数据完整性的同时,能够以高效和有效的方式满足用户需求。

第5章讨论了在异构无线网络环境中基于博弈论的垂直切换问题。在这样的环境中,实现高效的垂直切换需要对无线网络和移动用户进行有效的定性评估,并相互选择最佳的无线网络和移动用户组合。现有的研究大多将这两个要求同时考虑在内,提出了在异构无线网络中进行垂直切换的技术,但很少有机会单独处理上述要求,可能导致垂直切换效率低下。因此,本章提出了一个通用的两阶段、两个参与者的迭代非合作博弈模型。该模型提供了一个模块化框架,将无线网络和移动用户的定量评估(第一阶段)与博弈的制定和解决方案(第二阶段)分开,以相互选择最佳的无线网络和移动用户组合进行垂直切换。仿真结果显示,与基于多属性决策方法等单阶段非博弈理论的方法相比,基于博弈论的两阶段模型能够显著减少垂直切换的次数。

第6章讨论了安全风险的各种问题,并使用模糊多准则决策方法来管理这些风险。安全风险评估在网络安全管理中起着重要作用。本章描述了满足大型企业/组织需求的安全网络建设所涉及的关键措施和参数。现有的模糊模型结合了模糊技术和专家意见,旨在通过网络传输过程中管理设备对设备(D2D)数据通信中的安全风险,以优化安全保障,其思想是通过网络识别和优先处理安全风险,以实现开发人员和组织设定的目标。本章基于多准则决策分析方法,对安全风险进行评估。

第7章介绍软件定义车辆自组网的理论方法。VANET和软件定义网络(SDN)是推动智能车辆网络和下一代应用的关键技术。近年来,许多研究集中在SDN和VANET的结合上,并致力于解决与软件定义VANET服务和功能相关的架构问题,以适应不断发展的需求。本章讨论了SD-VANET的最新研究现状，并探讨了未来研究方向。通过理论方法，对软件定义 VANET 的网络基础设施设计、功能、优势和未来网络的挑战进行了阐述。

第 8 章介绍通过车辆传感器网络对车辆进行监控和监测的应用。车载网络具有广泛的发展前景，包括将人工神经网络与无线传感器网络相结合。它排在移动通信网络和互联网之后，具有更强的测量和感知能力，操作更加便捷和智能。无线传感器网络由一系列无线设备组成，通过传感器监测和记录环境的物理条件，并将采集的数据集中存储在一个中央服务器。无线传感器网络可以测量温度、声音、污染水平、湿度、风速、风向、压力等环境参数。因此，无线传感器网络广泛应用于满足环境感知应用的基本需求，如精准农业、车辆监测和视频监控等领域。

第 9 章比较了车载延迟容忍网络中不同路由算法。随着道路上车辆交通活动的不断增加，交通管理和驾乘安全成为至关重要的问题。VANET 应运而生，使车辆能够感知周围环境并向驾驶员提供必要的信息，以应对各种问题。然而，由于 VANET 的特殊性，如高度移动的拓扑结构、城市基础设施的依赖以及车辆的高速行驶，产生了网络连接频繁中断和消息传递延迟等挑战。为了应对这些挑战，车载延迟容忍网络（VDTN）的路由协议被提出，旨在不确定的网络环境下实现有效通信。本章通过评估节点密度和消息大小对各种 VDTN 路由协议的性能影响，对不同路由算法加以比较。

第 10 章探讨了利用整流天线进行无线传感器网络（WSN）能量收集的技术。传统无线传感器节点依靠电池提供能量，需要定期更换或充电。然而，将电磁能量转化为直流能量（即无线电频率能量收集）成为一种理想的能量来源。环境中存在着丰富的无线电频率能量，相比其他能量收集技术更具可预测性。通过利用环境中的无线电频率能量，可以消除传感器节点定期更换电池的需要。尽管环境中的无线电频率能量较为充足，但单位面积的功率密度相对较低。因此，关键问题在于如何提高整流电路的输出能力，以有效利用这种低功率密度的能源来源。

第 11 章探讨了云计算技术的各种应用。当前云计算和电子商务在提高效益方面相辅相成。电子商务使企业能够脱离实体，在互联网上进行业务扩展和增长。通过 IT 基础设施，云计算得以支持电子商务发展。很多企业和组织通过云计算技术获得了更多益处。然而，在云转型之前，必须权衡利弊和考虑清楚将面对的挑战。本章介绍电子商务组织云转型时的需求，以及采用云计算后给电子商务业务带来的好处和挑战。

本书涵盖机器学习、模糊理论、物联网和云计算等现代技术应用的话题，为进一步探索 VANET 的各个领域提供了广阔的研究空间和丰富资源。本书还讨论了在 VANET 环境中云计算、物联网、延迟容忍网络和大数据分析等领域的应用。针对基于拓扑结构和基于位置的路由算法，相关章节进行大量仿真。对于现代技术的挑战、安全性和应用场景，本书亦进行全面讨论，以便读者更好地理解这一领域的内涵。

　　希望本书能够为研究人员提供更宽广的视角，助力进一步探索 VANET 及其相关网络的各个方面。

Ram Shringar Rao
Nanhay Singh
Omprakash Kaiwartya
Sanjoy Das

目 录

前言

第1章 利用机器学习算法构建智能交通环境方法探索 ········· 1
  1.1 简介 ············· 1
  1.2 研究成果 ············ 4
  1.3 研究目标 ············ 5
  1.4 技术路径 ············ 9
  1.5 实施细节和结果 ·········· 13
  1.6 结论和未来工作 ·········· 16
  参考文献 ············· 17

第2章 Ad–Hoc网络的地域群播路由协议：比较分析和现存问题 ········· 20
  2.1 简介 ············· 20
  2.2 Ad–Hoc网络中的地域群播（Geocasting） ···· 21
  2.3 Geocast路由协议比较 ········ 33
  2.4 新协议设计的未来方向 ········ 35
  2.5 结论 ············· 36
  参考文献 ············· 37

第3章 基于拓扑结构路由协议评估印度城市车辆交通场景中紧急信息的传播 ········· 40
  3.1 简介 ············· 40
  3.2 背景信息和相关研究 ········ 41
  3.3 VANET体系结构 ·········· 42
  3.4 VANET的通信模型 ········· 42
  3.5 VANET无线接入标准 ········ 43
  3.6 VANET应用 ············ 45
  3.7 VANET的路由协议 ········· 46

3.8 交通代理 CBR ………………………………………………………………… 50
3.9 使用的研究方法 ……………………………………………………………… 50
3.10 结论 …………………………………………………………………………… 58
参考文献 …………………………………………………………………………… 58

第 4 章 VANET 与物联网的多种应用综述 ………………………………… 64
4.1 简介 …………………………………………………………………………… 64
4.2 相关工作 ……………………………………………………………………… 65
4.3 物联网 ………………………………………………………………………… 66
4.4 VANET 模型概述 …………………………………………………………… 68
4.5 结论 …………………………………………………………………………… 73
参考文献 …………………………………………………………………………… 73

第 5 章 异构无线网络中垂直切换的两阶段非合作博弈模型 ……………… 76
5.1 简介 …………………………………………………………………………… 76
5.2 相关研究 ……………………………………………………………………… 78
5.3 垂直切换 ……………………………………………………………………… 79
5.4 博弈论 ………………………………………………………………………… 81
5.5 垂直切换的两阶段非合作博弈模型 ………………………………………… 83
5.6 模拟和结果分析 ……………………………………………………………… 88
5.7 结论 …………………………………………………………………………… 92
参考文献 …………………………………………………………………………… 92

第 6 章 网络安全风险管理的模糊多准则决策方法 ………………………… 95
6.1 简介 …………………………………………………………………………… 95
6.2 相关研究 ……………………………………………………………………… 96
6.3 网络安全 ……………………………………………………………………… 97
6.4 网络通信中的安全风险 ……………………………………………………… 99
6.5 研究方法 ……………………………………………………………………… 105
6.6 网络安全风险因素评估 ……………………………………………………… 107
6.7 结论 …………………………………………………………………………… 109
参考文献 …………………………………………………………………………… 110

第 7 章 软件定义的车辆自组网：一种理论方法 …………………………… 116
7.1 简介 …………………………………………………………………………… 116

7.2 软件定义网络 … 119
7.3 VANET 中的软件定义网络（SD-VANET） … 122
7.4 SD-VANET 路由 … 125
7.5 SD-VANET 中的安全问题 … 127
7.6 SD-VANET 新兴技术 … 128
7.7 SD-VANET 的挑战 … 130
7.8 结论 … 131
参考文献 … 131

第8章 利用车辆传感器网络进行车辆监控和监测 … 136

8.1 简介 … 136
8.2 车辆监测中的无线传感器网络：文献综述 … 137
8.3 车辆无线技术的数据聚合和融合 … 138
8.4 智能无线传感器网络在车载传感器网络中的应用 … 140
8.5 无线传感器网络在车辆监控方面的局限性 … 147
8.6 总结 … 147
8.7 后续研究方向 … 147
参考文献 … 150

第9章 车载延迟容忍网络中的路由比较分析 … 158

9.1 简介 … 158
9.2 VDTN 概述 … 159
9.3 仿真与结果 … 163
9.4 未来研究方向 … 166
9.5 结论 … 167
参考文献 … 167

第10章 使用整流天线进行无线传感器节点的能量收集 … 170

10.1 简介 … 170
10.2 相关研究 … 171
10.3 方法和概念 … 172
10.4 HFSS 模拟 … 181
10.5 ADS 模拟 … 186
10.6 结论 … 189
参考文献 … 190

第11章 云计算技术 ······ 191

- 11.1 云计算 ······ 191
- 11.2 云实体 ······ 191
- 11.3 云部署模型 ······ 192
- 11.4 云服务交付模型 ······ 193
- 11.5 云计算对实体的好处 ······ 194
- 11.6 云计算特点 ······ 194
- 11.7 云计算挑战 ······ 195
- 11.8 云计算属性 ······ 197
- 11.9 云安全 ······ 198
- 11.10 云攻击 ······ 200
- 11.11 什么是电子商务 ······ 202
- 11.12 电子商务面临的问题 ······ 203
- 11.13 面向电子商务的云计算 ······ 203

参考文献 ······ 206

第 1 章
利用机器学习算法构建智能交通环境方法探索

为了保证车辆行驶畅通并降低事故率，政府在几乎所有的交叉路口都安装了交通信号灯。然而，交通流动的动态性使得拥堵问题不可避免，导致车辆等待时间的增加。本章采用两种基于机器学习的方法来改善拥堵交通环境。首先，本章提出基于深度学习的交通信号灯系统，利用图像处理技术来识别交叉路口各个方向的拥堵情况。通过对拥堵情况的分析，算法提出利用动态绿灯时间取代传统交通信号灯系统。其次，引入基于 Q 学习的方法，其中智能体根据累积奖励来决定交通信号灯的状态。最后，为了验证这些算法的有效性，在不同的交通仿真环境下使用 SUMO 进行大量测试，并详细分析了结果。

1.1 简介

为了提高人们的生活水平，智慧城市已成为全球各国的未来发展方向。智慧城市旨在实现基础设施的先进化和提供更高水平的便利设施（Smart city definition，2019）（Smart city mission，2019）。实现智慧城市的关键在于将信息通信技术（ICT）整合到人们的日常生活服务中，包括水供应、能源消耗、废物管理、医疗保健、交通运输、教育、农业、道路基础设施、监控系统和市民安全等诸多领域。

上述服务的整合通过物联网（IoT）和传感器收集各类设备、人员和物品的信息，然后利用数据分析工具进行评估，并运用人工智能技术增强智慧性。这种技术可以应用于环境挑战、资源优化、服务管理等方面。城市管理机构可以实时监测城市的各项活动信息，政府或决策机构可以借此跟踪解决市民面临的问题，提升服务质量。智慧城市的实现需要市民和政府积极参与，这将促使公共标准发生积极变化（Smart city，2019）。在智慧城市方案设计之初，就应当考虑可持续性和市民友好这两个重要标准。

城市化率的提升也是展示智慧城市需求的重要因素之一。由于农村地区设施有限，越来越多的人口正向城市地区迁移。根据联合国的报告，到 2050 年，预计将有三分之二的人口居住在城市（UN Report，2019）。为了应对庞大的城市人口，需要对城市地区进行详细规划，考虑资源限制、经济和环境要求（如空气和水资源）、卫生、教育和交通等方面的服务。

从上述各个领域的重点以及满足人口和治理需求的现实需要来看，可以得出结论：智慧城市是任何发展中国家的发展需求。因此，全球各国政府正投入巨资推动社会转型，并将这些项目转化为现实。各国政府已启动了多个智慧城市项目。许多城市（如曼彻斯特、迪拜、新加坡、纽约、台北、阿姆斯特丹、哥伦布市等）都采取了智慧城市战略。以印度为例，印度总理纳伦德拉·莫迪于2015年宣布在全国范围内建设100个智慧城市的使命（Smart Cities Mission, 2016）。政府为该使命提供的各个项目预算约为201981亿卢比（Hindustan Times, 2019）。不仅政府机构，研究人员和学者也希望参与到转型进程当中。在数据数字化、在线教育、电子健康服务、可负担房屋、道路连接改善、移动计算等方面已经出现了一些解决方案，但仍需要适应性更强和可持续的解决方案（Features, 2019；Rana, 2018；Yin, 2015）。

发展智慧城市需要着重关注交通运输。智能交通系统（ITS）是完成智慧城市使命的重要基石之一（Lee, 2014）。ITS旨在为市民提供更好的公共交通、高效的连接和更好的道路基础设施（Mehta, 2019）。然而，这仅是基本要求，ITS的主要目标是创建和提供一个数字平台，有效管理交通运输系统。通过ITS，可以在一定程度上保证旅客的舒适度以及交通的通达性。

ITS可以预先提供有关交通状况的信息，从而节省旅行时间。人们对ITS的期望还包括高效停车管理系统、城市收费支付政策统一、实时提供不堵车的路线、动态交通信号灯、交通情况预测以提升驾驶体验、行驶时的Wi-Fi支持和良好的互联网连接、安全驾驶等。有效利用基础设施和强化车辆之间的连接可以提供更多有效信息，帮助身处道路上的各类旅客。日常通勤者可以了解公交车的时刻表、座位的可用性以及公交车的当前位置等信息。政府已采取各种措施并提供相关资金，而汽车企业则对研究部门委以重任，要求提出智慧交通解决方案。

当前已有部分应用面世，例如通过实时地图评估不同指标（如拥堵情况、距离、时间等），判断最佳路线。利用人工智能技术，车辆能够提醒驾驶员系上安全带、及时加油，以及提供道路信息。这些都得益于技术与汽车的融合。车载单元帮助车辆实现车辆间通信，以及与基础设施通信。这些技术降低了事故率、节省了通勤时间、实现了车辆定位、减少了燃料消耗、提升了交通安全性，带来了诸多好处。某些城市社区安装了摄像头，监控交通状况并调控交通流量。然而，现阶段摄像头的智能化程度仍有提升空间，例如能够准确区分行人、私家车和公共交通等。

智能标签在收费方面起到了积极的作用，为交通流动提供了便利与快捷的服务（Rodrigo, 2015）。同时，智能中心的开发也正在进行中，以期在紧急情况下及时向附近的医院和警方发送警报，从而挽救生命。其他路人也可以得到相关信息，改变交通路线（VDOT, 2019）。此外，智能高速公路能够检测违规行为（如交通信号违规、超速等），并向交通管理部门发出处罚通知。另外，还有一些系统记录了旅行者及其驾驶员的信息，用户可以根据出行方式和出发时间做出决策（ITS, 2019）。

导航可以帮助用户规划行程并避开拥堵。然而，有时用户仍会面临没有选择的窘境。日益恶化的交通拥堵是印度各个城市普遍存在的问题（Traffic，2015）。交通拥堵导致二氧化碳排放增加，直接影响空气质量，威胁人们身体健康，浪费时间和金钱。

印度人每天通勤时间大约为 90min，这还仅仅是从家到办公室的往返时间，不包括外出用餐、购物等行程。如果将这些时间也计算在内，一个人每天花在交通上的平均时间将会更长。某报告显示，四个城市（德里、孟买、加尔各答和班加罗尔）每年因交通堵塞而造成的经济损失达到 220 亿卢比（Traffic，2018）。印度并不是唯一受到这个问题影响的国家，全球范围内的许多国家都面临着这个问题，影响人们生活。美国的一项统计数据显示，交通拥堵导致每年 19 亿 USgal（1USgal = 3.785dm^3）燃料浪费，这相当于五天的燃料消耗量（Sitting & fuming: traffic congestion statistics，2019）。

交通拥堵的原因有多种，包括道路基础设施不完善、交警不足、车辆数量过多、公共交通不发达、交通信号灯的时长固定等（Shamsher，2015）。随着人口的增加，车辆数量也随之增加。几乎每个家庭都有一辆车，有些家庭甚至拥有多辆车，这既是为了维持社会地位，有时也是出于实际需要。统计数据显示，2009 年每天销售汽车 1.8 万辆，2018 年这个数据为 5.4 万辆（News，2019）。交通拥堵场景如图 1.1 所示。

图 1.1　交通拥堵场景（News，2019）

车辆数量不断增加，即使小型十字路口也需要安装交通信号灯。在印度，几乎每个十字路口都安装了交通信号灯，希望管理交通流动，减少拥堵并降低事故风险。城市交通信号灯也是交通堵塞的原因之一（Driving，2019）。交通信号灯时长固定，流量过大时限制一侧车辆通行。交通流动导致交叉口容易形成拥堵，增加每辆车的等待时间，耗费更多燃料，影响车辆紧急通行需求，导致人们无法赶上飞机、火车，甚至无法获得急救，浪费宝贵生命。

通过一段时间的调查计算，大多数交通信号系统采用了相对固定的时间。当交通情况与通过调查计算得出的平均情况相匹配时，信号灯调节非常有用。但是，随着交通流量增加和动态性变化，固定时间无法高效管理交通，需要引入实时交通控制系统。动态交通信号灯不仅考虑每个方向的交通流量，还考虑意外情况，如事故、紧急车辆等。动态交通信号灯可以优化交通流量处理方式，减少车辆等待时间，从而节省燃料、金钱，进而促进经济繁荣。

本研究旨在提升交叉口对周围交通的感知能力，以优化交通流量，间接减少交叉口车辆的等待时间。

机器学习算法可以使交通环境更加智能化。本研究旨在探索一种机器学习算法，以实现高效的交通信号管理，从而减少交通拥堵。为实现这一目标，本章提出了两种算法：基于深度学习的交通信号（DLTS）算法和基于Q学习的交通信号（QLTS）算法。DLTS算法利用图像处理技术检测交叉口各个方向的车辆，并根据实时情况提供动态的绿灯时长，而非固定时长。QLTS算法中的代理根据累积奖励来决定交通信号灯的状态。对这两种算法在不同场景下的性能进行了比较。同时，这些算法还考虑到了紧急车辆的存在，确保其优先通过而不会延误。

本章的结构安排如下：1.2节介绍了相关研究人员对于该问题的研究成果；1.3节和1.4节分别讨论了研究目标和技术路径；1.5节详细描述了实施细节和结果；最后，1.6节对本章进行了总结。

1.2 研究成果

为了缓解交通拥堵问题，研究人员借助各种技术相互协作，提供解决方案。神经网络、图像处理、遗传算法、强化学习、模糊逻辑等多种技术被单独或组合运用于交叉口的绿灯时长分配。以下是对这些研究成果的总结：

在 Hawi 的研究中，作者针对单个交叉口的环形路口构建了智能交通信号灯系统。作者最初考虑在道路上部署传感器以持续收集交通信息，但在仿真阶段则采用了合成数据。经过处理后，将交通量和平均等待时间等数据输入到模糊逻辑控制器中。该控制器根据优先度输出相应车道的绿灯时长（Hawi，2017）。Araghi 等人的研究旨在减少行程延迟，他们同时采用了神经网络和模糊逻辑（Araghi，2014）。研究结果表明，神经网络和模糊逻辑的性能相当出色，并明显优于固定时长的信号灯。这两种方法都利用遗传算法寻找参数的最优值。

一些研究者将神经网络与模糊逻辑相结合，用于交通信号控制。Zang 等人的研究基于专家知识构建了一个模糊模型，通过优化系统参数，将其转化为模糊神经网络模型（Zang，2006）。Soh 等人提出一种自适应神经模糊推理系统控制器，充分发挥模糊逻辑和神经网络的优势。他们在使用 M/M/1 排队理论构建的模型上进行了仿真，并将该控制器与模糊控制器和其他传统控制器在平均等待时间、队列长度和延迟时间等多个指标上进行了比较（Soh，2011）。Royani 等人也采用模糊神经网络来控制交通信号灯的时长，并使用遗传算法来优化参数。他们在 MATLAB

中模拟了基于模糊神经网络的方法,并与固定时长方法进行了比较,结果表明他们提出的方法更为优越(Royani,2013)。

在 Chao 等人的研究中,他们尝试利用扩展神经网络解决交通拥堵问题,将扩展理论与神经网络相结合。扩展理论用于对特定路口的交通流量进行高、中、低分类,并根据分类结果预测下一个周期的绿灯时长(Chao,2008)。

Maheshwari 等人讨论了交叉口交通拥堵对时间和燃料的浪费问题。他们提出了在交通信号灯上安装摄像头的想法,并利用图像处理技术分析摄像头图像以获取交通密度信息,进而调整交通信号灯的时长。然而,该研究仅在理论上讨论了这一想法,并未展示具体的实验结果(Maheshwari,2015)。

Bui 等人提出了基于同步理论的动态交通信号灯控制方法。他们关注了每个交叉口的控制器,以优化交通流量。当车辆通过交叉口时,它们与交叉口的控制器进行通信,以减少平均等待时间(Bui,2016)。

Abdoos 等人阐明了根据交通情况动态控制交通信号灯时序的必要性。他们将交通信号灯网络表示为一个智能代理系统,每个代理控制一个单独的十字路口。他们采用 Q 学习技术来调整交通信号灯的时间(Abdoos,2011)。在 Moghaddam 的研究中,作者将模糊与 Q 学习结合使用。模糊逻辑用于设置 Q 学习变量的状态和动作(Moghaddam,2015)。在(Araghi,2013)中,作者将所提出的用于交通信号控制的神经网络方法与 Abdoos 等人提出的 Q 学习方法(Abdoos,2011)进行了比较。Araghi 等人表明,Q 学习在交通信号灯控制中是不切实际的,而神经网络(NN)方法更为优越(Araghi,2013)。研究人员还将深度卷积神经网络应用于车辆识别(Adu Gyamfi,2017)。他们声称,使用所提出的模型可以进行更精细的车辆分类。

综合文献调研可知,交通拥堵是一个需要关注的重要问题。通过调整交通信号灯的不同时序,可以在一定程度上解决这个问题。然而,目前的研究工作还存在一些问题,如多个交叉口的算法、交通信号灯的同步、考虑应急车辆优先级、探索机器学习算法用于交通信号灯时序以及在不同时间段的交通情况下的应对等方面仍有待改进。

1.3 研究目标

本研究的主要目标是减少交叉口的等待时间。为实现这一目标,本章采用了两种技术,即深度学习和 Q 学习,以实现动态交通信号控制。DLTS 算法基于密度评分的概念进行工作。根据交通流量在每个交叉口计算密度,并将其划分为高、中、低三个级别。采用贪婪策略来确定每个交叉口每个方向的绿灯时间。而 QLTS 算法将每个交叉口视为一个智能体。该智能体了解接近交叉口的车辆的位置和速度。在学习过程中,智能体能够根据当前状态学习并采取相应的行动。这有助于智能体根据当前状态调整交通信号。两种提出的算法都可以检测交叉口的车辆数量以及应急车辆的存在情况。它们根据交叉口各方向的优先级和拥堵程度调整交通信号。为了更清晰地阐述智能交通管理的概念，将提出的工作划分为三个子部分，如下所述：

1.3.1 DLTS 算法

DLTS 算法基于密度评分实现动态交通信号控制。首先，该算法需要检测交叉口的车辆数量。为此，使用基于 TensorFlow 和 SSD 技术的模型来实现车辆检测。然而，仅仅考虑车辆数量并不足以准确判断交叉口的拥堵程度。因此，引入了密度评分的概念。为每种类型的车辆分配了不同的权重，根据车辆的大小和重要性进行权重设置（其中，小型汽车 = 2，公交车 = 4，货车 = 4，人 = 0.5，自行车 = 0.5，摩托车 = 1）。根据检测到的车辆和其对应的权重，计算出交叉口各个方向的密度评分，将其分为高、中和低三个级别。根据这些评分，采用贪婪策略决定交通信号的时序，以实现动态调整。

DLTS 算法的工作流程如图 1.2 所示。首先，通过实时视频流提供数据输入给神经网络模型。然后，采用单次多框检测技术进行车辆检测。接下来，根据计算公式（底部右侧部分）计算平均密度评分，其中，n 表示车辆总数，ω 表示车辆的权重，x_i 表示特定类型车辆的计数。最后，采用贪婪策略根据计算出的评分来改变交通信号的时序。

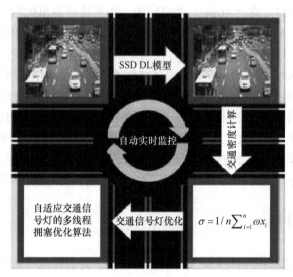

图 1.2　DLTS 算法的工作流程

需要注意的是，本算法采用循环方式依次处理交叉口的各个方向，具体顺序为东侧、南侧、西侧和北侧。经过实验验证，这种顺序选择对算法的效率没有明显影响，因此在后续的分析中均采用此顺序。

DLTS 算法通过结合密度评分和动态调整交通信号时序的方式，旨在优化交通流量和减少等待时间，从而提高交叉口的通行效率。

1.3.2 DLTS 算法与紧急车辆检测

DLTS 算法根据交叉口各方向的交通拥堵情况来确定交通信号的时序。然而，在某些情况下，某一方向的车辆流量可能较低，但可能有紧急车辆（如救护车或消防车）等待通行。在这种情况下，应该给予紧急车辆更高的优先级。因此，根据紧急车辆检测的需求，对 DLTS 算法进行了改进。采用 HAAR 级联方法来检测实时视频中的紧急车辆。当存在紧急车辆时，该方向的信号将优先设置为绿灯，直到紧急车辆通过。带有紧急车辆检测的 DLTS 算法工作流程如图 1.3 所示。该算法在

```
While video playing
Fetch a frame of the video
Set density_score=[0,0,0,0] ([E, S, W,N])
        Initialize 'E' green_time = 30sec, 'S' green_time=60sec, 'W' green_time=90sec and 'N' green_time=120sec.
Present_lane='E'
Next_lane ='S'
LABEL: Subtract 1sec from each side.
While (Present_lane green time != 0),  /*Check if there is an emergency vehicle currently present in the frame. */
        if( emergencyVehicle=present)
                while( emergencyVehicle==present)
                        Keep the signal green
                else if( emergencyVehicle!=present)
                        Skip this step and follow next step.
Calculate density_score of the Next_lane  /* using SSD object detection */
Call Fn_Classify_density()
Present_lane='S'
Next_lane ='W'  /*Present_lane and Next_lane variables would be changed in the cyclic order */
GO TO LABEL


Fn_Classify_density()
        if density_score>40
                traffic=high
                green_time=40
        elseif density_score>30
                traffic=medium
                green_time=30
```

图 1.3 带有紧急车辆检测的 DLTS 算法工作流程

实时视频输入的持续过程中运行，视频被逐帧处理。DLTS 算法根据 Classify_density 函数来调整交通信号。

1.3.3 QLTS 算法

QLTS 算法考虑了车辆的速度和位置信息。Q 学习的前两个步骤主要是定义智能体和其可执行的动作。智能体在环境中选择一个动作，以最大化奖励。在这里，将交叉口视为一个智能体。智能体根据车辆在红灯等待的总时间来选择动作。它会观察当前状态并决定下一步的动作。我们将水平车道和垂直车道视为两种状态。智能体根据预测的 Q 值来决定是否改变状态，它可以保持当前状态不变或者进行状态改变。智能体可以将绿灯设置为水平车道或垂直车道。它会根据以下两种动作进行选择：

1）将绿灯打开给水平方向的道路，用数字 0 表示。
2）将绿灯打开给垂直方向的道路，用数字 1 表示。

当智能体决定改变时，例如，假设垂直方向的道路为绿灯，智能体决定将水平方向的道路变为绿灯，则垂直方向的道路变为红灯，反之亦然。交通信号灯需要按照以下方式进行绿灯－黄灯－红灯的转换：

1）直行车辆的信号灯变为黄灯。
2）直行车辆的信号灯变为红灯。
3）左转车辆的信号灯变为黄灯。
4）左转车辆的信号灯变为红灯。

这里，绿灯持续时间设定为 10s，黄灯持续时间设定为 6s。状态由位置向量、速度向量和信号灯状态组成，作为输入传递给神经网络。神经网络使用随机权重进行初始化。神经网络的输出是一个 Q 值，根据要最大化的奖励进行预测。QLTS 算法的步骤在图 1.4 中详细定义。

```
位置矩阵 = [ ]
速度矩阵 = [ ]

播放视频时：
    使用1和0填充位置矩阵，以表示车辆的存在与否。
    使用车辆的当前速度填充速度矩阵。
    将位置矩阵和速度矩阵作为输入传递给神经网络。
    使用随机权重初始化神经网络。
    添加卷积层和ReLU激活函数层以获得准确的结果。
    神经网络选择最大化奖励的Q状态。
    如果Q值大于先前的Q值：
        交通信号进行变换。
            • 直行车辆的信号灯变为黄灯。
            • 直行车辆的信号灯变为红灯。
            • 左转车辆的信号灯变为黄灯。
            • 左转车辆的信号灯变为红灯。
        否则
            无须进行交通信号变换。
```

图 1.4　QLTS 算法的步骤

正如前面所述，智能体根据目标决定行动。根据其决策，智能体可能会受到奖励或惩罚。在每次迭代中，记录与车辆等待时间相关的两个观测值 r1 和 r2，分别为时间戳开始时和结束时的观测值。最终，总奖励计算为 $R = r1 - r2$。

下面概述上述观点技术路径。

1.4 技术路径

本节利用以下技术实现繁忙道路交叉口交通信号根据路况动态改变的想法。

1.4.1 OpenCV

OpenCV 是一个专为解决计算机视觉问题而设计的库。其中一个关键的数据结构是 Mat 对象，用于存储图像及其属性。OpenCV 提供一种简洁的方法，可有效读取和写入图像，并支持多种计算机编程语言。在 OpenCV 中，图像需要以 BGR 或灰度格式保存或显示。OpenCV 的 Python 版本是对原始的 C++ OpenCV 实现的封装，提供许多函数，便于图像用线性代数运算。在 OpenCV 中，所有图像都被转换为 NumPy 数组，这使得与 Python 的 matplotlib 和 sklearn 库的集成更加简单。OpenCV 在目标检测中的应用如图 1.5 所示。

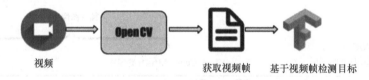

图 1.5　OpenCV 在目标检测中的应用

1.4.2 神经网络

神经网络（Neural Networks，NN）的灵感来自于人脑。神经网络由神经元和网络两个组成部分构成。神经元是一种存储介于 0 和 1 之间的数值的单元。多个神经元构成了网络的一层。其中，0 表示黑色图像，而 1 表示白色图像。神经元内部的数字称为其激活值。当神经元的激活值较大时，它就会激活（Neural，2019）。图 1.6 所示为神经网络的功能。

在训练模型时，需要解决一个优化问题，即对模型内部的权重进行优化。为此，采用了一种常用的优化器，即随机梯度下降（Stochastic Gradient Descent，SGD）。SGD 是对标准梯度下降算法的改进，它通过在小批量训练数据上计算梯度并更新权重矩阵来进行优化，而不是一次性考虑整个训练集。其主要目标是最小化损失函数，该函数衡量了预测数据与原始数据之间的误差。通过 SGD，可以调整权重以使损失函数最小化。在训练过程中，将提供带有标签的数据用于训练模型。

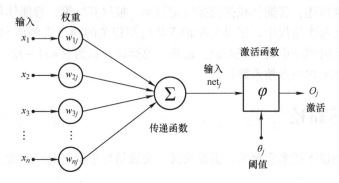

图 1.6　神经网络的功能

1.4.3　单次多框检测

单次多框检测（Single Shot Multibox Detection，SSD）是一种常用的目标识别算法，其工作原理如图 1.7 所示。它利用在不同位置处具有不同长宽比的一组默认框进行评估。相比于基于区域建议网络（RPN）的方法（如 R – CNN 系列）需要两次拍摄，一次用于生成区域建议，一次用于识别每个建议中的物体，SSD 只需一次拍摄就能在图像中识别出多个物体，因此速度更快。

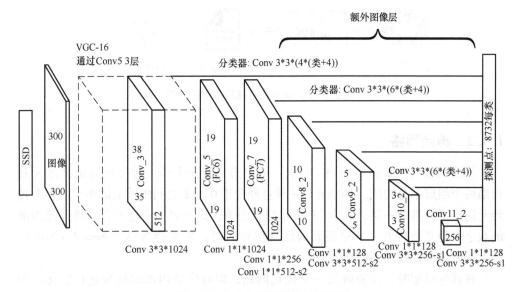

图 1.7　单次多框检测的工作原理

SSD 检测器与其他单次拍摄检测器不同之处在于采用了多层结构，从而在不同尺度的物体上提供更准确的定位。它能够在网络的单次前向传递中完成目标的定位和分类。SSD 框架可与卡尔曼滤波器结合使用，用于自动驾驶车辆中的车辆跟踪和检测。对于每个框，通过与训练值进行比较来预测物体类别的形状偏移和置信度。

1.4.4 HAAR 级联分类器

HAAR 级联分类器是一种基于 HAAR 特征的分类器。以检测人脸为例，通常来说，眼睛周围的区域比脸颊上的区域更暗。因此，用于人脸检测的一个 HAAR-like 特征示例是将眼睛和脸颊区域上方的两个相邻矩形区域组合起来（Viola，2001）。级联分类器是一组弱分类器的组合，用于构建一个更强大的分类器。弱分类器的性能在预测方面较差，不能达到最先进的分类模型的水平，而强分类器则能够更准确地对数据进行分类（Face，2019）。图 1.8 展示了如何训练 HAAR 级联分类器工作。

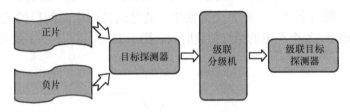

图 1.8　HAAR 级联分类器工作

HAAR 级联分类器是通过训练 HAAR 特征实现的，这些特征简单地将图像分成一些矩形区域，并计算这些区域之间的差异。

1.4.5 强化学习

强化学习（Reinforcement Learning，RL）是人工智能领域中引人瞩目的研究方向之一。它通过最大化预期的累积奖励来描述所有的目标。强化学习中的状态（信息状态）具有马尔可夫性质，即在给定当前状态的情况下，未来与过去无关。如果环境是完全可观测的（观测 = 环境状态 = agent 状态），决策过程可以被形式化为马尔可夫决策过程（MDP）。MDP 描述了强化学习中的环境。几乎所有的强化学习问题都可以建模为 MDP。强化学习自 20 世纪 60 年代以来就备受关注，在游戏和机器学习等领域取得了许多进展。然而，2010 年的一个突破性进展引起了广泛关注，研究人员展示了一台机器能够从零开始玩几乎任何 Atari 游戏，并在大多数游戏中击败人类，仅仅使用原始像素作为输入，而不需要任何关于游戏规则的先验知识。他们将深度学习的技术应用到强化学习领域，取得了超出预期的成果。

在强化学习中的 Q 学习阶段，代理观察环境并采取行动，作为回报接收奖励，如图 1.9 所示。Q 学习代理的目标是以一种方式采取行动，以最大化当前和未来的奖励，并尽量减少惩罚。

1）状态：状态是根据车辆在交叉口的位置和速度定义的。将交叉口视为一个方形矩阵。矩阵的大小确保没有两辆车能够进入矩阵的同一个格子，并且每辆车都可以放置在一个格子中，以减少计算量。在矩阵的每个格子中，状态可以表示为车辆的位置和速度的组合＜位置，速度＞。位置值为 0 或 1，表示该格子是否有车辆。值为 1 表示有车辆，值为 0 表示没有车辆。速度是一个数值，表示车辆的当前速度。

2）动作：交通信号灯根据当前状态选择一个动作。在这个过程中，动作空间的定义是选择每个车道在下一个周期中的时间间隔。需要注意的是，如果时间间隔在连续的两个周期之间变化太大，可能会导致系统变得不稳定。因此，在当前状态下，有效的车道时间间隔应该尽量均匀变化。

以图 1.10 中的交叉口为例。该交叉口有四条车道，分别是南北向、东南向和西南向、东西向，以及东南向和西北向。默认情况下，其他车道为红灯状态。暂时不考虑黄灯，稍后会介绍。在每个周期中，通过选择四个时间段的元组＜$t1$，$t2$，$t3$，$t4$＞，来确定每个车道的绿灯持续时间。图 1.11 展示了下一个周期可能的行动方案。

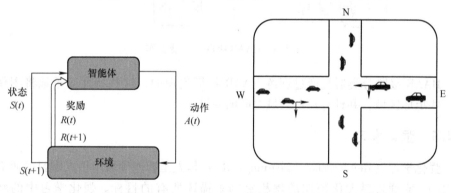

图 1.9 Q 学习简单算法　　　　图 1.10 交叉口矩阵的构成

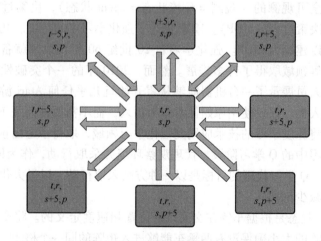

图 1.11 使用马尔可夫决策过程表示的交通信号灯场景

图 1.11 所示框中的元组表示单个周期内四个方向的交通信号时间。每个方向的交通信号时间会在一个循环中进行周期性更改。当前状态在经过 5s 后转换为下一个状态。在下一个周期中，只有一个方向的交通信号时间会增加或减少 5s。选择下一个周期的交通信号时间后，选定的时间设置成为当前的时间设置。同时，每个方向的交通信号时间在最大值和最小值范围内，最大值为 60s，最小值为 0s。

3）奖励：强化学习与其他学习算法的区别在于奖励。奖励提供了对先前动作的反馈。因此，正确定义奖励对于引导学习过程中的适当行动非常重要，有助于提升代理（即交通路口）的性能。以车辆的平均等待时间为衡量性能的指标。在每个时间步骤中，需要对代理进行奖励或惩罚。如果代理的行动减少了等待时间，就会减少交通拥堵。在每个时间步骤中，记录了两个不同时间点的观测值，即时间步骤开始时的观测值（$r1$）和时间步骤结束时的观测值（$r2$）。通过计算它们之间的差值（$r1-r2$），可以确定是奖励还是惩罚。如果代理的行动导致等待时间增加，则给予惩罚；如果等待时间减少，则给予奖励。

接下来的部分将讨论所提算法的实施细节和结果。

1.5 实施细节和结果

下面的部分详细讨论了对所提出算法进行性能测试的细节。将所提出的 DLTS 和 QLTS 算法与固定的交通信号时间方法进行了比较。对于固定时间方法，将绿灯时间设置为 23s（Abdoos，2011）。

为了测试所提出算法的性能，考虑了以下假设：选择一个四路口，每个路口都安装了交通信号。每条通往路口的道路都是三车道道路，最右边的车道用于右转方向的车辆，最左边的车道用于左转方向的车辆，中间的车道用于直行。交通信号的绿灯时间根据当前等待交通信号的车辆密度来确定。对于每个路口，将等待信号变绿的车辆的视频帧输入神经网络，神经网络计算车辆密度评分，然后使用 DLTS 算法生成绿灯时间。图 1.12a 和 b 分别展示了在路口的单车道中的车辆检测和应急车辆检测。使用前面部分介绍的 HAAR 级联方法来检测应急车辆。

a) 车辆检测

b) 应急车辆检测

图 1.12　车辆检测和应急车辆检测

图1.13展示了DLTS算法实现的图形用户界面（GUI）。从图中可以看到一个四路交叉口，每个方向都有交通信号，并且能够检测到车辆。根据车辆的密度或紧急车辆的存在，交通信号的红灯、黄灯或绿灯的时长会相应地进行调整。

图1.13　DLTS算法实现的GUI

QLTS算法中，神经网络的输入采用了（P, V, L）的格式，如图1.14所示。卷积滤波器是第一层，由16个大小为4×4的滤波器组成，步幅为2。第二层是32个大小为2×2的滤波器，步幅为1。在这两个层中使用了ReLU激活函数。第三层是一个大小为128的全连接层，第四层的大小为62。通过最后的线性层，可以得到代理可选择的动作对应的Q值。

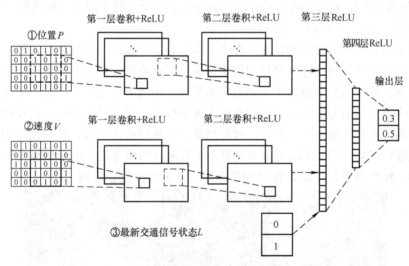

图1.14　神经网络工作流程图

为了测试结果，使用了SUMO（Urban Mobility Simulation）模拟器（SUMO，2019）。SUMO是一个开源的道路仿真软件包，可以模拟交通行为、构建道路网络、实施交通信号灯策略和收集交通数据。通过TraCI（Traffic Control Interface）库，可以获取车辆的精确位置和速度,并与模拟器进行交互。下面将计算每个周期在交叉口处的总等待时间。图 1.15 展示了 QLTS 算法的模拟结果。

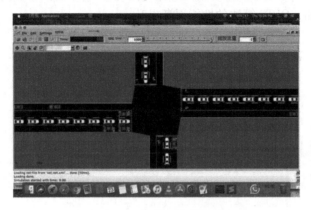

图 1.15　QLTS 算法的模拟结果

为了测试结果,考虑了两个不同时间段的情景:高峰小时和正常小时。通常情况下,由于是上下班时间,早晚时段的交通更加拥堵。因此,在模拟中,第一个情景(高峰小时)中的车辆数量明显多于第二个情景。由于提出算法的主要目标是减少车辆在交通信号灯处的等待时间,因此将 DLTS 和 QLTS 算法与固定时间的交通信号灯方法进行了比较,并以平均等待时间为评估指标。在每次模拟运行中,考虑了 1200 辆车辆以模拟高密度交通,选择了 1.5h 的时间间隔。代理的学习率设定为 0.0002,内存大小为 200。运行了 1000 多个周期的模拟。

从图 1.16 和图 1.17 可以看出,在固定时间的交通信号灯方法下,车辆的平均

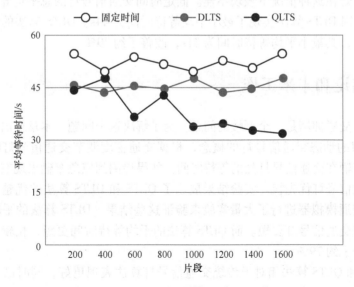

图 1.16　第一个情景中的平均等待时间

等待时间较长，而 DLTS 和 QLTS 算法的平均等待时间较短。在第一个情景下，平均等待时间较第二个情景更长，这是因为在高峰小时，道路上的车辆数量更多。随着周期数的增加，QLTS 算法的性能逐渐提升。

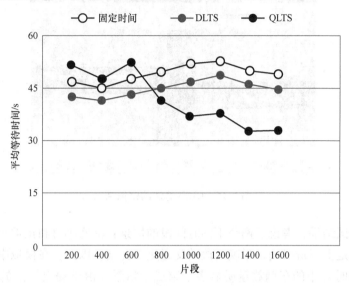

图 1.17　第二个情景中的平均等待时间

在使用 SUMO 进行模拟时，交通到达的过程是具有概率性的。观察到模拟中，从东西方向生成的交通量相对较高，而从南北方向生成的交通量较低。因此，在这种情况下，一个理想的代理需要更多地为东西方向开启绿灯。相比之下，固定时间的交通信号灯在这种情况下表现不佳。固定时间交通信号灯的总平均等待时间约为 330s，而使用 DLTS 算法实现了最小平均等待时间为 44s。QLTS 算法的性能优于其他两种方法，其最小平均等待时间为 31s，改善了约 79%。

1.6　结论和未来工作

当今，交通拥堵是一个严峻的问题。为了解决这个问题，本章提出利用深度学习和 Q 学习的动态交通信号灯的概念，根据交通密度调节交通信号灯时间，这样可以减少车辆在交通信号灯处的等待时间。如果检测到应急车辆出现在路口，则给予该侧交通信号灯优先权。实验结果展示了 QLTS 和 DLTS 算法的优越性，同时使用 SUMO 交通模拟器进行了大量实验来验证这些结果。DLTS 算法的平均等待时间比固定时间交通信号灯要短。而 QLTS 算法的平均等待时间更短，相较于其他两种方法，提升了约 79%。

DLTS 和 QLTS 算法相对于传统交通信号灯算法表现更好，同时已在四路交叉口上推广。未来工作可以将这些算法扩展到多个交叉口之间的交通信号灯协调。此外，还可以研究如何将这些算法推广至三岔路口。

参考文献

Abdoos, M., Mozayani, N., &Bazzan, A. L. (2011, October). Traffic light control in non-stationary environments based on multi agent Q-learning. In *2011 14th International IEEE conference on intelligent transportation systems (ITSC)* (pp. 1580-1585). IEEE.

Adu-Gyamfi, Y. O., Asare, S. K., Sharma, A., & Titus, T. (2017). Automated vehicle recognition with deep convolutional neural networks. *Transportation Research Record: Journal of the Transportation Research Board*, 2645 (1), 113-122. doi: 10.3141/2645-13

Araghi, S., Khosravi, A., & Creighton, D. (2014, July). Optimal design of traffic signal controller using neural networks and fuzzy logic systems. In *2014 International Joint Conference on Neural Networks (IJCNN)* (pp. 42-47). IEEE. 10.1109/IJCNN.2014.6889477

Araghi, S., Khosravi, A., Johnstone, M., & Creighton, D. (2013, October). Intelligent traffic light control of isolated intersections using machine learning methods. In *2013 IEEE International Conference on Systems, Man, and Cybernetics* (pp. 3621-3626). IEEE. 10.1109/SMC.2013.617

Bui, K. H. N., Lee, O. J., Jung, J. J., & Camacho, D. (2016, June). Dynamic Traffic Light Control System Based on Process Synchronization Among Connected Vehicles. In *International Symposium on Ambient Intelligence* (pp. 77-85). Springer. 10.1007/978-3-319-40114-0_9

Chao, K. H., Lee, R. H., & Wang, M. H. (2008, September). An intelligent traffic light control based on extension neural network. In *International Conference on Knowledge-Based and Intelligent Information and Engineering Systems* (pp. 17-24). Springer. 10.1007/978-3-540-85563-7_8

Chen, Y. R., Chen, K. P., &Hsiungy, P. A. (2016, November). Dynamic traffic light optimization and Control System using model-predictive control method. In *2016 IEEE 19th International Conference on Intelligent Transportation Systems (ITSC)* (pp. 2366-2371). IEEE 10.1109/ITSC.2016.7795937

Driving Tests. (2019, July). *How do traffic jams form*. Retrieved from: https://www.drivingtests.co.nz/resources/how-do-traffic-jams-form/

Face Detection Using OpenCV With Haar Cascade Classifiers. (2019, August). Retrieved from https://becominghuman.ai/face-detection-using-opencv-with-haar-cascade-classifiers-941dbb25177

Features of Smart Cities. (2019, July). Retrieved from: https://www.bestcurrentaffairs.com/features-ofsmart-cities/

Hawi, R., Okeyo, G., &Kimwele, M. (2017, July). Smart traffic light control using fuzzy logic and wireless sensor network. In *2017 Computing Conference* (pp. 450-460). IEEE. 10.1109/SAI.2017.8252137 Hindustan Times. (2019, July). Retrieved from: https://www.hindustantimes.com/india-news/20-smartcities-may-be-ready-only-by-2021/story-g3WNnnHEj8VSDROkTKYWjJ.html

ITS Research Fact Sheets - Benefits of Intelligent Transportation Systems. (2019, July). Retrieved from: https://www.its.dot.gov/factsheets/benefits_factsheet.htm

Lee, J. H., Hancock, M. G., & Hu, M. C. (2014). Towards an effective framework for building smart cities: Lessons from Seoul and San Francisco. *Technological Forecasting and Social Change*,

89, 80 – 99. doi: 10. 1016/j. techfore. 2013. 08. 033

Liang, X. , Du, X. , Wang, G. , & Han, Z. (2019). A Deep Reinforcement Learning Network for Traffic Light Cycle Control. *IEEE Transactions on Vehicular Technology*, 68 (2), 1243 – 1253. doi: 10. 1109/ TVT. 2018. 2890726

Maheshwari, P. , Suneja, D. , Singh, P. , & Mutneja, Y. (2015, October). Smart traffic optimization using image processing. In *2015 IEEE 3rd International Conference on MOOCs, Innovation and Technology in Education (MITE)* (pp. 1 – 4). IEEE. 10. 1109/MITE. 2015. 7375276

Mehta, S. , & Kumar, A. (2019). *Towards Inclusive and Sustainable Smart Cities: The Case of Ranchi.* ORF Special Report No. 81. Observer Research Foundation.

Moghaddam, M. J. , Hosseini, M. , &Safabakhsh, R. (2015, March). Traffic light control based on fuzzy Q – learning. In *2015 The International Symposium on Artificial Intelligence and Signal Processing (AISP)* (pp. 124 – 128). IEEE. 10. 1109/AISP. 2015. 7123500

Neural Network Tutorial. (2019, August). Retrieved from https://www. simplilearn. com/neural – networkstutorial – article

News. (2019, February). Retrieved from: https://www. news18. com/news/india/the – single – statistic – thatshows – why – indian – roads – are – getting – more – congested – each – passing – month – 2031835. html

Rana, N. P. , Luthra, S. , Mangla, S. K. , Islam, R. , Roderick, S. , & Dwivedi, Y. K. (2018). Barriers to the development of smart cities in Indian context. *Information Systems Frontiers*, 1 – 23.

Rodrigo, A. , & Edirisinghe, L. (2015, May). A Study on electronic toll collection systems in expressways in Sri Lanka. In *Proceedings of 8th International Research Conference.* KDU.

Royani, T. , Haddadnia, J. , &Alipoor, M. (2013). Control of traffic light in isolated intersections using fuzzy neural network and genetic algorithm. *International Journal of Computer and Electrical Engineering*, 5 (1), 142 – 146. doi: 10. 7763/IJCEE. 2013. V5. 682

Shamsher, R. , & Abdullah, M. N. (2015). Traffic congestion in Bangladesh – causes and solutions: A study of Chittagong metropolitan city. *Asian Business Review*, 2 (1), 13 – 18. doi: 10. 18034/abr. v2i1. 309 Sitting & fuming: traffic congestion statistics. (2019, July). https://static. nationwide. com/static/ roadcongestion – infographic. pdf? r = 52

Smart Cities Definition. (2019, August). Retrieved from https://www. techopedia. com/definition/ 31494/ smart – city

Smart Cities Mission. (2016, August). *Ministry of Urban Development, Government of India.* Retrieved from http://smartcities. gov. in/

Smart City. (2019, August). Retrieved from https://en. wikipedia. org/wiki/Smart_city

Smart City Mission. (2019, July), Retrieved from https://en. wikipedia. org/wiki/Smart_Cities_ Mission Soh, A. C. , Rahman, R. Z. A. , Rhung, L. G. , & Sarkan, H. M. (2011, September). Traffic signal control based on adaptive neural – fuzzy inference system applied to intersection. In *2011 IEEE Conference on Open Systems* (pp. 231 – 236). IEEE. 10. 1109/ICOS. 2011. 6079251

SUMO Traffic Simulator. (2019, August). Retrieved from http://sumo. sourceforge. net/Traffic Congestion. (2015, Sept.). Retrieved from: https://www. mapsofindia. com/my – india/society/ traffic – congestion – in – delhi – causes – outcomes – and – solutions

Traffic Congestion Costs. (2018, April). Retrieved from: https://timesofindia.indiatimes.com/india/traffic-congestion-costs-four-major-indian-cities-rs-1-5-lakh-crore-a-year/articleshow/63918040.cms UN Report. (2019, July). Retrieved from https://www.un.org/development/desa/en/news/population/2018world-urbanization-prospects.html

VDOT. (2019, July). Retrieved from http://www.virginiadot.org/infoservice/smart-default.asp

Viola, P., & Jones, M. (2001). Rapid object detection using a boosted cascade of simple features. *CVPR*, *1* (511-518), 3.

Yin, C., Xiong, Z., Chen, H., Wang, J., Cooper, D., & David, B. (2015). A literature survey on smart cities. *Science China. Information Sciences*, *58* (10), 1-18. doi: 10.100711432-015-5397-4

Zang, L., Jia, L., & Luo, Y. (2006, June). An intelligent control method for urban traffic signal based on fuzzy neural network. In *2006 6th World Congress on Intelligent Control and Automation* (Vol. 1, pp. 3430-3434). IEEE.

第 2 章
Ad-Hoc 网络的地域群播路由协议：比较分析和现存问题

地域群播（Geocasting）是传统多播问题的一个子集。地域群播是指将信息或数据传送到特定的地理区域。路由是指将消息从源节点路由到目标节点所需的活动。在自组织（Ad-Hoc）网络中，由于节点移动速度快、网络负载或业务模式变化较大、网络拓扑结构随时间动态变化，消息路由是一个非常重要且相对困难的问题。本章介绍了移动 Ad-Hoc 网络（MANET）和车辆 Ad-Hoc 网络（VANET）中使用的不同地域群播路由机制，对每个协议的优缺点进行了深入的分析。为了传递地域群播消息，源节点和目标节点都使用位置信息。节点使用全球定位系统（GPS）确定其位置。对现有的地域群播路由协议进行了全面的对比分析，并提出了设计新的路由协议的方向。

2.1 简介

在 Ad-Hoc 网络中，路由协议主要面临着从源节点到目的节点的路由选择困难。该网络中的节点由于高移动性而频繁改变位置。这会导致网络中频繁出现链路或连接中断和碎片。因此，将消息传递到特定的目的地区域成为非常困难和具有挑战性的任务。在这两种情况下，MANET 和 VANET 节点移动速度都非常快。节点移动取决于地形结构。在地域群播路由中，将消息或数据传递到特定的预定义地理区域称为地域群播区域。从特定位置（即从源到地域群播区域）传递消息的方法称为地域群播。地域群播的主要目标是在合理的时间内、低的端到端延迟、高的准确率（即高的传递成功率、低的开销和最少的总跳数）传递消息。本章讨论几种现有的 VANET 路由协议。这些协议是地理距离路由（GEDIR）（Ruhil, LOBIYAL 和 Stojmenovic, 2005）、Voronoi 图（Stojmenovic, Ruhil 和 LOBIYAL, 2003）、（Stojmenovic 等, 2003）、Voronoi 图 – 地理距离路由（VD – GEDIR）（Ruhil 等, 2005）、寻找最大增益（MFR）（Ruhil 等, 2005）、凸包（Ruhil 等, 2005）（Stojmenovic 等, 2003）、凸包 – 寻找最大增益（CH – MFR）（Ruhil 等, 2005）、距离定向（R – DIR）（Ruhil 等, 2005）、位置辅助路由（LAR）（Y. Ko 和 Vaidya, 1998）、基于位置的多播（LBM）（Y. B. Ko 和 Vaidya, 2002）、地理时间顺序路由算法（GeoTORA）（Y. B. Ko 和 Vaidya, 2000）、Geocast 自适应环境路由（GAM-

ER）（Camp，2003）、基于自适应握手的地质预报协议（AHBG）（Chen，Tseng 和 Hu，2006）、GeoGRID（W. Liao，Tseng，Lo 和 Sheu，2000）和几何驱动的地质预报协议（GGP）（Lee 和 Ko，2006）。上述所有协议都可以遵循泛洪、基于路由或基于集群的机制。这些协议在 MANET 中得到了应用。在 VANET 中，使用以下协议：遵循 Geocast（Maihoefer 和 Leinmueller，2005）、存储 Geocast（Maihöfer，Franz 和 Eberhardt，2003）、缓存贪婪 Geocast（Maihöfer，Eberhardt 和 Schoch，2004）、概率方法（Yu 和 Heijenk，2008）、分布式和鲁棒 Geocast（DRG）（Joshi，2007）、城市车辆自组网（GRUV）中的 Geocast 路由（Zhang 等，2009）、基于交叉口区域的 Geocast 协议（Das 和 Lobiyal，2012；Das 和 Lobiyal，2012）。MANET 和 VANET 的各种 Geocast 协议的性能分析、评估、比较、审查和调查见（Jiang 和 Camp，2002；Maihöfer，2004；Maihöfer，Cseh，Franz 和 Eberhardt，2003；Ruhil 等，2005；Schwingenschlogl 和 Kosch，2002；Yao，2004；Yao，Krohne 和 Camp，2004）。（Allal 和 Boudjit，2012）对 VANET 中使用的路由协议进行了全面分类。

VANET 与 MANET 具有不同的特性。在 VANET 中，节点具有较高的移动性和受限的网络拓扑结构，这是区分 VANET 和 MANET 的两个主要特征。在 VANET 的情况下，节点的移动性完全取决于地形结构。

本章的重点是 MANET 和 VANET 的地域群播路由协议。本章包括各种协议及其优缺点的描述。同时，重点讨论了各种尚未解决的问题和未来的发展方向，这将有助于学界研究者探索 VANET 和 MANET 的地理广播领域。

2.2　Ad-Hoc 网络中的地域群播（Geocasting）

如果源节点的消息传递到网络中预定义地理区域（Geocast 区域）中的节点，则路由协议称为 Geocast 路由协议。为了传递 Geocast 消息，源区域和 Geocast 区域之间的中间节点有助于将消息路由到预期的目的地。以下是 Geocast 路由协议的几个基本特性：

1）源节点生成 Geocast 消息并将其传递至 Geocast 区域中的所有节点。
2）转发成本最小。
3）向 Geocast 区域传播信息及时。

1. MANET Geocast 协议

在 MANET Geocasting 的背景下，研究者和学者提出了多种协议。根据协议设计中所遵循的机制，可以得出如下结论：MANET 提出的 Geocast 协议遵循转发区域机制、网格结构和基于 Mesh 的技术将数据传送到 Geocast 区域。这些协议的分类如图 2.1 所示。在基于转发区域的机制定义了源和 Geocast 区域之间的区域，以最小化通信过程中的消息数量。该机制的主要目的是减少参与节点的数量。基于网格的机制可减少消息在源和 Geocast 区域之间转发时的节点参与次数；每个网格中只有一个节点参与消息传输。基于 Mesh 的技术提供了源和 Geocast 区域之间的多条路径,以便更好地传递消息。

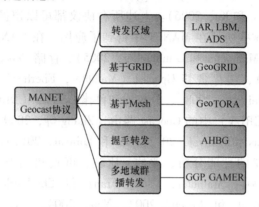

图 2.1 MANET Geocast 协议的分类

(1)位置辅助路由（LAR）

Y. B. Ko 等人（Y. B. Ko 和 Vaidya，1998）提出了 LAR 方案 1 和 LAR 方案 2（图 2.2），用于减少源节点和目标节点之间的位置信息，每个节点上的 GPS 接收机可获取节点位置。LAR 方案 1 为目的节点定义了一个圆形区域为期望区域，覆盖目标节点最后已知位置；请求区域定义为矩形区域，其对角点为期望区域和源节点。在 LAR 方案 2 中，源的传输范围决定请求区域。源节点将消息转发给更靠近目标而不是源节点的邻居。

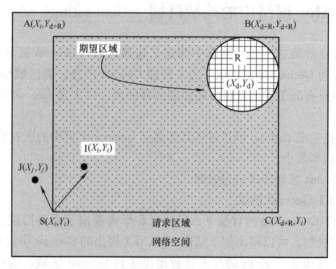

图 2.2 LAR 方案 1 和 LAR 方案 2（Y. B. Ko 和 Vaidya，1998）

LAR 优点如下：

1）参与消息传输的节点数量较少。

2）通过限制冗余传输减少路由开销。

LAR 缺点如下：

1）由 GPS 接收器确定源和目标位置，但在某些地理区域，GPS 可能不工作，该协议也无法与其他节点建立通信并传递消息。

2）若预期区域中空白，则协议无法传递消息。

（2）基于位置的多播（LBM）

基于位置的多播协议采用了受限泛洪机制（Y. B. Ko 和 Vaidya，2002）。在此协议中，消息被限制在转发区域，任何不属于图 2.3 所示的转发区域的节点都会丢弃接收到的数据包。采用两种不同的 LBM 方案（LBM 方案 1 和 2）转发 Geocast 数据包。方案 1 中，转发区域是在发送方和多播区域之间绘制的最小矩形，转发区域的面积完全取决于源节点的位置和组播区域的大小，存在于转发区域内的节点进一步向其相邻节点发送分组。此外，转发区的大小由参数 δ 控制。若需要，转发区在 X 和 Y 两个方向上扩展 δ。方案 2 中，它不指定转发区域，而是维护多播区域、多播区域的中心、发送方的坐标等信息。中间节点接收来自发送方的组播数据包时，首先检查其是否属于组播区域，如果它属于多播区域，它接收该数据包，否则它丢弃该数据包。其次，中间节点计算其与多播区域中心的距离，并且所有数据传输被转发到更靠近地理广播区域中心的节点。

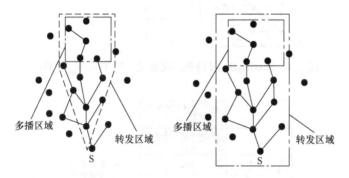

图 2.3　LBM 中的转发区域（Y. B. Ko 和 Vaidya，2002）

LBM 的优点是通过限制参与节点和数据包重传来减少路由开销。

LBM 的缺点是如果转发区域内不存在节点，则无法将数据传输到多播区域。

（3）地理网格（GeoGRID）

地理网格（GeoGRID）路由协议（Y. B. Ko 和 Vaidya，2000）是 GRID（W. H. Liao，Sheu 和 Tseng，2001）的扩展，网络区域被划分成称为网格的非重叠正方形。地理网格将网络划分为大小为 $d \times d$ 单元的正方形二维逻辑网格，从每个网格中选择一个节点作为网关节点，负责将 Geocast 消息由网关节点转发给它的邻居网关节点。除了网关节点之外，其他节点不参与 Geocast 消息的传输，因此该方法减少了网络中的开销。图 2.4 和图 2.5 分别展示了两种 Geocast 消息转发策略：FloodingBased 和 TicketBased。网格构建非常重要：d（网格边长）的值从 $2r$、r、$r/\sqrt{10}$、$\sqrt{2}r/3$、$r/2\sqrt{2}$、$r/10$ 中选择，其中 r 为无线电信号的传输范围。在 FloodingBased 的策略中，只有每个网格的网关节点参与转发区域内的 Geocast 数据包的传输。为了避免不必要的泛洪，为每个传输的 Geocast 数据包分配了一个序列号。在 TicketBased 策略中，源节点根据 Geocast 区域的尺寸创建 Ticket。如果 Geocast 区域具有（$m \times n$）个栅格，则源节点将创建（$m+n$）个 Ticket 并均匀分布在源节点的相邻网格中，并且更靠近 Geocast 区域。消息完全依赖网关节点转发，网关节点在物理位置更靠近网格中心的节点中选择，一旦选中，则在所选节点不离开网格之前不可能进行进一步的选择。在这种网关选择方法中，当另一个节点靠近网格中心出现时会出现问题。为了克服这个问题，作者建议多个网关节点暂时驻留在网格中。两种方法都消除了 Geocast 消息的冗余重发，同时保持了 Geocast 消息的高到达率和较低的传递成本。

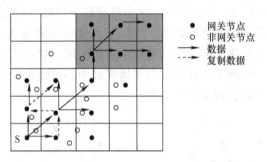

图 2.4　FloodingBased 地理网格协议（W. Liao 等，2000）

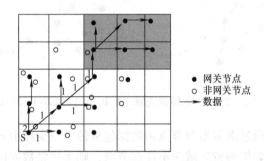

图 2.5　TicketBased 地理网格协议（W. Liao 等，2000）

GeoGRID 的优点如下：

1) 只从每个网格选择的网关节点传输消息，减少冗余的消息重传。
2) 参与消息传输的节点数量较少。

GeoGRID 的缺点如下：

1) 网格中存在多个网关节点，缺少可靠的机制解决此问题。
2) TicketBased 转发策略性能较差。

(4) GeoTORA

GeoTORA 协议（Y. B. Ko 和 Vaidya, 2000）是一种基于时序路由算法（TORA）设计的单播协议（Park 和 Corson, 2001）。由于节点之间的移动性，出现了节点划分，有时在 Geocast 区域内不存在节点，本协议解决了这些问题。此方案中，每个 Geocast 组（即 Geocast 区域内的一组节点）保持一个单一的有向无环图。该协议保持了（Park 和 Corson, 2001）中提到的网络中每个节点的高度，并且在 Geocast 区域没有可用路由的情况下也遵循相同的链路反转机制。GeoTORA 基本上是泛播路由和泛洪的结合。泛播路由用于通过使用 Geocast 区域内的泛洪将 Geocast 消息传递到 Geocast 区域内的一个节点。这里使用的泛洪是有限泛洪，即仅限于 Geocast 区域的成员，区域外的节点丢弃接收到的消息。序列号由 Geocast 区域内的节点维护，以避免重复传输。消息传递分为三个阶段：路由创建、路由维护和 Geocast 消息传递。

当转发节点到 Geocast 区域没有传出链路时，将调用路由创建机制。当节点加入和离开 Geocast 区域后，由于节点移动性而链路失效时，将调用路由维护机制。最后，调用 Geocast 消息传递机制来传递消息，它遵循泛播路由和泛洪。

GeoTORA 的优点如下：
1) 将单播路由算法 TORA 与泛洪相结合。
2) 解决由于节点移动性在 Geocast 区域内产生的碎片问题。
3) 保持较高数据传输精度，减少 Geocast 消息传递开销。

GeoTORA 的缺点如下：此协议中，来自源的传出链接有时无法传到下一个转发节点。为了解决这个问题，调用路由创建和维护方法来查找传出链接，而频繁调用可能增加网络开销和平均端到端延迟。

(5) GAMER

Geocast Adaptive Mesh Environment for Routing（GAMER）协议（Camp, 2003）是一种基于 Mesh 的 Geocast 协议，其主要任务是建立从源节点到 Geocast 区域的冗余路由。未来的数据是通过这些确定的路线交付的。该协议遵循源路由、转发区域机制和消息传递网格。GAMER 有主动、被动两种不同的方案。这些方法在将数据包传输到 Geocast 区域之前，使用 JOIN-DEMAND 和 JOIN-TABLE 两种类型的数据包。加入请求数据包在转发区域内定期转发，但仍未到达 Geocast 区域。节点接收 Geocast 区域内的消息并通过同一路径发回 JOIN-TABLE 包。接收到第一个 JOIN-TABLE 数据包后，源开始通过创建的 Mesh 发送 Geocast 数据包。它考虑了不同的转发区域锥、走廊和泛洪，以保持其在密集和稀疏网络拓扑中的性能。在被动 GAMER 中，以固定频率发送加入请求分组，而在主动 GAMER 中，无论是否接收加入表分组，都周期性地发送加入请求分组。

GAMER 的优点如下：

1）解决节点移动性问题。

2）解决由于节点移动性在 Geocast 区域内产生的碎片问题。

3）数据通过其中一个转发区域（锥体、走廊和泛洪）动态传递。当节点移动性较高时，将创建密集网格，而在移动性较低时，将创建稀疏网格。

GAMER 的缺点是在低移动性情况下，主动 GAMER 相较于被动 GAMER 可以更好地控制开销。

（6）基于自适应握手的地理广播（AHBG）协议

AHBG（Chen 等，2006）是一种基于握手的转发方法。为将数据传输到 Geocast 区域内的节点，该协议遵循两种不同的数据传输模式：表驱动和基于握手的数据传输模式。首先，采用表驱动模式将数据转发到所有节点。如果节点在表中找不到下一跳的信息，则切换到握手模式寻找新的路由。由于记录过时或节点从发送方移开，因此表中缺少此信息。源发送的 Geocast 包通过多次握手转发到达 Geocast 区域。在图 2.6 中，通过五种基于握手的转发技术将数据包从源传送到 Geocast 区域。该协议使用以下控制数

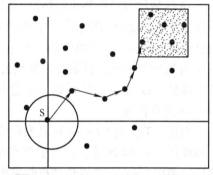

图 2.6　基于自适应握手的 Geocast 协议（Chen 等，2006）

据包进行通信：请求、应答和错误数据包。Geocast_id 与 source_addr（源地址）和 pkt_uid（包的唯一 id）一起添加到每个包的首行。对于该协议的设计和实现，应具备如下条件：IEEE 802.11（PHY 和 MAC）、配备有基于无线的无线电和 GPS 接收机的启用的移动节点、源节点具有 Geocast 区域的位置信息，以及 Geocast 区域内应至少存在一个节点。在握手模式中，源节点广播请求分组，传播范围内节点接收请求消息，同时，转发区域内接收消息的节点向源发送回应答分组。一旦源节点接收到应答包，它将数据包单播给应答包的发送方，并相应地更新其路由表。接收数据分组的每个节点继续转发分组，直到它到达 Geocast 区域，这样通过单播方式实现数据包的可靠传输，下一个节点的选择是在单播的第一应答优先选择（FRFS）的基础上完成的。但基于 FRFS 的下一跳选择并非总是最优选择。在这里，每个应答器都等待一个间隔（延迟时间+额外时间）。在计算时间间隔时，考虑了节点的距离和位置。提出了一种自适应转发区域，用于广播请求包，然后根据交换定时器选择不同的转发区域。在不同象限中定义的转发区域为Ⅰ、Ⅱ、Ⅲ和Ⅳ。如果发送方在切换计时器到期之前接收到回复数据包，则它将从一个象限逐渐切换到另一个象限。

AHBG 的优点如下：

1）数据包传递率高，接近 100%，网络开销可以忽略不计。

2）在具有高移动性的密集拓扑结构中，性能较好。

3）网络拓扑结构的频繁变化很容易处理。

4）高可靠性的数据包传输。

5）"死端"问题意味着不可能进行进一步的通信，并且源节点使用一个名为ERROR 的控制包。

AHBG 的缺点是在稀疏网络中，协议的整体性能下降。

（7）几何驱动地质预报协议（GGP）

GGP 是一种考虑多个 Geocast 区域的路由方案（Lee 和 Ko，2006）。前面讨论的协议仅将消息传递到单个 Geocast 区域，但这是将消息传递到多个 Geocast 区域的第一个协议。该协议在向多个 Geocast 区域传送相同消息的同时，保持了较高的可靠性。该协议遵循基于树的结构，并使用费马点技术在多个 Geocast 区域之间创建共享路径，如图 2.7 所示。费马点定义为三角形内的点，其与三角形所有顶点的距离之和始终最小（Weisstein，2019）。从该点到多个 Geocast 区域的距离始终是最佳的。该协议能够将消息同时传递到多个 Geocast 区域，而其他协议无法完成相同的任务。

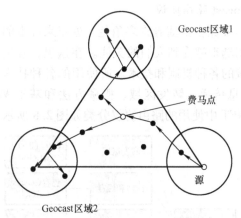

图 2.7　基于费马点创建共享路径（Geocast 区域数量为 2）（Lee 和 Ko，2006）

GGP 的优点如下：

1）消息可以被传递到多个 Geocast 区域。

2）该算法计算出源节点与所有 Geocast 区域之间的最佳连接点，大大减少了 Geocast 消息的传递时间。

3）通信开销较少。

4）消息传递率高。

5）总体布线成本最低。

GGP 的缺点如下：

1）该协议完全依赖于费马点的计算。若不确定最佳费马点，则协议完全失效。

2）随着地测区域数量的增加，费马点的计算变得越来越困难。

（8）角位移方案（ADS）

角位移方案（ADS）（Onifade，Ojo 和 Akande，2008）通过修改转发区域基本上提高了（Y. B. Ko 和 Vaidya，1998）中提出的协议的性能。这种方法减少了（Y. B. Ko 和 Vaidya，1998）中引入的延迟，同时将消息传递到 Geocast 区域。该协议中，源节点的所有邻居重新广播 Geocast 消息。最初，为了重播 Geocast 消息，源节点为其所有邻居设置序列号，即 1。分组传输被限制在转发区域内。源节点通过计算角位移来比较其相对于多播区域的位置。此外，基于对网络中每个参与节点发生的角位移的计算来动态地计算转发区域。

ADS 的优点如下：

1）减少了转发区域内的消息传递区域。

2）消息传递开销更低。

3）提供了高精度的数据包传递。

ADS 的缺点是在高动态环境下，协议的性能会下降。

2. VANET 的 Geocast 路由协议

VANET 中，Geocast 路由扮演着许多角色。近年来技术的发展和人们的需求使得 Geocast 协议的应用越来越受到人们的关注。在这里，确定了不同协议用于将消息转发到 Geocast 区域的各种机制和技术。所使用的各种技术包括消息的存储和缓存、有时间限制的消息传递、转发区域、概率方法和基于 Mesh 的方法（Allal 和 Boudjit，2012）。VANET 中使用的路由协议分类如图 2.8 所示。

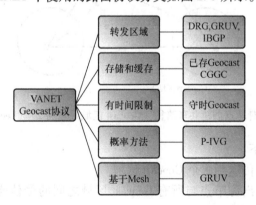

图 2.8　VANET 的路由协议分类

（1）已存 Geocast

已存 Geocast（Maihöfer，Franz 等，2003）是一种时间稳定的协议。消息传递与时间相关，并在一定时间内传递到 Geocast 区域内的所有节点。该时间段以传播延迟（消息传输时间）开始。有三种不同的方法用于传递消息。第一种方法是基于基础结构的方法,服务器用于存储消息:消息首先存储在服务器中,然后传递到 Geocast 区域。消息传递通过通知或定期完成。有时在网络中,由于节点的高移动性,频繁的碎片化会导致通信失败。该方法保证不会丢失任何消息并将其传递到目标区域中的所有节点。在服务器和目的地区域之间的通信距离较长的情况下,消息首先存储在距离目的地区域较近的分布式 Geocast 服务器中。然后,消息将被传递到目标区域。第二种方法是选举方法,由 Geocast 区域内的节点发起选举过程,动态选举临时服务器。它的职责是在将来定期或通过通知存储和交付 Geocast 消息。每当服务器节点从目标区域移出时,它都会将消息移交给下一个服务器节点。第三种方法是邻居方法,其中每个节点存储目的地为其位置的 Geocast 包。另外,维护一个关于邻居节点位置信息的表。当新节点加入目标区域时,它会立即接收消息。

已存 Geocast 的优点如下:

1) 能够向 Geocast 区域中的任何节点传递消息。

2) 有效地管理网络碎片。

已存 Geocast 的缺点如下:

1) 基于基础结构的方法引入了高开销和低鲁棒性。消息的成功传递包含太多的跃点。

2) 不允许在 Geocast 区域内进行网络分区,否则会丢失消息。增加选举节点的数目来存储消息和处理网络划分问题。

(2) 缓存和传输范围控制

该协议考虑了高移动场景 (Maihöfer 和 Eberhardt, 2004),并提出两种向 Geocast 区域传送消息的方案,包括缓存 Geocast 和距离感知邻居选择。Geocast 消息以逐跳方式遍历以到达 Geocast 区域。接收消息后,若本地节点出现最大值或"死端"问题,无法立即转发消息,则采用缓存机制。当一个特定节点没有相邻节点时,网络中的局部最大值出现在目标区域附近。为了克服这个问题,应当时刻保持对邻近节点的密切关注。为了发现相邻节点,信标系统会保存相邻节点的记录。发现新节点,则完成信息切换。若节点具有高移动性,较早的节点可能已经移动到传输范围之外,邻居节点的信息可能过时,需要重新传输和寻找其他邻居;同时,被选为下一转发节点的节点在接收消息之前可能会离开源范围,可能会导致额外的延迟、开销或数据包丢失。若未接收到确认,则使用重传方案。

该协议的优点如下:

1) 消息传递成功率高。

2) 通过缓存机制存储无法转发的消息,可轻松处理网络分区。

该协议的缺点是缓存机制可能导致端到端延迟较大。

(3) 缓存贪心 Geocast (CGGC)

CGGC 也是一种基于缓存的 Geocast 协议,设计用于具有增强转发技术的高动态网络（Maihöfer 等，2004）。该协议在稀疏网络拓扑结构中，引入不稳定的路由路径解决邻居节点频繁改变位置问题。这包括两种地理转发技术：跳到多跳和逐跳。在跳到多跳技术中，由于重复的数据包多次到达目的地，一个数据包被传输到多个下一跳节点。在逐跳方法中，数据包只发送到下一跳。由于本地最大化（Maihöfer 和 Eberhardt，2004）问题，这里使用缓存机制来存储消息。在稀疏拓扑结构中，为了保持相邻节点的正确信息，可利用周期信标系统寻找节点的当前位置。缓存机制按需运行，以最小化网络开销。此协议中使用两种类型的缓存方法：一种是面向大小的缓存，另一种是有时间限制的缓存。在面向大小的缓存中，它维护用于存储消息的队列，从而存储有限数量的数据包。在有时间限制的高速缓存方法中，不限制数据包的大小，而是在有限的时间段内存储消息。该方法改进了简单的贪婪转发技术。有时间限制和面向大小的缓存机制提高了向 Geocast 区域传递消息的成功率。

该协议的优点是改进了简单的贪婪转发技术，适应高节点移动性和低节点密度情况。

该协议的缺点是：

1) 重复数据包到达 Geocast 区域。
2) 由于缓存 Geocast 消息，端到端延迟较大。

（4）守时（Abiding）Geocast

守时（Abiding）Geocast 方法是一种遵照时间进行的 Geocast 协议（Maihoefer 和 Leinmueller，2005）。Geocast 消息按特定时间段在区域内传递，发送者可以定义 Geocast 消息生命周期。在这种方法中，Geocast 消息传递分为四个不同的阶段，包括 Geocast 路由协议、消息在其生命周期内的存储、保持 Geocast 消息到其他节点的切换以及 Geocast 消息的传递。路由协议将第一条消息传递到目标区域，存储信息以便将来使用。当初始存储节点（即先前存储 Geocast 消息的节点）离开 Geocast 区域时，需要进行消息切换。在这种情况下，存储节点必须在离开之前将 Geocast 消息移交给区域内的任何其他节点。Geocast 消息的最后一个阶段是交付阶段，消息通过盲周期重发或通知或按需方案传递。Geocast 利用三种方法实现信息持续传递：服务器、选择和近邻。在服务器方法中，Geocast 消息通过单播方法发送到服务器，消息最初存储在服务器上，服务器在 Geocast 路由协议的帮助下将消息传递到目的地区域，交付第一个 Geocast 消息后，其余的消息将定期或通过通知进行交付。节点的周期性传递取决于节点的运动速度。服务器端不断检查 Geocast 消息的生存期，如果 Geocast 消息过期，则服务器不会再进行重新传输。要识别此类消息，实际发送方或服务器本身都会为消息分配一个唯一的序列号。这样，守时 Geocast 协议可稳定运行。在选择方法中，动态地选择来自 Geocast 区域的节点，以在其离开 Geocast 区域时将消息存储并切换到 Geocast 区域中的任何其他节点。为了避免不必要的消息切换，选择节点的标准是低速且更靠近 Geocast 区域的中心。在邻近方法中，每个节点存储为其位置发送的所有 Geocast 消息。每个节点维护一个路由表，其中包含其所有邻居节点的信息及其位置信息。每当一个节点发现一个新节点已经进入该区域，它就会立即将 Geocast 消息传递给该节点。然而，消息是周期性地或通过一跳距离内的通知来传递的。

该协议的优点如下：

1) 有限时间内完成 Geocast 交付，减少信息的盲周期重传。
2) 节省带宽。

该协议的缺点是在源端和目的端之间距离较长的密集网络中，分组传送率会降低。

(5) 分布式鲁棒 Geocast (DRG)

分布式鲁棒 Geocast (DRG) (Joshi, 2007) 协议设计用于不同网络场景下的车辆间通信，即具有不同车辆密度的城市和公路场景。该协议的设计是为了克服网络中频繁的拓扑变化和碎片。Geocast 区域分为相关区（ZOR）和转发区（ZOF）。ZOR 和 ZOF 都有一定的地质条件，地质预报应满足这些条件。ZOR 表示消息对特定节点的重要性，并且在转发 Geocast 消息之前，节点应满足 ZOF 条件。在转发算法中引入了基于距离的退避技术，减少了 Geocast 消息传输所需的跳数。为了处理网络碎片，使用了周期重传和突发重传。采用短间隔突发重传克服通信损耗，长间隔后进行周期重传。为了减少冗余广播，使用了时间持久性技术，在接收到新的 Geocast 消息时固定一个持久性计时器。如果计时器过期，则只有未接收到最近传输的消息的节点广播该消息。该协议易于适应不同的网络场景。

该协议的优点如下：

1) 具有天然分布性。
2) 对节点密度不敏感。
3) 可清理网络中频繁出现的碎片。
4) 采用基于距离的退避算法，减少跳数和冗余广播。

该协议的缺点是在稀疏和断开连接的网络中可能引入高开销。

(6) 概率车间 Geocast (P-IVG)

人口密集网络中，信道争用和消息冲突变得非常高，P-IVG (Ibrahim, Weigle 和 Abuella, 2009) 协议可以解决同时向多个车辆重播消息而产生的空间广播问题。根据车辆周围的交通密度不同，消息重播采用概率方法。该协议显著提高了数据包的接收率，最大程度地减少了信道竞争，并加快了信息向远程车辆的传播。(Hu, Hong 和 Hou, 2003; Tonguz, Wisitpongphan, Bai, Mudalige 和 Sadekar, 2007; Tseng, Ni, Chen 和 Sheu, 2002; Tseng, Ni 和 Shih, 2003; Wisitpongphan 等, 2007) 提出了缓解广播风暴问题的不同解决方案，但由于 VANET 的拓扑结构不同于 MANET，且车辆在 VANET 中的移动速度较快，因此没有一种解决方案适合于解决空间广播问题。

该协议的优点如下：
1）最小化信道争用。
2）提高接收率。
3）更快地向远方的车辆传播信息。
4）遵循概率方法传输数据，参与消息重播的车辆数量较少。

该协议的缺点是在人口稀少的网络中，性能会降低。

（7）城市 VANET 中的 Geocast 路由（GRUV）

GRUV（Zhang 等，2009）是针对城市场景设计的。VANET 中的 Geocast 是一项非常具有挑战性的任务，因为在城市中经常发生链路中断，节点移动速度更快，并且障碍物会导致信号衰减。这种方法本质上是动态的，因为它在不同的转发区域之间动态切换。此外，根据车辆的当前位置，将车辆分为两组：交叉口节点和入口节点。该协议的工作使用了源路由、转发区域和网格的概念（Camp，2003），使用了三个不同的转发区域——BOX、Extended BOX（E-BOX）和 FLOOD。源节点在发送消息之前向 Geocast 区域发送路由请求（RREQ）分组。源节点在发送 RREQ 以查找 Geocast 区域内源和节点之间的路径之前，还为每个 RREQ 修复 FA-TIMER。如果 FA-TIMER 过期，它将销毁 RREQ 数据包。Geocast 区域内的节点接收带有 RREP（Route Reply）分组的 RREQ 分组应答。在消息传输过程中，动态选择转发区域，并且初始选择框 FA 来传输 RREQ 分组。若 FA-TIMER 过期，则通过 E-BOX 进一步发送 RREQ。如果两种方法都失败，则通过 FLOOD 传输 RREQ。通过任何转发区域发现的源和 Geocast 区域之间的路径将继续，直到遇到故障。进一步，采用交叉口节点选择和入口节点选择算法，根据节点的位置选择下一跳。该算法根据节点类别选择下一跳节点，能够找到可靠的数据传输路径。

该协议的优点如下：
1）提供两种不同的动态下一跳选择算法。
2）适应网络变化。
3）使用不同的转发区域。
4）减少网络开销。

该协议的缺点是随着节点移动性的提高，其性能下降。

（8）基于交叉口区域的 Geocast 协议（IBGP）

基于交叉口区域的 Geocast 协议（Das 和 Lobiyal，2012）是为高速公路场景设计研究的。在该协议中，高速公路被划分为大小相等的单元，如图 2.9 所示。此外，弧度转发区域用于从一个小区到另一个小区的数据传送。该协议针对性地分析了不同节点密度和传输范围下的网络连通性。相交区域定义在两个连续单元之间，如图 2.10 所示。此区域给出该区域中存在的公共节点数（Das 和 Lobiyal，2012）。通过数值计算，讨论了节点存在的数量和空洞产生的可能性。根据节点密度的不同，分析了不同弧度转发区域中存在的节点数和空洞发生率。这决定了网络中节点之间数据和连接性的成功传递。若网络人口比数据传输密集，则无线电传输范围较低。转发区域根据节点密度动态切换。

该协议的优点如下：

1) 为数据传递选择转发区域提供灵活性。
2) 适应网络和不同转发区域之间交换机的变化。
3) 优化网络区域。

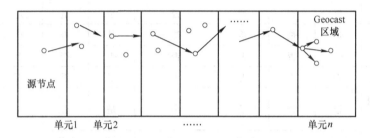

图 2.9　高速公路场景 Geocast 协议（Das 和 Lobiyal，2012）

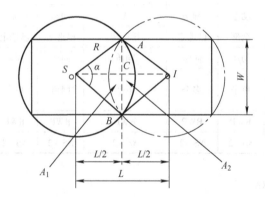

图 2.10　两个连续单元之间的相交区域（Das 和 Lobiyal，2012）

该协议的缺点是该协议仅设计用于高速公路场景，仅考虑线性道路结构。因此，该协议的适用性受到限制。

2.3　Geocast 路由协议比较

表 2.1 和表 2.2 中显示了 Ad – Hoc 网络 Geocast 路由协议的各种特征。基于这些基本特征对上述协议进行了比较。

表 2.1 MANET 中使用的 Geocast 路由协议比较

特征	路由协议							
	LAR	LBM	GeoGRID	GeoTORA	GAMER	GGP	AHBG	ADS
转发技术	受限泛洪	受限泛洪	泛洪和受限泛洪	任何强制转换路由和限制泛洪	受限泛洪	泛洪	基于握手	受限泛洪
转发区编号	单个	单一但自适应	单个	无	多个	无	无	单一
路由开销	中等	中等	中等	中等	高	低	低	低
保证交货期	否	否	否	否	否	是	是	是
需要路由缓存	是	是	是	是	是	否	是	否
存储和转发	否	否	否	否	否	否	否	否
适应不断变化网络拓扑	否	否	是	是	是	否	是	否
网络拓扑结构	随机	随机	网格	随机	随机	随机	随机	随机
目标区域数量	单个	单个	单个	单个	单个	多个	单个	单个
循环自由	是	是	是	是	是	是	是	是
转发区类型	静态	动态	静态	无	动态	无	无	静态
节点参与	全部	全部	已选定	已选定	已选定	已选定	已选定	已选定
节点类型	同质	均质	同质	同质	同质	同质	同质	同质
源和区域之间路径	单个	单个	多个	单个	网格	单个	单个	单个
流动性模型	RWP[①]	RWP	RWP	RWP	RWP	RWP	RWP	RWP
使用模拟器	MaRS[②]	NS-2	NS-2	NS-2	NS-2	NS-2	NS-2	OMNeT++

[①] 随机路径点。
[②] Maryland 路由模拟器。

表 2.2 VANET 中使用的 Geocast 路由协议比较

特征	路由协议						
	已存 Geocast	CGGC	守时 Geocast	DRG	P-IVG	GRUV	IBGP
转发技术	基于选择和服务器	跳到多跳和逐跳	单播	基于距离-退后机械装置	概率法	受限泛洪	受限泛洪
转发区编号	无	无	无	无	无	多个	多个
路由开销	高	高	低	高	低	低	低
需要	是	是	是	是	是	是	是
保证交货期	是	是	是	否	否	否	是

(续)

特征	路由协议						
	已存 Geocast	CGGC	守时 Geocast	DRG	P-IVG	GRUV	IBGP
路由缓存	是	是	是	否	否	否	否
存储和转发	是	是	是	否	否	否	否
适应不断变化网络拓扑	否	是	否	是	否	是	是
网络拓扑结构	随机	随机	随机	城市/公路	随机	网格/随机	高速公路
目标区域数量	单个	单个	单个	单个	单个	单个	单个
循环自由	是	是	是	是	是	是	是
转发区类型	无	无	无	无	无	动态	动态
节点参与	全部	全部	已选定	全部	全部	已选定	已选定
节点类型	同质	同质	同质	同质	同质	同质	均质
源和区域之间路径	单个	单个	单个	单个	单个	网格	单个
流动性模型	—	RWP	—	STRAW[1]	ASH[2]		
使用模拟器	—	NS-2	—	JiST[3]/SWANS	SWANS	NS-2	MATLAB

[1] 街道随机航路点。
[2] 具有高速公路机动性的应用程序感知 SWANS。
[3] 可扩展无线网络模拟器。

2.4 新协议设计的未来方向

通过对上述所有 Geocast 协议的分析和比较，可发现未来设计新 MANET 路由协议和 VANET 路由协议时，应该充分利用现有协议的优点，因为没有一个协议可以适用于所有的网络条件。然而，现有的协议都没有考虑异构环境。这可能是今后研究的重点方向之一。此外，本章还总结了在未来设计 MANET 和 VANET 新路由协议时应考虑的一些关键参数：

1）区域的数量应不止一个。
2）节点移动应基于轨迹，即道路、城市和公路场景。
3）双向交通流模型。
4）驾驶员在设计移动模型时的行为。
5）无线电信号障碍物。
6）节点数较少的数据传递。
7）数据传送的最佳转发区域。

8）处理网络碎片。
9）不同的节点移动性和密度。
10）消息的缓存机制。
11）异构。

此外，还应考虑以下网络服务质量（QoS）参数，以便对路由协议进行高可接受性和可靠性分析：

（1）消息传递的高准确性

Geocast 路由协议的主要目的是将消息传递到特定的地理区域。有时在战场场景中准确的信息传递起着至关重要的作用，否则，结果将不堪设想。

（2）高度可扩展且稳定

分析了 VANET 和 MANET 环境下的各种路由协议，但只有少数协议具有足够的可扩展性来应对网络的变化，但协议必须在不损失其性能的情况下随网络的变化而变化。

（3）最小平均端到端延迟

这也是一个重要的 QoS 参数，因为当时间与消息传递相关时，消息的及时分发非常重要。

（4）最小跳点数

该参数也是一个重要因素，因为通过大量节点传递数据会增加消息传递的延迟。通常，可以观察到参与消息传递的最小节点数减少了延迟并增加了获得更高吞吐量的机会。

（5）高可靠性

为 Geocast 设计的高可靠性新协议必须仔细考虑上述所有参数。任何协议的总体可接受性取决于其可靠性因素。当任何一种协议在不降低网络性能的前提下实现高吞吐量、低时延和应对网络动态时，称为可靠协议。

2.5 结论

本章对 MANET 和 VANET 的 Geocast 路由协议进行了综述。Geocast 路由协议利用 GPS 接收机获取的节点位置信息，这些协议根据转发区域、转发方法、预期区域和泛洪机制等而有所不同。VANET 中使用的协议很少采用消息的存储和缓存机制，并且已经针对不同的网络拓扑进行了评估。在此基础上，针对城市道路场景开发了 VANET、DRG 和 GRUV 协议，并对其在不同交通密度下的性能进行了评估。为了提高网络性能，采用了锥形、矩形、三角形等不同类型的转发区域。其中某些协议考虑了密集交通条件下车辆间地理广播过程中出现的空间广播风暴问题，并采用地理广播消息来降低概率重播的影响。通过对各种协议的综合分析，提出了一种新的路由协议的设计方向，该协议应包括所有现有协议的关键特征，以提高协议的可接受性。

参考文献

Allal, S., &Boudjit, S. (2012). Geocast Routing Protocols for VANETs: Survey and Guidelines. *2012 Sixth International Conference on Innovative Mobile and Internet Services in Ubiquitous Computing*, 323 – 328. 10. 1109/IMIS. 2012. 133

Camp, T., & Liu, Y. (2003). An Adaptive Mesh – based Protocol for Geocast Routing. *Journal of Paral – lel and Distributed Computing: Special Issue on Mobile Ad – Hoc Networking and Computing*, 63 (2), 196 – 213. doi: 10. 1016/S0743 – 7315 (02) 00064 – 3

Chen, H. L., Tseng, C. C., & Hu, S. H. (2006). An adaptive handshaking – based geocasting protocol in MANETs. *IWCMC 2006 – Proceedings of the 2006 International Wireless Communications and Mobile Computing Conference*, 2006, 413 – 418. 10. 1145/1143549. 1143632

Das, S. (2012). Analysis of neighbour and isolated node of intersection area based geocasting protocol (IBGP) in VANET. *International Journal of Wireless & Mobile Networks*, 1 (1), 7 – 15. doi: 10. 5121/ ijwmn. 2012. 4120

Das, S., &Lobiyal, D. K. (2012). *Intersection area based geocasting protocol (IBGP) for Vehicular Ad hoc networks. Lecture Notes of the Institute for Computer Sciences, Social – Informatics and Telecom – munications Engineering.* doi: 10. 1007/978 – 3 – 642 – 27317 – 9_40

Hu, C., Hong, Y., & Hou, J. (2003). On mitigating the broadcast storm problem with directional antennas. *IEEE International Conference on Communications*, 1, 104 – 110. 10. 1109/icc. 2003. 1204151

Ibrahim, K., Weigle, M. C., &Abuelela, M. (2009). P – IVG: Probabilistic inter – vehicle geocast for dense vehicular networks. *IEEE Vehicular Technology Conference.* 10. 1109/VETECS. 2009. 5073804

Jiang, X., & Camp, T. (2002). A Review of Geocasting Protocols for a Mobile Ad Hoc Network. *Pro – ceedings of the Grace Hopper Celebration (GHC)*.

Joshi, H. P. (2007). *Distributed Robust Geocast: A Multicast Protocol for Inter – vehicle Communication.* Dept. of Computer Networking and Electrical Engineering, Master's T.

Ko, Y., & Vaidya, N. H. (1998). Location – aided routing (LAR) in mobile ad hoc networks. *Proceedings of the ACM/IEEE International Conference on Mobile Computing and Networking (MOBICOM'98)*, *3112*, 1 – 16. 10. 1145/288235. 288252

Ko, Y. B., & Vaidya, N. H. (2000). GeoTORA: a protocol for geocasting in mobile ad hoc networks. *International Conference on Network Protocols*, 240 – 250. 10. 1109/icnp. 2000. 896308

Ko, Y. B., & Vaidya, N. H. (2002). Flooding – Based Geocasting Protocols for Mobile Ad Hoc Networks. *Mobile Networks and Applications*, 7 (6), 471 – 480. doi: 10. 1023/A: 1020712802004

Lee, S. – H., & Ko, Y. – B. (2006). Geometry driven Scheme for Geocast Routing in Mobile Ad hoc Net – works. *IEEE 63rd Vehicular Technology Conference*, 638 – 642. 10. 1109/VETECS. 2006. 1682902

Liao, W., Tseng, Y., Lo, K., & Sheu, J. (2000). GeoGRID: A Geocasting Protocol for Mobile Ad Hoc Networks Based on GRID. *Journal of Internet Technology*, 1 (2), 23 – 32. http: //

www. citeulike. org/user/s-fujii/article/2246138

Liao, W. H., Sheu, J. P., & Tseng, Y. C. (2001). GRID: A fully location-aware routing protocol for mobile ad hoc networks. *Telecommunication Systems*, *18* (1-3), 37-60. doi: 10.1023/A: 1016735301732

Maihoefer, C., &Leinmueller, T. (2005). *Abiding Geocast : Time - stable Geocast for Ad Hoc Networks*. Academic Press.

Maihöfer, C. (2004). A survey of geocast routing protocols. *IEEE COMMUNICATIONS SURVEYS*, *6* (2), 32-42. doi: 10.1109/COMST. 2004. 5342238

Maihoöfer, C., Cseh, C., Franz, W., & Eberhardt, R. (2003). Performance evaluation of stored geocast. *IEEE Vehicular Technology Conference*, *58* (5), 2901-2905. 10.1109/vetecf. 2003. 1286151

Maihoöfer, C., & Eberhardt, R. (2004). Geocast in vehicular environments: Caching and transmission range control for improved efficiency. *IEEE Intelligent Vehicles Symposium, Proceedings*, 951-956. 10.1109/IVS. 2004. 1336514

Maihoöfer, C., Eberhardt, R., & Schoch, E. (2004). CGGC: Cached greedy geocast. Lecture Notes in Computer Science (Including Subseries Lecture Notes in Artificial Intelligence and Lecture Notes in Bioinformatics), 2957, 13-25. doi: 10.1007/978-3-540-24643-5_2

Maihoöfer, C., Franz, W., & Eberhardt, R. (2003). Stored Geocast. *Proceedings of Kommunikation in VerteiltenSystemen (KiVS)*, 257-268. doi: 10.1007/978-3-642-55569-5_21

Onifade, F. W., Ojo, K., & Akande, O. (2008). Angular Displacement Scheme (ADS): Providing Reli-able Geocast Transmission for Mobile Ad-Hoc Networks (MANETs). *IJCSNS International Journal of Computer Science and Network Security*, *8* (8), 334-339.

Park, V., & Corson, S. (2001). Temporally-ordered routing algorithm (TORA). In Internet Draft: draft-ietf-manet-tora-spec-04. txt.

Ruhil, A. P., Lobiyal, D. K., &Stojmenovic, I. (2005). Performance Evaluation of Geocasting Protocols in Mobile Ad Hoc Networks. *11th National Conference on Communication (NCC-2005)*, 46-50. Retrieved from http://www.tjprc.org/view-archives.php

Schwingenschlogl, C., & Kosch, T. (2002). Geocast enhancements of AODV for vehicular networks. *Mobile Computing and Communications Review*, *6* (3), 96-97. doi: 10.1145/581291.581307

Stojmenovic, I., Ruhil, A. P., &Lobiyal, D. K. (2003). Voronoi diagram and convex hull based geocasting and routing in wireless networks. *Proceedings - IEEE Symposium on Computers and Communications*, 51-56. 10.1109/ISCC. 2003. 1214100

Tonguz, O., Wisitpongphan, N., Bai, F., Mudalige, P., &Sadekar, V. (2007). Broadcasting in VANET. *2007 Mobile Networking for Vehicular Environments, MOVE*, 7-12. doi: 10.1109/MOVE. 2007. 4300825

Tseng, Y. C., Ni, S. Y., Chen, Y. S., & Sheu, J. P. (2002). The broadcast storm problem in a mobile ad hoc network. *Wireless Networks*, *8* (2-3), 153-167. doi: 10.1023/A: 1013763825347

Tseng, Y. C., Ni, S. Y., & Shih, E. Y. (2003). Adaptive approaches to relieving broadcast storms in a wire-less multihop mobile ad hoc network. *IEEE Transactions on Computers*, *52* (5), 545-557. doi: 10.1109/ TC. 2003. 1197122

Weisstein, E. W. (2019). *Fermat Points*. Retrieved December 12, 2019, from https://mathworld.wolfram.com/FermatPoints.html

Wisitpongphan, N., Tonguz, O. K., Parikh, J. S., Mudalige, P., Bai, F., &Sadekar, V. (2007). Broadcast storm mitigation techniques in vehicular ad hoc networks. *IEEE Wireless Communications*, *14* (6), 84–94. doi: 10.1109/MWC.2007.4407231

Yao, P. (2004). Evaluation of Three Geocasting Protocols for a MANET. *Grace Hopper Celebration of Women in Computing*, 1–6.

Yao, P., Krohne, E., & Camp, T. (2004). Performance comparison of geocast routing protocols for a MANET. *Proceedings – International Conference on Computer Communications and Networks*, ICCCN, 213–220. 10.1109/icccn.2004.1401631

Yu, Q., &Heijenk, G. (2008). Abiding geocast for warning message dissemination in vehicular ad hoc networks. *IEEE International Conference on Communications*, 400–404. 10.1109/ICCW.2008.81

Zhang, G., Chen, W., Xu, Z., Liang, H., Mu, D., & Gao, L. (2009). Geocast routing in urban vehicular ad hoc networks. *Studies in Computational Intelligence*, *208*, 23–31. doi: 10.1007/978-3-642-01209-9_3

> # 第 3 章
> 基于拓扑结构路由协议评估印度城市车辆交通场景中紧急信息的传播

VANET 是 MANET 的一个子类，助力智能交通系统变为现实。根据印度交通运输与公路部的报告，2015 年印度有 150 万人在道路事故中丧生。为了减少伤亡并提升旅途中的舒适感，印度还必须建设 VANET，但实施之前还需要测试 VANET 在实际道路上的适用性。本章从开放街图网站上获取新德里康诺特广场的真实地图，使用 SUMO 进行交通流建模，反映真实的印度道路状况，以衡量 AODV、DS-DV 和 DSR 路由协议的性能，同时 CBR 交通用于在城市车辆交通场景中传播紧急消息。通过 NS – 2.35 网络模拟器对吞吐量、分组投递率和端到端延迟进行性能分析。

3.1 简介

印度缺乏足够的公共交通，重视私人车辆的使用，因此交通系统面临着严重的问题。车辆密度的增加导致事故发生的频率提升，事故死亡率也惊人地增加。根据印度交通运输与公路部报告，2017 年印度道路事故高达 464910 起，其中 147913 人死亡。事故发生后，受伤人员能够在 1h 内得到救助非常关键，如果受伤人员在这段时间内得到正确的治疗，伤亡率可能进一步降低。由于无线和传感器技术的巨大改进，智能交通系统可以实现。

无线通信技术发展成果丰硕，可以超越位置和时间限制通过网络高效地交换数据。如果体温、脉搏、呼吸频率和血压等生命体征，可由植入患者体内或穿戴式传感器接收，通过车载内置摄像头捕获图像和视频并将此信息实时发送到附近的救护车/医院或医疗服务器，以便医生全面了解患者的整体健康状况，更多人可能因此获救。通过分析患者健康信息，医生可以更快地在事故现场提供最佳治疗方案。如果我们能够知道事故现场的确切位置，那么来自最近医院的救护车以及根据访问到的患者健康信息所需的生命保障系统、设备和药品可以在最短时间内到达事故现场，从而降低事故中的伤亡率。

VANET 在减少道路交通事故死亡率方面大有可为。许多与 VANET 相关的研究项目已在世界各地完成并正在进行，如 CarTALK 2000（Reichardt 等，2002）、FleetNet（Franz 等，2005）、NoW（车轮网络）（Festag 和 Andreas，2008）和 CarNet

（Morris 等，2000）。

关于 VANET 的研究方兴未艾，它利用道路上的车辆集群来建立和维护车辆之间的无线通信，不需要任何固定的基础设施。紧急情况下，传递健康信息对于挽救生命至关重要，若没有基础设施的帮助，可通过 VANET 将患者的健康信息传递到最近的医院。VANET 是 MANET 的一个子类，它以移动车辆（如汽车、货车等）为节点，在 100~1000m 范围内，使用 802.11p 标准进行无线通信。VANET 依靠配备 GPS、应用单元（AU）、车载单元（OBU）设备的智能车辆（Moustafa 和 Zhang，2009），可以帮助改善车辆状况，提高交通生产率，并通过向车辆范围内的其他人发送基于优先级的或定期的消息来提供信息。这些消息可以分为三类：第一类消息是周期性的广播消息，它提供有关车辆方向、速度和位置的信息；第二类消息是在紧急情况下发送的高优先级消息，即与乘客安全相关的消息，这些类型的消息是事件驱动的，要求快速传播，因此需要更高的传输速率；第三类消息是信息性和非安全性应用程序消息，它们需要优先访问（Biswas 等，2006）。VANET 具有一些区别于 MANET 的特性：由于车辆高速移动，VANET 中的网络拓扑具有高度的动态性，同时车辆的移动是规则的、可预测的，不存在功率约束。与 MANET 不同，VANET 车辆具有高处理能力和足够的存储容量（Corson 和 Macker，1999）。

3.2 背景信息和相关研究

首先概述 VANET 体系结构（V2V、V2I 和 V2P），介绍 VANET 的通信模型，即纯蜂窝网络、纯 Ad－Hoc 网络和混合网络。然后综述各种 VANET 无线接入标准（DSRC、WAVE、蜂窝网络、Wi－Fi、WiMax），以及车载网络路由协议。根据路由协议的数据分发、路由更新方法和最适合的应用，将路由协议分为基于广播的路由协议、基于位置的路由协议、基于拓扑的路由协议、基于簇的路由协议和基于地域群播的路由协议。最后，评估基于拓扑的路由协议用于在城市车辆交通场景中传播紧急消息，即自组织按需距离向量（Ad－Hoc On Demand Distance Vector，AODV）（Perkins 和 Royer，1999）、动态源路由（DSR）（David 等，2004）和目的地序列距离向量（DSDV）（Charles 等，1994）。

针对不同路由协议在实时数据分发中的性能分析，已有很多研究。在 Imane Zaimi 等（2017）的研究中，作者展示了基于 QoS 优点的 MPEG－4 视频质量不同协议的对比研究。Mimoza Durresi 等（2005）开发了一种紧急广播协议，该协议设计用于传感器车间通信，并基于地理路由。在 Jose Grimaldo 等（2018）的研究中，作者使用四种 AODV、DSDV、DSR 和 OLSR 路由协议分析了黑洞攻击对巴拿马城场景中 VANET 性能的影响。Pooja Rani 等（2011）比较了 AODV、DSDV 和 DSR 三种路由协议在不同参数下的性能。Manyi Qian 等（2018）还通过 NS－2 仿真分析和比较了典型的主动式和反应式路由协议。另外，还有学者对 VANET 中 AODV、

DSDV 和 ZRP 路由协议的性能和行为进行了综合研究（Abhishek Singh 等，2013）。

3.3　VANET 体系结构

VANET 体系结构（图 3.1）主要由路侧单元（RSU）和行驶车辆（V）组成。这些移动车辆可以通过以下方式与其他移动车辆通信：

1）车对车通信（V2V）。
2）车辆对基础设施通信（V2I）。
3）车 – 人通信（V2P）。

V2V 可用于传输紧急信息、实时信息（如事故或道路交通拥堵信息），以便其他车辆可以选择其他路线以避免交通堵塞，并提高 GPS 精度。移动车辆还可以（根据 IEEE 802.11p 标准）与安装在路边的固定基础设施单元（通常称为 RSU）进行无线通信，以访问互联网设施。

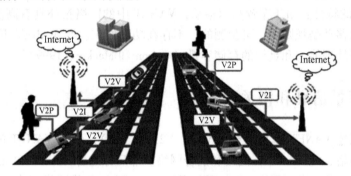

图 3.1　VANET 体系结构

RSU 采用 2G/3G/4G/VOLTE 等蜂窝技术接入互联网业务，其作用类似于网关/路由器，覆盖范围内车辆。VANET 使用具有 OBU 的智能车辆，OBU 由处理器、传感器、全向天线、GPS 组成，用于感知自身和其他车辆的准确位置，并使用用于车辆识别的电子车牌（ELP）进行车对车通信（V2V）(Bhoi 等，2014）。

V2I 可以用于收费、获取娱乐设施和局部交通信息等，车辆还可以与人行道上的行人交换信息以获取局部信息，称为 V2P。

3.4　VANET 的通信模型

VANET 使用移动车辆作为路由器来创建 Ad – Hoc 网络，采用美国电气电子工程师学会（IEEE）的车辆环境无线接入（WAVE）协议，支持智能交通系统。

VANET 不依赖于固定网络基础设施，可以使用以下三种网络架构，如图 3.2 所示：

1）纯蜂窝网络。

2）纯 Ad–Hoc 网络。
3）混合网络。

VANET 可以使用在交通路口安装的路侧单元提供的蜂窝网络和 WLAN 获取互联网设施，收集道路拥堵、道路事故或路由信息等交通信息。

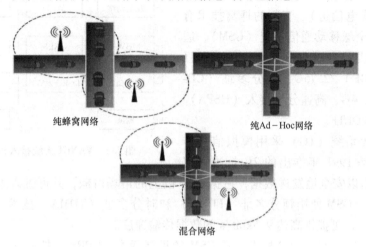

图 3.2　VANET 通信模型

在没有蜂窝网络或 WLAN 的情况下，VANET 还可以使用纯 Ad–Hoc 网络。在该网络中，移动车辆利用自身无线接入组成 Ad–Hoc 网络，进行车对车通信，实现盲穿越等。

VANET 也可以使用混合网络，如图 3.2 所示。它是蜂窝网络、无线局域网和自组织网络的混合体。在混合架构中，VANET 使用那些在蜂窝网络范围内具有 WLAN 能力的车辆作为路由器或网关，这些车辆可以通过多跳拓扑链接与其他车辆通信，以保持外部连接（Li 和 Wang，2007）。

3.5　VANET 无线接入标准

VANET 可使用多种无线接入技术来执行 V2V，或与 RSU 以及道路附近的人通信，可凭借以上手段向车辆或附近道路上的驾驶员和乘客发送警报信息，降低事故发生概率，从而提高道路安全性。这些技术可为相关部门提供交通管理设施，也可以提供娱乐设施。根据数据传输范围，VANET 无线接入标准可分为三类，如图 3.3 所示。

下面介绍一些主要的无线接入标准。

3.5.1　蜂窝网络

蜂窝网络使用电磁波或无线电波在地理区域上传输数据，同时通过"有限频率重用"理论实现更大的区域覆盖和多个传输,如当下移动电话网络。蜂窝技术有许多称为蜂窝的小型互连发射机,以提供更大的覆盖范围(多个数据/语音连接到单个无线电信道)。流行的蜂窝技术有1G、2G、全球移动通信系统(GSM)、通用分组无线服务(GPRS)/2.5G、增强GSM(EDGE)/2.75G、码分多址(CDMA)、3G、4G、高速分组接入(HSPA)、4G LTE、VOLTE。

图 3.3 VANET 无线接入标准

第一代系统(1G)采用模拟信号传输。GSM 是 1991 年推出的 2G 标准,支持数据加密以安全地发送数据,占据 90% 以上的市场份额,并可进入附近 220 个国家/地区。GSM 使用频分多址(FDMA)和时分多址(TDMA)技术(Anwer 和 Guy,2014),可提供高达 9.6kbit/s 的数据传输速度。

GPRS 被认为是 2.5G 标准,是 GSM 的扩展版本。GPRS 支持面向分组的移动数据设备,可用于互联网接入。数据传输速度高达 170kbit/s,上传采用 1710 ~ 1785MHz 频段,下载采用 1805 ~ 1800MHz 频段。

3G 技术提供更快的数据传输速率并支持视频通话,更适合需要高速互联网连接的现代智能手机。3G UMTS(Universal Mobile Telecommunications System)使用 1.8 ~ 2.5GHz 频段,可提供高达 2Mbit/s 的数据传输速度。3G HSPA 提供 14Mbit/s 速度下载和 5.74Mbit/s 速度上传。3G HSPA +(进阶高速分组接入)提供 42Mbit/s 速度下载和 11Mbit/s 速度上传。

4G(第四代)是 3G 技术的继承者,为笔记本计算机、智能手机和无线调制解调器等移动设备提供超宽带互联网接入。它以高达 100Mbit/s 的数据传输速度提供语音、数据和多媒体服务。长期演进技术(Long Term Evolution,LTE)和进阶长期演进技术(LTE - Advanced)是目前 4G 技术的两大标准,4G LTE 使用 2 ~ 8GHz 频段、5 ~ 20MHz 带宽,数据传输速度高达 20Mbit/s。

3.5.2 WiMax

微波接入全球互操作性(WiMax)是基于 IEEE 802.16 的无线接入标准,适用于移动设备和固定基础设施网络的远程(高达 50km)无线网络。由于 IEEE 802.16 标准的修改,WiMax 技术分为固定 WiMax(IEEE 802.16 - 2004)和移动 WiMax(IEEE 802.16e)两个标准,固定 WiMax 工作在 2.5 ~ 3.5GHz 频段,数据传输速度高达 75Mbit/s,覆盖范围达 10km,而移动 WiMax 工作在 2 ~ 6GHz 频段,数据传输速度高达 30Mbit/s,速度快,覆盖范围可达 3.5km。

WiMax 为 DSL、Cable 或专用 T1 线等常规有线技术无法覆盖的领域提供高速互联网设施。它为需要应用程序（WiMax/802.16 标准）的视频、多媒体和互联网电话（VoIP）提供可靠的通信和更高质量的服务支持。

3.5.3 DSRC

专用短程通信（DSRC）是专为 ITS 的车对车通信而设计的一种中程无线接入标准。DSRC 技术工作于 5.9GHz 频段，具有 75MHz 带宽。DSRC 技术具有很高的可靠性，因为它具有很低的干扰，这使得它成为 VANET 的最佳技术。

DSRC 开发的主要驱动力是构建防撞车应用程序，这些应用程序要求车辆与 RSU 之间进行频繁的数据交换。当车辆配备 DSRC 设备时，它们可以向几百米范围内的其他车辆和 RSU 广播其位置信息、当前速度和加速度数据。接收车辆可使用该信息计算其自身与相邻车辆之间的路径，同时该信息可用于确定任何相邻车辆造成的事故风险。DSRC 技术可以通过 OBU 用于安全应用的车对车通信，以及通过 RSU 用于非安全应用的车辆对基础设施通信，如电子支付［通行费、燃油、停车费、娱乐设施（播放音乐、观看电影、玩在线游戏）］（Kenney，2011）。

3.5.4 WAVE

WAVE 代表车辆环境中的无线接入标准。IEEE 1609 系列标准定义了无线通信的体系结构、服务和接口，在 1000m 范围内以 27Mbit/s 的数据传输速度进行无线通信，可实现车流中的低延迟无线通信（Kenney，2011），旨在支持车流中的互操作性和稳健的安全通信。IEEE 1609 系列标准包括以下 6 个标准：

1）IEEE P1609.0。
2）IEEE 1609.1-2006。
3）IEEE 1609.2-2006。
4）IEEE 1609.3-2007。
5）IEEE 1609.4-2006。
6）IEEE P1609.11。

3.6 VANET 应用

VANET 应用可分为五大类（Cunha 等，2016），包括安全、效率、舒适、娱乐提供和城市传感。

（1）安全应用

这些应用具有延迟敏感的特性，利用车对车通信，能够减少道路事故的数量，应用场景包括碰撞警告、行人过街警告和其他车辆换道。

（2）效率应用

这些应用用于改善道路上的车辆机动性，控制交通和交叉口，防止交通堵塞。

在此类应用中，车辆之间以及从车辆到 RSU 之间发生通信。

（3）舒适应用

这些应用可为行程提供舒适和乐趣，需要车辆和路边装置之间的通信。应用场景包括免费停车位信息、天气信息、附近加油站或加油站信息、餐厅位置、旅游点信息、收费税征收服务（Anwer 和 Guy，2014）。

（4）娱乐提供应用

这些应用在旅途中为驾驶员和乘客提供娱乐相关服务。此处通信发生在车辆之间或车辆与 RSU 之间。Internet 访问、网页浏览、在线视频游戏、社交网络、聊天、音乐下载和文件共享是这类应用的一些例子。

（5）城市传感应用

具有无线传感器网络的 VANET 可用于地理区域内的环境监测、监视和移动社交网络（Lee 和 Gerla，2010）。

3.7　VANET 的路由协议

VANET 使用多跳无线通信系统将数据从发送方传输到指定节点，过程中从发送方到接收方可能有许多路径。路由是从可用路径中找到最优路径以到达目标节点的过程。路由协议收集查找路径所需的信息，控制连接维护所需的信息，并将这些信息保存到路由表中。路由算法被用来寻找拥塞最小的最优路径。VANET 路由协议（图 3.4）按其数据分发方式路线更新方法和最合适的应用分为基于拓扑的路由协议、基于广播的路由协议、基于位置的路由协议、基于簇的路由协议和基于地域群播的路由协议五大类（Wang 等，2007；Syal 等，2014；Altayeb 等，2013；Dhankhar 等，2014；Dua 等，2014；Paul 等，2012；Rana 等，2014；Paul 等，2011；Kumar 等，2012；Jindal 等，2016）。

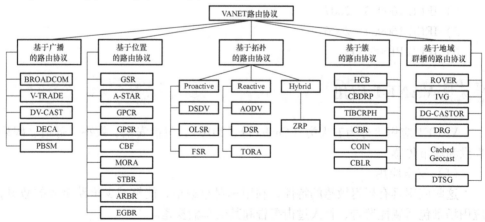

图 3.4　VANET 路由协议

3.7.1 基于广播的路由协议

VANET 使用基于广播的路由协议来传播与安全相关的消息、天气状况、路况和广告。广播是通过多跳泛洪来实现的,在多跳泛洪中,每个节点将消息重播到附近的其他节点。泛洪会导致更多的数据包冲突,从而导致更多的带宽消耗和性能下降。基于广播的路由协议可分为两大类,即单跳广播协议和多跳广播协议(Kumar 等,2012)。基于广播的路由协议包括 BROADCOM(Durresi 等,2005)、基于向量的跟踪检测(V – TRADE)(Sun 等,2000)、分布式车辆广播协议(DV – CAST)(Tonguz 等,2007)、密度感知可靠广播协议(DECA)(Nakorn 等,2010)、静态到高度移动无线自组织(PBSM)中的无参数广播(Khan 等,2008)。

3.7.2 基于位置的路由协议

这些路由协议也称为地理协议。该协议假设移动节点具有内置的 GPS 设备,可以提供位置以及其相邻位置的地理信息。协议通过相邻跳的位置和数据包的目的地决定路由信息,而非路由表。这些协议分为延迟容忍网络(DTN)、非延迟容忍网络(非 DTN)和混合协议。

DTN 在频繁断开连接的 VANET 中采用存储和承载技术进行数据包分发。非 DTN 协议使用贪婪转发技术将数据包发送到最近的邻居。基于位置的非 DTN 路由协议可进一步分为非信标协议、信标协议和非覆盖协议(Karimi 等,2011)。混合协议同时具有 DTN 和非 DTN 协议的特征。基于位置的路由协议包括地理源路由(GSR)(Iwata 等,1999)、锚定街道和交通感知路由(A – STAR)(Seet 等,2004)、贪婪周界协调器路由(GPCR)(Lochert 等,2003)、贪婪周界无状态路由(GPSR)(Karp 等,2000)、基于竞争的转发(CBF)(Fubler 等,2004)、基于移动的路由算法(MORA)(Granelli 等,2006)、基于街道拓扑的路由(STBR)(Forderer,2005)、基于自适应道路的路由(ARBR)(Ahmadi 等,2010)、基于边缘节点的贪婪路由(EGBR)(Kumar,2012)。

3.7.3 基于簇的路由协议

基于簇的路由侧重于创建一个由一小群相邻节点组成的网络,称为簇(Cluster)(Lin 和 Gerla,1997;Luo 等,2010;Rawashde 和 Ahmud,2012)。一小群集中的节点标识自己是簇的一部分。簇的大小由基于节点位置和节点数量的特定路由算法确定。每个簇都有一个集群头,负责集群内和集群外节点的通信。以下都是基于簇的路由协议:基于簇的路由(CBR)(Luo 等,2010)、基于簇的分层路由(HCB)(Yang 等,2009)、基于簇的定向路由协议(CBDRP)(Song 等,2010)、TIBCRPH(Wang 和 Wang,2010)、开放车间通信(IVC)网络的簇(COIN)(Blum 等,2003)、基于集群的位置路由(CBLR)(Santns 等,2004)。

3.7.4 基于地域群播的路由协议

这类协议是基于位置的多播协议。在基于 Geocast 的路由协议中，数据包从发送节点转发到特定区域内的所有其他节点。该区域称为关联区。这些协议使用转发区域技术将数据包发送到其他关联区。特定转发区域内的节点将数据分组转发给其他关联区（Chen 等，2009）。基于地域群播的路由协议包括鲁棒（Robust）车辆路由协议（ROVER）（Kihl 等，2007）、车辆间地域群播路由协议（IVG）（Allal 等，2013）、用于查询分发的基于方向的地域群播路由协议（DG – CASTOR）（Atéchian 等，2008）、分布式稳健地域群播路由协议（DRG）（Joshi 等，2007）、缓存地域群播（Maihöfer 等，2004），动态时间稳定的地域群播路由协议（DTSG）（Rahbar 等，2010）。

3.7.5 基于拓扑的路由协议

这些协议使用网络拓扑和连接信息来执行路由。由于节点的移动性，这些协议可以分为三大类：主动式路由协议、反应式路由协议和混合式路由协议。

无论当前是否参与网络，这些协议始终维护所有节点的路由信息，定期发送控制消息以更新网络拓扑信息，因此可以掌握所有节点向其他节点发送的数据包信息。如果网络规模增加，则维护拓扑信息的开销也会增加（Venkatesh 和 Murali，2014）。主动式路由协议的应用包括 DSDV（Charles 等，1994）、优化链路状态路由（OLSR）（Clausen 和 Jacquet，2003）、鱼眼状态路由（FSR）（Guangyu 等，2000）。

反应式路由协议（有时称为按需路由协议）是按需工作的。该协议利用已发现的线路，在需要时将任何信息从发送者发送到目的地。反应式路由协议可分为源路由协议和跳到跳路由协议（Venkatesh 和 Murali，2014）。源路由协议利用特定机制将整个路由信息存储在数据包中。跳到跳路由协议只利用下一跳地址和目标地址。反应式路由协议的应用包括自组织按需距离向量（Perkins 和 Royer，1999）、DSR（David 等，2004）、临时预定路由算法（TORA）（Park 和 Corson，1997）。

混合式路由协议融合了主动式路由协议和反应式路由协议的优点，适用于可划分为多个区域的大型网络。在区域内，主动式路由用于区域，而反应式路由用于区域内通信。区域路由协议（ZRP）（Zygmunt 等，2002）是混合路由协议的应用实例。

1. DSDV 路由协议

C. Perkins 于 1994 年基于改进的 Bellman – Ford 路由算法开发出了 DSDV。DSDV 是一种流行的主动路由协议，利用该算法可以避免路由循环。这里的路由表包含所有可用目的地的一个条目，即到达目的地的跳点数，每个移动节点维护自己的路由表。每个路由表条目都包含由目标生成的序列号。通过使用序列号来区分模糊路由和新路由，避免了路由循环的形成。

当网络拓扑发生变化时，每个移动节点周期性或偶尔地向其近邻广播其路由表，以更新其他节点的路由信息。如果发生任何节点移动，则必须立即发送路由信息，并在固定时间间隔后发送保持一致性的路由更新。因此，路由信息在时间和事件基础上更新（Rahbar，2010）。

该协议的主要优点是不需要路由发现机制，具有较低的时延。但是当网络规模增加且拓扑结构频繁变化时，可能会有问题。因为即使不使用可用的路由信息，也会因为维护这些信息而消耗更多的带宽（Bai 等，2017）。

2. DSR 协议

DSR 是一种流行的反应式路由协议，其设计使用源路由，其中发送方拥有到终端的整个跳到跳路由的信息，存储在路由缓存中。每当一个源想要向其他节点发送数据包时，将首先查看路由缓存中是否存在路由。路由缓存中的路由缺失将提示发送方启动新的路由发现过程，该过程将动态确定新路由。DSR 的主要特点是，通过减少主动路由方法中周期表更新消息的要求，控制数据包限制了网络带宽消耗（Jhnson 等，2004）。

在 DSR 路由恢复过程中，源节点构造 RREQ 数据包并将其广播给邻居节点。每个 RREQ 数据包都有一个发送方和目的方的地址，以及一个唯一的请求 ID。当一个节点转发 RREQ 数据包时，它会将它的标识符附加到此数据包。接收节点检查其路由缓存以了解路由可用性。如果不存在路由，则这些节点将通过将自己的地址添加到分组的路由记录来进一步将 RREQ 分组广播到附近的节点。除非 RREQ 数据包到达其目的地，或者中间节点在其路由缓存中有到目的地的路由，否则该过程将继续（Grimaldo 和 Mart，2018）。

一旦目的节点接收到 RREQ 包，它将构造一个路由应答包（RREP）并将 RREP 发送回源节点，并通过向后遍历到达原始源。RREP 中的路由信息存储在路由缓存中以供进一步使用。由于动态拓扑，需要路由维护过程，并且在任何链路断开时激活该过程。它通过使用路由错误（RERR）数据包通知源节点。如果必要的路由仍无法找到，则源将启动新的路由发现过程。因此，DSR 协议积极使用源路由和路由缓存（Bai 等，2017）。DSR 路由协议的缺点是其路由维护机制不能在本地修复断开的链路，陈旧路由的缓存信息可能会导致路由重建阶段不一致，建立连接所花费的时间比主动式路由协议要长。

3. AODV 路由协议

AODV（Perkins 和 Royer，1999）是一种反应式路由协议，它是 DSR 和 DSDV 路由协议的混合体。这里的路由发现及其维护过程与 DSR 中的相同，但为了维护路由信息，它使用了 DSDV 中的表驱动方法。它允许对新目的地进行更快的路由发现，并且不维护在通信期间处于非活动状态的节点的路由信息。AODV 在链路中断和拓扑更改情况下以有时间限制的方式工作。AODV 为路由恢复提供了无循环机制。

AODV 使用 RREQ 消息搜索新路由，当发现路由时使用 RREP 消息，当路由中断或链路故障时使用 RERR 消息。当源节点想要向目的节点发送数据时，路由发现过程从广播 RREQ 消息开始，其中接收节点在其路由表中添加目的地序列号，作为无循环操作的基础。路由表包含目标的下一跳信息、跳数、超时值和目标序列号。如果路由不再用于发送数据，则到达时间限制后，路由表中的此项将自动删除。每当节点启动路由发现或答复路由请求时，目标序列号将自动递增。在多条路由到达目的地的情况下，选择序列号最高的路由进行路由。最后，当目的地接收到 RREQ 数据包时，它在 RREP 数据包中将其向后传递给源。RREP 数据包具有完整的路径信息，它被单播到源节点。源节点使用此路由发送信息。

此处节点检查当前路由中下一个跳点的链路状态。AODV 定期发送 HELLO 消息，以获取链路故障信息。当检测到链路故障时，构造 RERR 消息并发送到相邻节点以通知链路故障。RERR 消息接收器必须相应地更新其路由表（Perkins 和 Royer，1999）。

3.8 交通代理 CBR

CBR 代表恒定比特率，是一种应用流量代理。作为应用层协议，CBR 从用户数据报协议（UDP）导入数据，并在有限带宽信道上以恒定比特率传输数据。CBR 的问题在于它提供了单向和不可靠的通信类型。在 UDP/CBR 中，通信量仅在一个方向上从源移动到目标，而没有来自目标的任何确认。缺乏确认会导致无法保证数据的成功交付（Sharma 和 Gupta，2012）。CBR 为 Ad – Hoc 网络中具有保证 QoS 的时间敏感应用提供支持。CBR 应用于视频流、交互式音频/视频、视频会议、MP3 文件传输等领域的网络流量监测、流量建模等，CBR 可以用于在固定的时间间隔内发布紧急消息。因此，将 CBR 应用于基于拓扑的协议作为 VANET 中紧急消息分发的流量代理的性能评估。

3.9 使用的研究方法

为了评估任何路由协议的性能，需要一种有效的研究方法（图 3.5）。由于实际实验中的预算限制和技术复杂性，仿真则是 VANET 协议验证和性能评估的较好选择。本章使用开源网络模拟器 NS – 2.35（NS – 2）进行仿真评估路由协议。首先，从开放街图（OSM）（www.openstreetmap.org/）选定一张印度地铁城市的真实地图作为网络场景，然后利用交通模拟器 SUMO（城市流动模拟）(Hilbrich) 模拟实际交通场景。

SUMO 使用 OSM 文件创建真实的路网，同时模拟车辆在道路网络上的机动性。

将 SUMO 生成的流量文件输入 NS-2.35 网络模拟器进行处理并生成跟踪文件。最后，使用 awk 脚本生成一些结果和进一步的评估。

图 3.5　有效的研究方法

本节将讨论仿真工具利用率、仿真环境和参数、用于进行不同比较和评估的性能指标。

1. 仿真工具利用率

（1）OSM

OSM 是为世界创建和分发免费地理数据的项目。OSM 由 Steve Coast 于 2004 年创建。它是绝对免费使用的。OSM 用户可以使用物理测量、GPS 设备和航空摄影来收集数据，为世界上任何地理位置提供基于 xml 的 .osm 文件。

（2）SUMO

Simulation for urban mobility（SUMO）(Hilbrich) 是柏林交通系统研究所开发的交通模拟器，应用广泛，具有跨平台、微观和开源等特征。SUMO 具有多种功能，如微观模拟、在线交互、多模式交通模拟、交通信号灯调度、无线网络规模，同时支持 OSM、VISUM、VISSIM、NavTeq。

（3）NS-2.35

NS-2.35 广为流行。开源 NS-2 是由美国国防高级研究计划局（DARPA）开发的，用 C++ 和 TCL 编程，由 OTCL 解释器解释，为 NAM（Network Animator）生成一个输出文件。NS-2 具有高速公路模型和曼哈顿模型，可用于 VANET 仿真。由于更多 CPU 周期和内存消耗，实施 VANET 移动模型 NS-2 项目的可扩展性和复杂性有限，该项目已于 2010 年关闭。

2. 仿真环境和参数

因为印度新德里康诺特广场交通情况较为拥挤，所以本节选定其作为紧急消息传播性能评估的场景，如图 3.6 所示。从开放街图中导入康诺特广场的真实地图（模拟区域 19983m×8415m），创建城市场景，如图 3.7 所示。利用 SUMO-0.32.0 traffic simulator 的 sumo/tools 目录下的 osmWebWizard.py 实用程序上的 python 脚本模拟路网交通，通过改变每千米每小时的计数和 osmWebWizard 中可用的交通系数（常数 5）选项，创建 25、50、100、150 和 200 辆车的车辆密度车辆类型。通过 randomTrips.py 实用程序（在 sumo/tools 目录下）执行另一个 python 脚本创建 randomTrips，交通仿真的总仿真时间为 500s。SUMO 将此配置文件（.sumocfg）转换为 xml 文件格式的跟踪文件，该文件包含有关汽车随时位置的信息。最后，这个 SUMO 跟踪文件由 traceExporter.py 实用程序导入 NS-2.35 以模拟 VANET，生成

activity.tcl、mobility.tcl、NS2config.tcl 三个 .tcl 文件,生成的 NS2config.tcl 需要根据表 3.1 中的路由协议、MAC 类型、CBR 数据包大小等组网参数进行修改。在发送节点和接收节点之间使用了 UDP 连接和 CBR 数据通信。本场景使用 CBR 流量,数据包大小为 1000B、2000B、3000B、4000B 和 5000B,数据传输速度为 2Mbit/s。

图 3.6　新德里康诺特广场开放街图

表 3.1 总结了用于评估性能的流量和网络模拟参数。

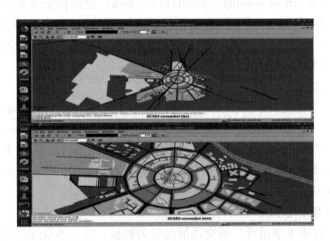

图 3.7　SUMO 城市场景截图

表 3.1　流量和网络模拟参数

参数	值
平台	Linux、Ubuntu 18.04 LTS
网络模拟器	NS – allinone – 2.35
交通模拟器	SUMO – 0.32.0
使用的地图	开放街图（www.openstreetmap.org/）
场景	印度新德里康诺特广场

(续)

参数	值
信道类型	无线信道
无线电传播模型	双射线接地
网络接口类型	物理层/无线层
MAC 类型	IEEE 802.11
链接图层类型	LL
天线型号	全向天线
接口队列类型	丢弃尾部优先级队列
队列中的最大数据包数	50 包
路由协议	AODV、DSDV、DSR（NS-2 默认）
交通类型	UDP/CBR（恒定比特率）
节点类型	汽车
车辆数量	25、50、100、150、200
车辆速度	10~40km/h
UDP 数据包大小	2000B
CBR 数据包大小	1000B、2000B、3000B、4000B、5000B
道路交通方向	多向性
道路车道数	2
模拟区域	19983m×8415m
直通交通系数	5
Trip 类型	随机 Trip
性能指标	吞吐量、数据包投递率、端到端延迟、抖动
模拟时间	500s

3. 性能指标

许多网络模拟器指标可以作为评估不同网络设置下路由协议性能的指标。本节中，使用以下指标来分析高移动 VANET 环境中 AODV、DSDV 和 DSR 路由协议的性能。

（1）吞吐量

吞吐量指的是成功交付的位与总模拟时间的比率，还可指示路由的带宽（单位为 kbit/s）。协议的好坏根据提供吞吐量的高低来评定（Bhadoria 和 Jaiswal, 2016; Dhaka 等, 2014）。

$$吞吐量 = (数据包接收 \times 数据包大小)/总模拟时间$$

（2）数据包传送率（PDR）

PDR 指的是目标节点接收的数据包与所有源节点发送的数据包的比率。PDR

越高表示路由协议越好。

PDR =（所有源节点发送的数据包总数/目标节点接收的数据包总数）×100

（3）平均端到端延迟（AED）

平均端到端延迟是指为传递每个数据包所花费的总时间。延迟包括路由发现延迟、分组分发延迟、发送时间延迟和分组在队列中花费的时间。它是总传递时间与目标节点接收的数据包总数的比率。平均端到端延迟越低，则表明路由协议越好。

AED = 总传递时间/目标节点接收的数据包总数

（4）抖动

也称为包延迟方差。它是数据包的预期时间和实际到达时间之间的差值，是指延迟的变化或接收端的数据分组之间的时间延迟的变化，以毫秒（ms）为单位测量。抖动会导致数据包丢失和网络拥塞。

4. 仿真结果分析

按照表3.1中的流量和网络模拟参数执行.tcl文件后。模拟设置参数、跟踪文件（扩展名为.tr）和网络动画文件（扩展名为.nam）将生成，如图3.8所示。

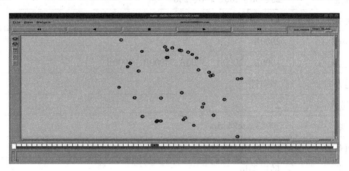

图3.8 网络动画（NAM）视图

在跟踪文件上使用 Perl 脚本来分析网络指标，如吞吐量、数据包传送率、抖动和端到端延迟。表3.2包含通过 Perl 脚本获得的不同 CBR 数据包大小的 AODV 协议结果。

表3.3包含 DSDV 协议对同一 Perl 脚本获得的不同 CBR 数据包大小的结果。

表3.4包含 DSR 协议对同一 Perl 脚本获得的不同 CBR 数据包大小的结果。

表3.2 不同恒定比特率下 AODV 协议的性能分析

车辆数量	比特率常量/B	数据包传送率	吞吐量/(kbit/s)	平均端到端延迟/ms	抖动/ms
25	1000	0.129484	135.525967	1.416305	1.416477
25	2000	0.134890	139.798956	2.237596	2.238122
25	3000	0.122814	141.986290	2.042115	2.042510

(续)

车辆数量	比特率常量/B	数据包传送率	吞吐量/(kbit/s)	平均端到端延迟/ms	抖动/ms
25	4000	0.150003	155.510390	2.099008	2.099451
25	5000	0.120000	136.133493	2.368285	2.368808
50	1000	0.201042	200.261405	1.565075	1.565197
50	2000	0.229518	226.407106	2.581862	2.582217
50	3000	0.178454	202.981406	2.586197	2.586541
50	4000	0.211944	209.058803	2.676774	2.677173
50	5000	0.200244	221.617374	2.439945	2.440265
100	1000	0.299472	298.321172	1.406886	1.406956
100	2000	0.343346	338.680812	2.253535	2.253735
100	3000	0.284223	328.691433	2.051983	2.052146
100	4000	0.341996	337.336016	2.178910	2.179103
100	5000	0.293360	331.694461	2.169023	2.169210
150	1000	0.099263	98.888950	2.716768	2.717125
150	2000	0.106808	105.358917	2.872295	2.872840
150	3000	0.086570	90.172579	3.009144	3.009763
150	4000	0.097041	95.750154	3.732566	3.733462
150	5000	0.094667	99.305399	3.206667	3.207335
200	1000	0.295129	293.996989	1.390275	1.390345
200	2000	0.325648	321.201294	2.383080	2.383304
200	3000	0.267154	317.482810	2.241888	2.242080
200	4000	0.331319	326.825333	2.464031	2.464258
200	5000	0.262503	298.170634	2.608480	2.608734

表3.3 不同恒定比特率下 DSDV 协议的性能分析

车辆数量	比特率常量/B	PDR	吞吐量/(kbit/s)	AED/ms	抖动/ms
25	1000	0.092292	98.352248	0.835642	0.835776
25	2000	0.105012	110.018547	1.400163	1.400562
25	3000	0.087059	122.314699	1.250208	1.250550
25	4000	0.098674	102.273243	1.402363	1.402783
25	5000	0.102177	128.532460	1.585596	1.585992
50	1000	0.109875	109.453344	1.094377	1.094530
50	2000	0.130155	128.386683	2.046875	2.047368

（续）

车辆数量	比特率常量/B	PDR	吞吐量/(kbit/s)	AED/ms	抖动/ms
50	3000	0.107508	121.094361	1.636505	1.636861
50	4000	0.115457	115.394813	1.760440	1.760917
50	5000	0.114721	126.288491	1.737802	1.738193
100	1000	0.199491	198.717114	1.338764	1.338868
100	2000	0.222204	219.173590	2.351259	2.351590
100	3000	0.162070	188.501958	2.237510	2.237820
100	4000	0.219356	216.399515	2.459021	2.459375
100	5000	0.178721	201.666035	2.232187	2.232518
150	1000	0.041648	41.665800	3.556577	3.557754
150	2000	0.048849	50.295563	4.478204	4.480993
150	3000	0.039501	45.893420	5.576360	5.579690
150	4000	0.038007	37.517260	4.869767	4.873704
150	5000	0.038694	44.519932	5.302290	5.305785
200	1000	0.132879	132.366952	1.914740	1.914968
200	2000	0.156180	155.401315	3.400609	3.401302
200	3000	0.140667	160.963211	2.841054	2.841534
200	4000	0.172272	181.160025	3.402212	3.402837
200	5000	0.154857	174.037749	3.035979	3.036504

表 3.4　不同恒定比特率下 DSR 协议的性能分析

车辆数量	比特率常量/B	PDR	吞吐量/(kbit/s)	AED/ms	抖动/ms
25	1000	0.116537	119.974110	2.449902	2.450206
25	2000	0.139298	143.545960	3.681274	3.682061
25	3000	0.099084	115.424270	4.258728	4.259739
25	4000	0.114706	118.168255	3.045568	3.046384
25	5000	0.117687	133.364009	3.925775	3.926641
50	1000	0.142643	139.643212	3.483509	3.483865
50	2000	0.152620	149.318842	4.840427	4.841399
50	3000	0.096805	108.410445	4.608341	4.609320
50	4000	0.137693	135.441984	5.435627	5.436828
50	5000	0.127211	139.979734	4.532665	4.533597
100	1000	0.250494	244.640773	1.554094	1.554153
100	2000	0.301584	294.539263	2.888267	2.888424

(续)

车辆数量	比特率常量/B	PDR	吞吐量/(kbit/s)	AED/ms	抖动/ms
100	3000	0.220258	259.238365	3.153908	3.154204
100	4000	0.179782	181.070309	4.596340	4.596982
100	5000	0.274014	313.212519	2.520652	2.520886
150	1000	0.032342	50.227165	9.091231	9.094680
150	2000	0.043788	49.336077	9.555962	9.562368
150	3000	0.031248	40.317975	8.144920	8.146191
150	4000	0.046529	104.289603	9.668570	9.674514
150	5000	0.010966	12.769147	18.62245	18.65690
200	1000	0.216567	220.780939	1.518790	1.518891
200	2000	0.289502	282.776203	3.107152	3.107480
200	3000	0.206641	247.352292	3.347945	3.348283
200	4000	0.292463	290.406184	2.522708	2.522968
200	5000	0.203265	234.658627	3.073958	3.074270

(1) 吞吐量

正如前面已经提到的，吞吐量是根据成功传输率衡量协议性能的指标。网络性能取决于许多因素，如数据包大小、节点移动性和连接持续时间。吞吐量图绘制在不同数量的节点上，这些节点具有不同的 CBR 数据包大小。

AODV 协议通过改变 CBR 数据包大小在所有网络场景中提供最高的吞吐量。作为反应式路由协议，DSR 还提供与 AODV 相同的吞吐量。因此，AODV 和 DSR 的性能基本相同。作为按需 AODV 和 DSR，当需要将数据从源发送到目标时，尝试建立连接。因此，这里的路由开销非常小。

与 AODV 和 DSR 相比，DSDV 在不同 CBR 分组大小下的吞吐量较低。DSDV 是一种面向表的路由协议，它即使不参与通信，也必须维护所有节点的路由信息。过期的路由表条目可能导致数据包通过断开的路径转发。

(2) 数据包传送率

数据包传送率（PDR）是接收到的数据包与 CBR 生成的源发送的数据包数量之比。PDR 在识别可能导致吞吐量降低的问题方面变得非常重要。PDR 绘制在不同数量的节点和不同的 CBR 数据包大小，以分析 PDR 在不同网络场景下的变化。

AODV 协议提供了最佳的数据包传送率，在所有网络场景中约为 35%，其次是 DSR，约为 30%。与 AODV 和 DSR 相比，DSDV 性能最差，提供的最大数据包传送率约为 25%。

(3) 端到端延迟

端到端延迟由数据包从源节点到达目的节点所花费的时间确定。较长的端到端延迟时间表示信道繁忙，数据包延迟传送，到达目的节点的时间更长。网络负载、路由发现过程中的缓冲和重传都可能引起端到端延迟。

（4）抖动

抖动是一个节点上两个连续数据包传送之间的延迟。网络的服务质量通过平均抖动率来衡量（Rani 等，2011）。可以用 25、50、100、150 和 200 个节点和不同的 CBR 数据包大小绘制抖动图，以分析不同网络场景下抖动的变化。

对于 CBR 传输，DSDV 在 25、50 和 100 个节点上显示了最低的抖动。在节点多于 100 时，AODV 优于 DSR 和 DSDV 协议。DSDV 在稀疏网络中的抖动性能更好。在不同的节点密度下，AODV 比 DSR 具有更小的抖动。

3.10 结论

本章综述了 VANET 的体系结构、通信模型、应用领域和路由协议，总结了基于拓扑结构的 VANET 路由协议，分析了 AODV、DSDV 和 DSR 拓扑路由协议在印度新德里康诺特广场的性能，使用了 OSM、SUMO 和 NS-2 进行性能比较。评估表明，AODV 在吞吐量和数据传送率方面优于 DSDV 和 DSR。在低节点密度下，DSDV 比 AODV 和 DSR 具有更好的端到端延迟和抖动性能。

参考文献

Allal &Boudjit. (2013, February). Geocast Routing Protocols for VANETs: Survey and Geometry – Driven Scheme Proposal. *Journal of Internet Services and Information Security*, 3 (1 – 2), 20 – 36.

Altayeb& Mahgoub. (2013, July). A Survey of Vehicular Ad hoc Networks Routing Protocols. *International Journal of Innovation and Applied Studies*, 3 (3), 829 – 846.

Answer & Guy. (2014). A Survey of VANET Technologies. *Journal of Emerging Trends in Computing and Information Sciences.*

Anwer, S., & Guy, C. (2014). A Survey of Vehicular technologies. *Journal of Emerging Trends in Computing and Information Science*, 5 (9).

Arzil, S., Hosseinpour, M., &Jabraeil Jamali, M. (2010). *Adaptive routing protocol for VANETs in city environments using real – time traffic information.* Academic Press.

Atéchian, T., & Brunie, L. (2008). *DG – Castor: Direction – Based Geocast Routing Protocol for Query Dissemination in Vanet. IADIS International Telecommunications. Networks and Systems.*

Bai, Y., Mai, Y., & Wang, N. (2017). Performance comparison and evaluation of the proactive and reactive routing protocols for MANETs. *IEEE Wireless Telecommunications Symposium* (*WTS*). 10.1109/ WTS.2017.7943538

Bhadoria& Jaiswal. (2016). Performance Analysis of Traffic Type and Routing Protocols in VANET for City Scenario. *International Journal of Urban Design for Ubiquitous Computing*, 4 (1).

Bhoi, S. K., &Khilar, P. M. (2014). Vehicular communication: A survey. *IET Network*, 3 (3), 204 – 217. doi: 10. 1049/iet – net. 2013. 0065

Biswas, S., Tatchikou, R., & Dion, F. (2006). Vehicle – to – vehicle wireless communication protocols for enhancing highway traffic safety. *IEEE Communications Magazine*, 44 (1), 74 – 82. doi: 10. 1109/MCOM. 2006. 1580935

Blum, J., Eskandarian, A., & Hoffman, L. (2003, June). Mobility management in IVC networks. *Proceedings of IEEE Intelligent Vehicles Symposium*. 10. 1109/IVS. 2003. 1212900

Chen, Lin, & Ling. (2009). A Mobicast Routing Protocol in Vehicular Ad – Hoc Networks. *GLOBECOM, IEEE Global Telecommunications Conference*.

Clausen, T., & Jacquet, P. (2003). *RFC 3626 – Optimized Link State Routing Protocol*. OLSR. Corson & Macker. (1999, January). *Mobile Ad hoc Networking (MANET): Routing Protocol Performance Issues and Evaluation Considerations*. RFC 2501.

Dhaka, Poonia, & Raja. (2014, April). The realistic mobility evaluation of vehicular ad – hoc network for indian automotive networks. *International Journal of Ad hoc, Sensor & Ubiquitous Computing*, 5 (2).

Dhankhar & Agrawal. (2014, June). VANETs: A Survey on Routing Protocols and Issues. *International Journal of Innovative Research in Science, Engineering and Technology*, 3 (6).

Domingos da Cunha, F., Villas, L., Boukerche, A., Maia, G., Viana, A. C., & (2016). Data Communication in VANETs: Survey, Applications and Challenges. *Ad Hoc Networks, Elsevier*, 44 (C), 90 – 103. doi: 10. 1016/j. adhoc. 2016. 02. 017

Dua, A., Kumar, N., & Bawa, S. (2014). A systematic review on routing protocols for Vehicular Ad Hoc Networks. *Vehicular Communications*, 1 (1), 33 – 52. doi: 10. 1016/j. vehcom. 2014. 01. 001

Durresi, M., &Durresi, A. (2005). Emergency Broadcast Protocol for Inter – Vehicle Communications. *IEEE International Conference on Parallel and Distributed Systems (ICPADS'05)*. 10. 1109/ICPADS. 2005. 147 Durresi, M., Durresi, A., &Barolli, L. (2005). Emergency Broadcast Protocol for Inter – Vehicle Communications. *11th International Conference on Parallel and Distributed Systems (ICPADS'05)*. 10. 1109/ ICPADS. 2005. 147

Festag, A. (2008). NoW – Network on wheels: Project objectives, technology and achievements. *5th International Workshop on Intelligent Transportation (WIT)*, 211 – 216.

Forderer, D. (2005, May). *Street – Topology Based Routing* (Master's thesis). University of Mannheim.

Franz, W., Hartenstein, H., & Mauve, M. (Eds.). (2005, November). *Inter – Vehicle – Communications Based on Ad Hoc Networking Principles – The Fleet Net Project*. UniversitatverlagKarlsuhe.

Fubler, H., Hartenstein, H., Mauve, M., Effelsberg, W., & Widmer, J. (2004). Contention – based forwarding for street scenarios. In *1st International workshop in intelligent transportation (WIT 2004)* (No. LCA – CONF – 2004 – 005). Academic Press.

Granelli, F., Boato, G., &Kliazovich, D. (2006). MORA: A movement – based routing algorithm for vehicle ad hoc networks. *Proceeding in 1st IEEE Workshop AutoNet*.

Grimaldo, J., & Mart, R. (2018). Performance comparison of routing protocols in VANETs under black hole attack in Panama City. *IEEE International Conference on Electronics, Communications and*

Computers (CONIELECOMP). 10.1109/CONIELECOMP. 2018. 8327187

Haas, Pearlman, & Samar. (2002, July). *The Zone Routing Protocol (ZRP) for Ad Hoc Networks*. Internet Draft.

Hilbrich, R. (n.d.). *Eclipse SUMO – Simulation of Urban Mobility*. Retrieved August 3, 2019 from https://www.dlr.de/ts/en/desktopdefault.aspx/tabid-9883/16931_read-41000

IEEE 1609 – Family of Standards for Wireless Access in Vehicular Environments (WAVE). (n.d.). Retrieved July 25, 2019 from https://www.standards.its.dot.gov/factsheets/factsheet/80

Iwata, Chiang, Pei, Gerla, & Chen. (1999, August). Scalable Routing Strategies for Ad Hoc Wireless Networks. *IEEE Journal on Selected Areas in Communications*, 1369–79.

Jindal & Bedi. (2016, March). Vehicular Ad–Hoc Networks: Introduction, Standards, Routing Protocols and Challenges. *IJCSI International Journal of Computer Science Issues*, 13 (2).

Johnson, Maltz, & Hu. (2004, July). *The Dynamic Source Routing Protocol for Mobile Ad Hoc Networks (DSR)*. draft–ietf–manetdsr–10.txt.

Joshi, H., Sichitiu, M., & Kihl, M. (2007). Distributed Robust Geocast Multicast Routing for Inter–Vehicle Communication. *Proceedings of WEIRD Workshop on WiMax, Wireless and Mobility*.

Karimi, Ithnin, Razak, & Najafzadeh. (2011a, November). DTN Routing Protocols for VANETs: Issues and Approaches. *International Journal of Computer Science Issues*, 8 (6), 89–93.

Karimi, Ithnin, Razak, & Najafzadeh (2011b, September). Non DTN Geographic Routing Protocols for Vehicular Ad Hoc Networks. *International Journal of Computer Science Issues*, 8 (5), 86–91.

Karp, B., & Kung, H. T. (2000, August). GPSR: Greedy perimeter stateless routing for wireless networks, In *Proceedings of the 6th annual international conference on mobile computing and networking* (pp. 243–254). ACM. 10.1145/345910.345953

Kenney, J. B. (2011, July). Dedicated short–range communications (DSRC) standards in the United States. *Proceedings of the IEEE*, 99 (7), 1162–1182. doi: 10.1109/JPROC.2011.2132790

Khan, A. A., Stojmenovic, I., &Zaguia, N. (2008). Parameterless broadcasting in static to highly mobile wireless ad hoc, sensor and actuator networks. *Proceeding of 22nd International Conference on Advanced Information Networking and Applications (AINA-2008)*.

Kihl, M., Sichitiu, M., Ekeroth, T., & Rozenberg, M. (2007). Reliable Geographical Multicast Routing in Vehicular Ad–hoc Networks. *Proceeding in WWIC '07 Proceedings of the 5th international conference on Wired/Wireless Internet Communications*, 315–325. 10.1007/978-3-540-72697-5_27

Kumar, A. (2012). Enhanced Routing in Delay Tolerant Enabled Vehicular Ad Hoc Networks. *International Journal of Scientific and Research Publications*, 2.

Kumar, R., & Dave, M. (2012). A Review of Various VANET Data Dissemination Protocols. *International Journal of u–and e–Service, Science and Technology*, 5 (3).

Lee, U., & Gerla, M. (2010). A survey of urban vehicular sensing platforms. *Computer Networks*, 54 (4), 527–544. doi: 10.1016/j.comnet.2009.07.011

Li, F., & Wang, Y. (2007, June). Routing in Vehicular Ad Hoc Networks: A Survey. *IEEE Vehicular Technology Magazine*, 2 (2), 12–22. doi: 10.1109/MVT.2007.912927

Li, F., & Wang, Y. (2007). Routing in vehicular ad hoc networks: A survey. *IEEE Vehicular Technology Magazine*, 2 (2), 12 – 22. doi: 10. 1109/MVT. 2007. 912927

Lin, C., & Gerla, M. (1997). Adaptive clustering for mobile wireless networks. *IEEE Journal on Selected Areas in Communications*, 15 (7), 1265 – 1275. doi: 10. 1109/49. 622910

Lochert, C., Hartenstein, H., Tian, J., Fussler, H., Hermann, D., & Mauve, M. (2003, June). A routing strategy for vehicular ad hoc networks in city environments. In *Intelligent vehicles symposium, 2003, proceedings IEEE* (pp. 156 – 161). IEEE. doi: 10. 1109/IVS. 2003. 1212901

Luo, Y., Zhang, W., & Hu, Y. (2010). A new cluster based routing protocol for vanet. *IEEE Second International Conference on Networks Security Wireless Communications and Trusted Computing (NSWCTC)*. 10. 1109/NSWCTC. 2010. 48

Maihöfer, C., Eberhardt, R., & Schoch, E. (2004). *CGGC: cached greedy geocast*. doi: 0. 1007/978 – 3 – 540 – 24643 – 5_2

Ministry of Road Transport and Highways. (2018, October 1). *Road accidents in India – 2017*. Retrieved July 10, 2019 from http: //www. indiaenvironmentportal. org. in/content/459084/road – accidents – in – india – 2017 Morris, R., Jannotti, J., Kaashoek, F., Li, J., & Decouto, D. (2000, September). CarNet: A scalable ad hoc wireless network system. *9th ACM SIGOPS European Workshop*, Kolding, Denmark. 10. 1145/566726. 566741

Moustafa, H., & Yan, Z. (2009). *Vehicular networks: Techniques, Standards, and Applications*. CRC Press. doi: 10. 1201/9781420085723

Nakorn&Rojviboonchai. (2010). *DECA: Density – Aware Reliable Broadcasting in Vehicular Ad Hoc Networks*. In International Conference on Electrical Engineering/Electronics, Computer, Telecommunications and Information Technology (ECTI – CON2010), Chiang Mai, Thailand.

OpenStreetMap. (n. d.). Retrieved August 5, 2019 from https: //en. wikipedia. org/wiki/OpenStreetMap

Park, V. D., & Corson, M. S. (1997). A highly adaptive distributed routing algorithm for mobile wireless networks. *Proceedings of the INFOCOM'97*. 10. 1109/INFCOM. 1997. 631180

Paul & Islam. (2012). Survey over VANET Routing Protocols for Vehicle to Vehicle Communication. *IOSR Journal of Computer Engineering*, 7 (5), 1 – 9.

Paul, Paul, & Bikas. (2011, April). VANET Routing Protocols: Pros and Cons. *International Journal of Computer Applications*, 20 (3).

Pei, G., Gerla, M., & Chen, T. – W. (2000). Fisheye state routing: a routing scheme for ad hoc wireless networks. *IEEE International Conference on Communications*.

Perkins, C. E., & Royer, E. M. (1999). Ad – hoc On – Demand Distance Vector Routing. In *Proceedings of WMCSA'99. Second IEEE Workshop on Mobile Computer Systems and Applications*. Washington, DC: IEEE Computer Society.

Perkins & Bhagwat. (1994). Highly Dynamic Destination Sequenced Distance – Vector Routing (DSDV) for Mobile Computers. *ACM Conference on SIGCOMM*.

Rahbar, H., & Naik, K. (2010). *DTSG: Dynamic time – stable geocast routing in vehicular ad hoc networks*. doi: 10. 1109/MEDHOCNET. 2010. 5546872

Rana, Rana, & Purohit. (2014, June). A Review of Various Routing Protocols in VANET. *International Journal of Computer Applications*, 96 (18).

Rani, P., Sharma, N., & Singh, P. K. (2011). Performance Comparison of VANET Routing Protocols. *7th International Conference on Wireless Communications, Networking and Mobile Computing*, Wuhan, China.

Rani, P., Sharma, N., & Singh, P. K. (2011). *Performance Comparison of VANET Routing Protocols*. IEEE. doi: 10.1109/wicom.2011.6040428

Rawashdeh & Mahmud. (2012). A novel algorithm to form stable clusters in vehicular ad hoc networks on highways. *EURASIP Journal on Wireless Communications and Networking*, (1), 1–13.

Reichardt, D., Miglietta, M., Moretti, L., Morsink, P., & Schulz, W. (2002). CarTALK 2000 – safe and comfortable driving based upon inter-vehicle-communication. In *Intelligent Vehicle Symposium*. IEEE.

Santns, R. A., Edwards, R. M., Edwards, A., & Belis, D. (2004). A novel cluster-based location routing algorithm for intervehicular communication. *IEEE 15th International Symposium on Personal, Indoor and Mobile Radio Communications*.

Seet, B. C., Liu, G., Lee, B. S., Foh, C. H., Wong, K. J., & Lee, K. K. (2004). A-STAR: A mobile ad hoc routing strategy for metropolis vehicular communications. In *NETWORKING 2004, networking technologies, services, and protocols; performance of computer and communication networks; mobile and wireless communications* (pp. 989–999). Springer. doi: 10.1007/978-3-540-24693-0_81

Sharma & Gupta. (2012, October). Comparison based Performance Analysis of UDP/CBR and TCP/FTP Traffic under AODV Routing Protocol in MANET. *International Journal of Computer Applications*, 56 (15).

Singh & Verma. (2013, September). Simulation and analysis of AODV, DSDV, ZRP in VANET. *International Journal in Foundations of Computer Science & Technology*, 3 (5).

Song, T., Xia, W., Song, T., & Shen, L. (2010). *A Cluster-Based Directional Routing Protocol in VANET*. IEEE 12th International Conference on Communication Technology, Nanjing, China.

Sun, M.-T., & Feng, W.-C. (2000). GPS-based message broadcast for adaptive inter-vehicle communications. *52nd Vehicular Technology Conference Fall (IEEE VTS Fall VTC)*.

Syal & Kaur. (2014). A Study of Routing Protocols for Vehicular Ad-Hoc Networks. *International Journal of Engineering Trends and Technology*, 15 (1).

The Network Simulator – ns-2. (n.d.). Retrieved July 30, 2019 from https://www.isi.edu/nsnam/ns/

Tonguz, O. K., Wisitpongphan, N., Bai, F., Mudalige, P., &Sadekar, V. (2007, May). Broadcasting in VANET. *Proc. IEEE INFOCOM MOVE Workshop 2007*.

Venkatesh, A., & Indra, M. (2014, January). Routing Protocols for Vehicular Adhoc Networks (VANETs):

A Review. *Journal of Emerging Trends in Computing and Information Sciences*, 5 (1).

Wang, T., & Wang, G. (2010). *TIBCRPH: Traffic Infrastructure Based Cluster Routing Protocol with Handoff in VANET*. IEEE The 19th Annual Wireless and Optical Communications Conference (WOCC

2010), Shanghai, China.

WiMAX - 802. 16 - Worldwide Interoperability for Microwave Access. (n. d.). Retrieved July 28, 2019 from https: //ccm. net/contents/808 - wimax - 802 - 16 - worldwide - interoperability - for - microwave - access Xia, Y., Yeo, C. K., & Lee, B. S. (2009). *Hierarchical Cluster Based Routing for Highly Mobile Heterogeneous MANET. IEEE International Conference on Network and Service Security*, Paris, France.

Zaimi, Houssaini, Boushaba, Oumsis, &Aboutajdine. (2017, August). *An Evaluation of Routing Protocols for VehicularAd - Hoc Network Considering the Video Stream.* Springer.

第 4 章
VANET与物联网的多种应用综述

云存储用户可存储大量的数据，省去硬件和软件的本地维护环节。用户将数据和安全控制外包，可保持数据可靠性。存储在云服务器中的数据经常被用户审计，以检查服务提供商使用无线网络的正确性。用户可以为第三方检查器提供服务，代为执行安全审计，减少时间限制的影响。外包数据的保密性也由第三方审计人员负责，提升系统构建效率，同时保护数据不受漏洞影响。本章提出的审计机制利用 VANET 提升存储数据的完整性，满足用户需求。

4.1 简介

云计算为大型互联网和信息技术企业带来了巨大的利润。本章旨在将车联网应用于大数据、物联网（IoT）和云计算领域。云计算能够利用任何硬件或软件而无须在本地进行维护，消除了资源稀缺性的问题。用户可以根据实际使用情况付费使用所需的资源，其主要服务具有低成本、易于访问数据等优点。但当数据被远程外包时，也会面临内部和外部威胁的安全问题。检查过程应该更简单、有效，而且在检索数据时需要执行多个操作来验证数据的完整性。另外，由于许多用户使用同一个由公共服务提供商提供的云负载平衡，使用无线网络，在每个云中都启用公共检查服务对于数据存储至关重要。用户可以使用增强技术审计存储系统或雇用像第三方审计人员（TPA）这样的资源人员来进行审计，而不会违反安全措施。

TPA 可以获取云端存储的数据，但是可能会导致新的安全漏洞。因此，TPA 仅被授权使用给定的资源来验证数据，而不知道存储在云安全中的数据。为了克服这些问题，提出了一种基于 IoT 的同态性质和公钥的技术，利用 VANET，TPA 不能持有本地副本。

远程服务器存储来自不同位置的数据，Schwarz 和 Miller 等人（2006）提出模型通过采用抹除码在分布式服务器上验证数据的正确性。

Ateniese 等人（2007）解释了使用可证明数据拥有权（PDP）模型进行公共审核，用于位于不受信任的存储服务器中的数据文件，其中云服务提供商本身是易受攻击的。

Juels 等人（2007）的可检索性证明（PoR）模型使用抽样检查和错误纠正码

来确保远程归档的可检索性和数据存储。

Shah 等人（2008）提出了使用对称密钥哈希函数加密的在线存储的 TPA。TPA 仅使用先前提交的解密密钥进行验证。

Shacham 和 Waters 等人（2008）的设计是基于 BLS 签名和安全证明的改进 PoR 模型，使用同态验证器进行完整性检查。Bowers 等人（2008）提出了扩展的 PoR 模型，用于分布式数据保证和可用性，其基于远程存储的抹除-纠错码。Sebe 等人（2008）描述了不受限制的验证，同时满足远程数据控制。该技术的运行时间与本地存储之间的权衡是针对用户预设的。副本存储在跨越地理位置的服务器上。Curtmola 等人（2009）对 PDP 进行了扩展，以处理多个副本而无须对其进行编码。Erway 等人（2009）解释了基于跳表的可证明数据控制所实现的数据动态性，该协议需要块的线性组合，并且不保留外包数据的隐私性。Wang 等人（2011）结合了公共审核和数据动态性，使用 BLS、HLA 和 MHT，但不能满足云计算中需要的隐私保护需求。

4.2 相关工作

云安全涉及的因素包括数据认证、正确性、数据动态和隐私保护。不同的方法各有利弊，应以实际应用为准。云安全服务有如下 4 种处理的方法。VANET 可应用于所有实时系统，也可用于更具体的应用。

（1）PoR

PoR 模型结合 Juels 等人（2007）提出的点检和纠错等概念，保证远程服务器系统对存储数据所属权和数据的可检索性，访问很小部分数据文件进行完整性检查。该方案对数据进行加密并嵌入称为 Sentinels 的随机值块。通过指定 Sentinel 的位置，将质询发送到云服务器，在云服务器上返回关联的 Sentinel 值，并将其发送回质询者，作为数据完整性的证明。如果在前哨部分中存在删除，则使用无线网络抑制前哨的概率很高。

（2）消息验证码（MAC）

在云存储中，使用 MAC 来保留数据的完整性。数据持有者在将数据外包到云中之前嵌入 MAC，并在本地维护 MAC。验证数据的方法是重新计算所需检索的已建立数据文件的 MAC 值，然后将其与预先计算的值使用 VANET 进行比较。MAC 的缺点是无法用于大型数据文件。如果所有者雇用 TPA，则会生成一个秘密密钥并提供给 TPA 进行验证。TPA 随机检索数据块和 MAC 以进行完整性检查。

（3）PDP

Ateniese 等人（2011）提出的 PDP 方法考虑了公共适应性，用于保护数据文件免受不忠诚的存储服务器的侵害。该方法使用基于 RSA 的认证器来检查云存储。对文件的样本进行随机检索以进行完整性检查。通过块的线性组合实现了公共可审计性。通过该方法可以实现概率证明数据的拥有权,并识别云存储中的不当行为,以及数据的丢失。

(4) 动态安全系统

该系统由以下三个组成部分构成:①基于 IoT 的服务器,为用户提供存储服务;②用户,是数据文件的所有者,将数据文件外包给基于 IoT 的服务提供商;③基于 IoT 的服务提供商,拥有云服务器,向用户提供服务和计算,并由 TPA 对其进行审计以最大限度地减少时间和计算负担,同时又不违反隐私保护。数据所有者将数据与预先计算的令牌一起外包给基于 IoT 的服务器进行安全措施。数据所有者定期验证数据的完整性、可用性和保密性,服务器计算响应并使用 VANET 发送作为证明。将其与预先计算的值进行比较,如果相等,则维护数据的完整性,否则数据被破坏,使用擦除代码进行错误校正并找到行为不当的服务器。使用同态属性以及擦除代码增强了动态数据的安全性,如添加、删除、追加等。

该系统的优点是可以在没有本地副本的情况下进行公共审计以维护数据的正确性。通过识别威胁和保护隐私来维护存储正确性。批量审计是维护优势之一,因为它能够同时委派多个不同的用户。审计过程在时间和计算方面都较简单,因此它是轻量级的过程。

4.3 物联网

物联网在现实中可以为公共服务的管理和改进带来各种优势,如交通和停车、照明、警方调查和公共区域维护、文化遗产保护、垃圾收集、医院卫生和劳动力等。随着通信和数字技术领域的快速发展,物联网设备正在向比以前更智能的方向转变。随着数字设备的增加,例如传感器、执行器和智能手机,物联网将产生大量商业机会,因为所有设备都将通过互联网相互连接和通信。城市物联网可能提供的服务的调查是可持续城市的潜在利益之一。Mahmood Hussain Mir 和 D. Ravindran (2017) 提出了使用无线网络实现可持续城市愿景的四个主要支柱。

在本章研究中,射频识别(RFID)作为强大的废物收集基础设施的一部分,被广泛应用于标记和身份验证。本章使用 RFID 和重量检测元素技术作为废物收集的一部分进行展示。IoT 设计已经成功地减少了废物收集的运营成本,并允许自动化和优化废物识别和处理流程。此外,使用 VANET,重量测量过程被纳入到预期的实时废物收集系统中。本章介绍了一个利用 RFID 相关的重量检测元素知识来设计自动废物识别、重量和垃圾桶识别系统(WIWSBIS)的应用程序。灰度 Aura 矩阵(GLAM)方法用于提取垃圾桶图像表面,邻近系统参数被阻塞以确定其最佳值。该系统被多层感知 k 近邻(MLPs)和多层感知 k 近邻(KNN)分类器教育和测试,结果表明系统的性能非常好,并且可以应用于不同类型的垃圾和垃圾桶检测。本章提出了一个全新的软件和路由模型,结合地理信息系统(GIS),可以降低城市生活垃圾（MSW）收集的运营成本和废物排放（Swati K. Rajput 和 Madhavi Patil，2018）。

4.3.1 物联网是一种宽带网络

物联网是一种宽带系统，利用标准的通信约定接入互联网。RFID 框架中的标签不需要可视路径即可发挥作用，连接无线电，完成信息发送和接收。遥感网络在物联网中承担着重要的工作，配合（参与）RFID 监测，例如面积、温度、发展等信息。简言之，传感器就像是物理世界和计算机世界之间的扩展。下一个创新可能是 RFID 传感器网络（RSN），融合 RFID 和传感器，具有检测、计算和 RFID 等功能，系统任务可发挥更大作用。

4.3.2 "智慧城市"中传感器布局

目前，在智慧城市中，城市居民和游客的特定物品或智能手机等设备里安装的传感器是社会公共移动传感器的关键。这些传感器是智能机构的一部分。在"智慧城市"概念中实现的传感器在系统和位置组件中，是生成异构数据集的主要来源。通过通信网络连接的物联网设备收集传感器数据。使用 VANET 的移动网络 GSM/3G/4G 连接的智能手机用于定位和传输社会定位的城市数据。以这种方式收集的数据在"智慧城市"分析数据处理中心进行处理和分析，其虚拟模型可以合理地部署在云平台上使用云数据存储。从各种建筑物的传感器收集到的数据的整合和汇总，使得通过无线网络，使用程序化应用程序的"智慧城市"提供的服务和信息技术服务的参数可以显著提高。VANET 可应用于太空研究和军事应用，并且 VANET 设备具有成本效益。但是，在某些设备范围未被使用的应用程序中无法使用 VANET。

一个创新的系统可以自动地集中和定期修改已发送传感器的方法，该传感器变化管理在后端设施中进行，防止使用 VANET 对已发送的 DCU 设备或软件进行任何修改。基本上，来自已发送传感器的数据是有区别的。ETSI M2M 主机可以通过 M2M 网络应用程序访问，所有条形子流也可以使用 GET 技术进行寻址。BusNet 车辆系统的供应商和管理员提供了一个 REST API，用于访问可获取的 BusNet 数据流。

城市范围的综合监测和分析数据解决方案，结合消耗资源的支付以及生产业务功能的支持，可以作为教育过程中有效的方法论工具，扩大城市社区的"学习潜力"，解决资源和服务的经济使用和高效使用的问题。从传感器、计量器和流量计处理和分析大数据，使我们能够为客户提供关于最佳时间档案、家用设备的操作方式和预期的必要资源量的建议。同时，这个系统可以用作培训实验室模型，用于对不同专业的学生进行教学，执行真实的课程项目，以及模拟需要在基于信息技术的物联网的"智慧城市"综合信息系统中进行分析和研究的多个过程（Udayakumar

和 Krishnaveni，2019）。

4.4　VANET 模型概述

VANET 是 MANET 的一个子集，以交通工具为通信枢纽，该系统管理大量便携式集线器，分布在各条街道。VANET 中，车辆可以车间互传（V2V），还可以与沿街道分布的基础设施（V2I）接口获取信息。

当前，大多数 VANET 中心都是车辆，显示交通违章等相关信息，但很多其他设施都可以与之发生联系。VANET 至少应当具备如下配置：通信单元（OBU），用于实现 V2V 和 V2I、I2V 的交换；传感器，量化各项指标（例如燃料利用率）和状态（例如复杂路况）；此外，还有可信平台模块（TPM）。

1. 框架

本节设定一个框架，模拟"城市流动性"（SUMO）场景下 VANET 情况，同时利用开源编程和 OPNET 的"输入方向文档"优势，更好地模拟不规则通用性和方向便携性，允许阐述复杂的枢纽开发。但是因为没有考虑集线器之间的通信，限制了通用性。在时钟到达零点的时候，中心会将包裹转发。其他持有的集线器得到这个包裹并停止它们的时钟。通过这种方式，减少了系统中发送的包裹数量。与 SUMO 的对应关系使我们能够在 OPNET 建模器中描述越来越复杂的复现情况。

2. GPS 卫星模块

本模块利用 GPS 卫星获得位置细节。当前有两种人造卫星：一种每天环绕地球一次以上，另一种是通信卫星，在地球赤道上方 22300mile（1mile=1609.344m）与地球保持相对静止。在中地球圈（MEO）最显眼的卫星是全球定位系统或 GPS 卫星，飞行高度约为 20200km（12550mile）。GPS 天体中的卫星被编排成六个类似于划分的轨道平面，包围着地球。每个平面包含四个由基准卫星参与的"空间"。这种 24h 开放的计划保证客户在任何情况下都能从地球上的任何一点看到四颗卫星。通常会飞行超过 24 颗 GPS 卫星，以便在任何时候调整或退役基准卫星时都能保持其包容性。额外的卫星可以扩大 GPS 的执行范围，但不被视为中心星群的一个组成部分。

3. VANET 安全与保障

VANET 必须满足各种各样的需求，安全性非常重要。VANET 功能包括客户端和信息验证、保护、义务和安全通信传输，功能强大且用途广泛，稍有不慎可能造成人员伤亡。VANET 框架的安全性是数字时代研究人员面临的一个难题。车辆间通信数据可能会被获取或入侵，面临各种攻击，如位置欺骗、身份欺骗、GPS 信息窃听、消息变更等。驾驶员恶意行动引发问题，导致交通堵塞和事故。因此，车辆数据传输必须保证准确和安全，来应对这些危险情况。接下来将介绍 VANET 安全和健康应用的现实情况。

4. VANET 中的安全问题

安全性验证是 VANET 工程中必不可少的属性，影响车辆框架的呈现标准。其本身的开放性可能造成一些问题，例如：反介入，入侵者破坏并隔离车辆之间的基本通信，从而扰乱管理，管理部门无法通过已确认的客户进行访问；黏滞攻击，攻击者利用一个过度控制的标志在车辆框架内以无线电波基交易转移阻碍等复发延伸，降低消息信号特征，直到重现频带变得不稳定或与客户隔离；恶意软件攻击，通过熟悉使用的编程段（实现 RSU 和 OBU）入侵车辆框架，阻碍车辆框架的通用值；通信更改攻击，真实客户端可能作为内部攻击工作，并在 VANET 中发送错误的安全就绪消息；黑洞攻击，由于某些原因，黑洞攻击在很大程度上是通过外部热点协调可认证的 VANET 客户来实现的，适用于所有设备，攻击者攻击 IEEE 802.11 MAC 层，恶意滥用 MAC 协议，以牺牲不同车辆为代价增加信息传输。

这些攻击限制不同车辆参与帮助和管理 VANET 的活动。驾驶员可能恶意试图缩短等待时间快速进入，导致远程介质崩溃，从而增加真正客户端管理中的延迟；垃圾邮件攻击：通过发送毫无意义的垃圾邮件，占用数据传输能力造成事故；发展分析攻击：攻击者可以监听信息和通信数据，通过分析传输的数据，为自己所利用；社会攻击：入侵者向车辆驾驶员发送负面信息，扰乱驾驶员思绪，强迫驾驶员做出反应，从而影响 VANET 框架中车辆的驾驶执行；信道攻击：是一种虫洞型攻击，外部虫洞侵略者通过使用一个额外的通信通道（称为通道）连接两个远离车辆框架的部件。因此，远离框架的客户可以像接近的客户一样进行传递；全球定位系统（GPS）问题：GPS 卫星提供 VANET 车辆的地理区域信息，攻击者更改读数，以欺骗车辆；重放攻击：正确的数据被恶意传输，或重新传输至错误位置。为了避免重放攻击，VANET 需要周期保存数据对比最新收到的消息和当前收到的消息；密钥和证书复制：攻击者使用各种车辆的重复密钥和支架作为批准确认，这使得 TAs 难以识别车辆；消息更改：攻击者修改车辆对车辆或车辆对基础通信消息，伪造申请要求或伪造回复。

5. VANET 的安全挑战

VANET 执行安全框架时的重要测试参考应考虑如下方面：①验证：异议信息应当逐一讨论，框架中的每一辆车都由焦点位置确定；②高机动性：车辆快速移动导致高通用性，产生各种问题。因此，车辆之间应当建立安全通信渠道以应对这些问题；③区域定制方案：信标消息帮助我们了解交换车辆的区域。在任何情况下，通过注意传感器、GPS 和激光，可以感知车辆的准确区域；④正在进行的系统：高通用性区域避免了常量框架的推进。沿着这些路线，在截止时间之前的正确时间将就绪消息传输到不同的传感器很困难。

传统的 SDN 分拣中，每个 OpenFlow 引入交换机（简称 OF 交换机）与其他交换机共同处理目的地的客户端装置。所有交换机在设备或固件中都有不同的表，用于处理（或者规划）已得到的聚集，具体来说，控制器改变了称为发送表的实质。

不断地储存一个包，OF交换机在其发送表中播放一个请求，以发现为得到的聚集选择相关活动的区域。当没有为该包找到安排部分时，就会发生漏表，并根据漏表（或默认）区域中传达的活动（例如，通过南向API将其发送到控制器或放弃该组）进行处理。控制器基本上是通过发送流模束来直接处理结构的，改变OF交换机上发送表。SDN的优点和挑战：在一般结构数据的帮助下，SDN解开堆积的分类，此外，它还支持利用SDN应用的系统关联，将信息平面从应用中抽象出来，让它们通过可靠地结合在一起的控制器确认它们在信息平面物质上的动态需求。尽管SDN带来了不同的焦点，但SDN安排的不可避免的属性（例如，基于SDN的可编程交换机、南向通道的有限交易速度，以及SDN控制器的强制性资产）也引起了新的安全问题。

支持异质性和改进资源使用：通过使用其标准可编程接口（例如OpenFlow），SDN加强了设备异质性，即管理来自不同商家的设备可以彼此关联，也可以与控制平面部件关联，只要它们由开放的对应接口（例如OF show）组成。根据虚拟化原理，超越一个真正的应用程序可以共享的东西，即具有一个合理的自由结构。特别是，控制器可以在一个单独的物理框架上调度明确的社会事务，即敏锐的OF交换机目标是每个物理实体可以可靠地为不同的应用工作，而每个应用程序将获得一种类似于部件为其工作的氛围。这种数据平面物质的调度通过保证每个应用程序都引入一个依赖于它们给定基础的改变，从而推动结构资源的使用。改进的框架安全性：控制器可以通过与交换机的对话来积累有关结构的关键信息。这些交换机通过进行结构流量评估和使用明显不可预测的区域仪器来汇总中心信息。从那里开始，控制器分离并关联数据平面部件的响应，以使其通用框架可见。

在确定检查结果的过程中，可以在整个框架中提出新的结构和处理方法，以防止出现明显或可预见的安全威胁。因此，这些措施可以改进框架的执行，有助于更快地控制和按规则清除安全漏洞。结果不理想的原因：收集的SDN控制器、控制器和交换机之间的低传输限制对应通道以及交换机上的流表大小限制使得SDN对DDoS攻击的混合攻击能力较弱。缓慢传播：在交换机处，当具有特定流量流的点的包在发送表中找到匹配项时，交换机会感知如何处理相对流的其余社交场合。根据需要，它不需要与SDN控制器进一步通信。由于它充分制造了交换机的流量发送，但也同样产生适应性问题，因此发送表原理与现有的框架条件相冲突。因此，控制器的物理拓扑和整体拓扑之间的混淆会导致封装困难（由于交换机的错误发送信息），直到控制器使用新标准激活发送表区域。

将点对点（P2P）通信中的安全措施和技术应用到VANET BC中，以解决VANET中存在的一些重要安全挑战，如虚假信息、ID泄露和Sybil攻击。虽然已提出了不同的解决方案，但其中一个主要挑战是它们主要依赖于P2P便携式即兴框架。为了将这些安全措施纳入VANET BC中，将其分为三个部分：身份验证、匿名性和资源可用性，这是由之前的工作激发的。身份验证是一个验证发送者和相关消息的过程，由车辆来完成。认证技术需要发送者的识别证明，这由不同的属性描述，例如位置、方向、速度和车辆所有者。认证部分建立了发送者信息的可信度，最终提供了系统以对 VANET 中的 Sybil 攻击进行预防。此外，秘密协调系统隐藏发送者信息并对此信息进行编码，以使其对于无意用户来说更加复杂，难以进入。无论是源车辆还是移动车辆的发送车辆，都可能共享信息，只要有一个框架来避免车辆跟踪或共享真实车辆信息。当然，在设计安全结构时需要考虑容错性、攻击适应性和持久性表现，以便在遇到问题或恶意攻击时保持可用和运行。

下面将分别从 P2P 和区块链系统的角度探讨具体的安全隐患。P2P 通信包括至少两个车辆，即源车辆和目标车辆。

在 P2P 通信中，源车辆向目标车辆传输信息，目标车辆使用信任机制来确认接收到的信息的真实性。在 Mahmood Hussain Mir and D. Ravindran（2017）中，信任建立在一种名为验证的方法上，可以有效地识别源车辆。验证方法包含三种不同类型，即 ID 验证、属性验证和位置验证。ID 验证使用唯一的 ID，如车辆的许可证号码或底盘号码，来识别车辆。属性验证有助于确定源的类型，如车辆或交通信号灯，而位置验证则识别源的位置，允许接收车辆验证接收到的信息。验证是一种有效的方法，用于区分源并验证传输的信息。然而，这将牺牲源车辆的匿名性，提供了一种方便的跟踪和识别车辆及其乘客的方法。在集中式系统中，RSU 为所有已注册到系统中的车辆提供加密功能。集中式系统使用验证方法来对已注册车辆进行验证和提供认证。在信息传输期间，源车辆获得加密证书，而目标车辆通过提供公钥来对这些证书进行解密。

伪名机制和 k - 匿名方法是保护车辆隐私的两种方法。在伪名机制中，一辆车辆从一个伪名池中使用替代算法得到一个伪名，以达到车辆匿名的目的。伪名池是由许多伪名组成的，伪名算法随机地选择一个伪名来代表车辆的真实身份。在 k - 匿名方法中，车辆信息的特征要么被压缩，要么被概括，以避免车辆和乘客的识别和追踪。

6. 声传感器信号处理

Santos 等人（2018）介绍了一种利用引擎声音来识别城市环境中不同车辆的密度的系统。该系统包括四个模块：过滤、信号能量计算、事件识别和车辆计数。该研究采用了逐步实验的方法，首先在一台连接了接收器的低配计算机上进行了实验，记录了车辆运动事件的引擎轨迹，并将其存储在硬盘中。为了在不同的分辨率下处理信号，研究人员以 44100 个样本/s 的数据率采集了 10s 的声音记录。他们首先通过过滤模块处理了录制的声音信号，并将其输出到信号能量模块。然后，他们调整了事件识别模块的参数，并将其输出传递到车辆计数模块中。Santhi 等人（2019）通过这种实验方法保证了系统模块的一致性和可靠性。

7. 交通仿真和密度推断

交通仿真主要有两种类型：微观和宏观，这取决于所要进行的分析的深度。微观仿真是对每辆车辆的单独模拟，需要大量的数据和计算资源，例如内存、计算能力、数据存储单位等。这种仿真提供了对系统性能的详细图像，并且能够显示系统对特定交通变化的敏感性。而宏观仿真主要基于交通分析，将交通视为无限的，应用于城市规划等领域。为了创建仿真情境（地图）和车辆适应性结构，使用了面向车辆网络的移动模型生成器（MOVE），该生成器利用了一个名为 SUMO 的开源微观交通仿真系统来模拟交通情况，因此能够模拟真实的车辆行驶，例如拥堵和交叉口停车等。基于墨西哥沙拉帕市的五条车道，考虑了不同的交通密度，构建了仿真情境。SUMO 生成了一个带有车辆适应性跟踪的输出文件。该文件被放入系统测试仿真器 NS-2 中，以获得最终的仿真结果。将车辆的最高速度设定为 50km/h。传输范围被固定在 150m。

8. 过去十年 VANET 研究综述

通过从计算机网络会议和期刊的多篇论文中提取和整合，得到了包含八个研究领域（顶层类别）的集合，涵盖了与车辆通信相关的各种主题。例如，如果一篇论文侧重于与连接或物理层相关的任何方面，如 MAC 测量、信道建模、网络编码或可变发射功率控制，该论文被标记为 MAC-PHY。在另一端是 App 类，包含所有关注客户应用程序的论文（例如联合事故避免、道路阻塞通知和交互媒体流）。与其他计算机网络领域一样，有很多关于协议性能评估的论文。只有当一篇论文的主要贡献在于性能评估本身时，才将其归为 PERF 类别。因此，如果提出了另一种 MAC 或控制协议，随后进行了性能评估，那么该论文将被标记为 MAC-PHY 或 ROUT，而不是 PERF。描述新设备、平台、结构或建筑的论文被标记为 TOOL。为了方便起见，所有实验评估，通常涉及网络连接和现场测试，也被包含在该类别中。ROUT 类别代表提出新的路由协议的论文，而 MOB 类别则涉及灵活性问题，例如移动性建模和压缩算法。最后，DATA 和 SERV 名称表示了相关的论文领域。

过去，研究集中在数据聚合/分散计划上，而后者则是所谓的"相关组织"，例如 QoS、安全和控制。在过去的十年中，学术界和工业界一直在努力促进车辆环境中适当和有效的无线通信。IEEE 802.11p 修正案以及 IEEE 1609 车辆环境中的无线接入（WAVE）模型就是这种努力的结果。此外，研究结果表明这些问题略有增加。VANET 中编码方案的一致性可以被认为是这种趋势的一个重要解释。在接下来的位置，得到了 SERV 类，它包括关于重要组织的论文，无论是 QoS、安全政策还是基于地域的服务。在随后的时期，发现更多与车辆系统和普通基础设施系统（如移动电话）之间的融合有关的研究。Udayakumar 等人（2019）指出，路由仍然是研究的一个重要目标。常规的 MANET 路由方案被发现无法适应 VANET 环境和应用的巨大需求和独特特点。在过去的十年中，提出了几种路由协议，包括不同的逻辑结构来组织它们（Curtmola 和 Khan 等，2008）。与传统的 MANET 路由方案不同，最有前途的 VANET 选项是地理和延迟容忍策略。前者更适合车辆通信，而后者包括"携带并转发"系统，用于克服车辆环境中的间歇可用性，这是一种常见情况。有关分散系统和广播算法（DATA 标记）的研究数量显著增加。这是所有主题中增长最高的一个（38%）。正如 Lee 等人（2008）所证实的那样，大多数应用程序都依赖于各种流行的数据分发方法，以便将正确的信息传递到信息起源地区。在这个领域的主要挑战在于保持冗余和效率的平衡。与此同时，PERF 类别的发表论文数量在两个时间段之间从 20 篇下降到了仅有 8 篇。这个结果表明，更少的精力被用于展示执行评估和分析。随着对 VANET 研究的不断深入，越来越多的关注被放在了新颖的协议、服务和应用上，而不是研究现有技术在新环境中的表现。因此，这个结果可以被认为达到了某种程度上的预期。

可能是由于在研究的最初几年，需要大量的工具和结构来为有效的研究打下基础。然而，随着未来几年车辆制造商采用车联网技术，很可能会引入许多新的工具和系统。最后，以下两个研究分类在过去十年中有轻微下降：可扩展性建模和分析以及应用层协议和服务。对于前者，由于已经有了合理的二维基于交通的车辆可扩展性模型，预计未来的研究将更加明确，涵盖诸如地理社交可扩展性建模和三维可用性分析等主题。然而，对于后者（即 App 类），应用层研究有所减少，但实际上，经过一段时间展示现有应用程序在新的 VANET 环境中的表现后，研究重心已转向更具实用性的研究。

4.5 结论

随着物联网用户数量逐年增长，为保持静态和动态数据的数据完整性，找到可行的存储安全解决方案至关重要。审计方法通过使用多种技术来提高数据完整性和数据可用性，同时避免数据泄露。本章介绍了用于维护数据安全和使用公共审计找出不良服务器的各种方法和技术。对于实时应用程序中频繁更改的数据，例如天气和股市数据，仍在研究如何提供最佳解决方案以实现数据完整性并保持最小的开销。

参考文献

Ateniese, G. (2007). Proble Data Posseon. atUntrued and Store. Proc. 14th ACM Conf. Computer and Comm. Security (CCS'07), 598 – 609.

Bowers, K. D. (2009). A High Availabe& Integrity based Layers for Cloud Storage. Proc. ACM Conf. Comput& Comm. Security (CCS'09), 187 – 198.

Curtmola, R., Khan, O., & Burns, R. (2008). Robust Remote Data Checking. Proc. Fourth ACM Int. Worksp Storage Security systems & Survivability, 63 – 68.

Curtmolaand. (2008). MR – PDP: MultileReplicationProvale Data Posssion. Proc. IEEE Int. Conf. Distrtd Computing Systs (ICDCS'08), 411 – 420.

Erway, C. (2009). Dynic Proable Data Possson. Proc. ACM Conf. Computer and Comm. Security

(CCS'09), 213 – 222.

Juels. (2007). Pors: Proofs of Retrievability for Large Files. Proc. 14th ACM Conf. Comptr& Comm. Security, 584 – 597.

Juels. (2017). PORs: Proof of Retrievability of Large File. Proc. ACM Conf. Computer and Comm. Security (CCS'07), 584 – 597.

Mell, P., & Grance, T. (2009). Above clouds: A review of cloud comptg. Univ. of California, Berkeley, Technology. Rep. UCBEECS – 2009 – 28.

Mir & Ravindran. (2017). Role of IoT in Smart City Applipn: A Review. Int. Jornl of AdvdResearch in ComptrEngg. & Tech, 6 (7), 1099 – 1104.

Rajput, S. K., & Patil, M. (2018). Waste Mangnt in IoT – Facilitated Smart Cities – A Suvery. Internl Journal of Computer Apps, 182 (24), 21 – 26.

Reyes. (2014). Vehicle density in VANET application. Journal of Ambient Intelligence and Smart Environments, 6, 469 – 481.

Santhi, S. (2019). SoS Emergency Ad – Hoc Wireless Network, Computational Intelligence and Sustainable Systems (CISS). EAI/Springer Innovations in Comm and Computing.

Santos, P. M. (2018). Porto Living Lab: An IoT – Based Sensing Platform for Smart Cities. IEEE Internet of Things Journal, 5 (2), 523 – 532.

Schwarz, T., & Miller, E. L. (2006). Store, Forget & Check: using AlgbricSigntres to Chck-RemtelAdmnied Storge. Proc. IEEE Int Conf. DistribtdComptngSytms, 1 – 6.

Sebe, F. (2008). Efficnt Remote Data PossenCheckg in Critical Inf. Infrastes. Trans. Knowledge and Data Eng, 20 (8), 1034 – 1038. doi: 10.1109/TKDE.2007.190647

Shah, M. A. (2008). Privacy – Preserving Audit & Extracting of Digital Content. Cryptology based Print of the Report.

Sharma. (2019). A survey: issues and challenges of vehicular ad hoc networks (VANETs). International conf on sustainable computing in science, technology and management (SUSCOM – 2019), 2491 – 2503.

Shrinivas. (2011). Privacy – Preserving Public Auditing in Cloud Storage security. Intl Jornl of Computer Science and Information Technology, 2 (6), 2691 – 2693.

Sivaganesan, S. (2020). An Event based Neural Network Architecture with Content Addressable Memory. International Journal of Embedded and Real – Time Communication Systems, IGI Global, 11 (1), 23 – 40. doi: 10.4018/IJERTCS.2020010102

Srihari. (2015). Automatic Battery Replacement of Robot. Advances in Natural and Applied Sciences, 9 (7), 33 – 38.

Udayakumar, E., & Krishnaveni, V. (2019). Analysis of various Interference in Millimeter – Wave Communication Systems: A Survey. Proceedings of IEEE International Conference on Computing, Communication and Networking Technologies (ICCCNT 2019), 1 – 6. 10.1109/ICCCNT45670.2019.8944417

Udayakumar, E., & Krishnaveni, V. (2019). A Review on Interference management in Millimeter – Wave MIMO Systems for future 5G Networks. Proceedings of International Conference on Innovations in Electrical and Electronics Engineering (ICIEEE 2019), 1 – 6.

Vats. (2017). Vanet. A future technology. International Journal of Science and Research Publications,

7 (2), 378-389.

Vetrivelan, P. (2015). PAPR Reduction for OQAM/OFDM Signals using Optimized Iterative Clipping and Filtering Technique. Proceedings of IEEE International Conference on Soft-Computing and Network Security (ICSNS'15), 72.

Vetrivelan, P. (2015). PAPR Reduction for OQAM/OFDM Signals by using Neural Networks. International Journal of Applied Engineering Research, 10 (41), 30292-30297.

Vetrivelan, P (2019). A Neural Network based Automatic Crop Monitoring Robot for Agriculture. In The IoT and the Next Revolutions Automating the World. IGI Global.

Wang, C., Chow, S. S. M., Wang, Q., Ren, K., & Lou, W. (2013). Privacy_preserving Public Auditing for Secure Cloud Storage. IEEE Transactions on Computers, 62 (2), 362-375. doi: 10.1109/TC.2011.245

Wang, Q., & Wang, C. (2011). Enabling Public Audita& Data Dynamic for Storage in the Cloud Comptg. IEEE Transactions on Parallel and Distributed Systems, 22, 847-859. doi: 10.1109/TPDS.2010.183

Wang, C. (2012). Towards the Secure& Dependable Storage Service in the Cloud Comptng. IEEE Trans. Service Computing, 5 (2), 220-232.

Watersand, B. (2008). Compact the Proofs of the Retrievability. Proc. Int. Conf. Theory &Applicn of Cryptology &Infn Security: Advan of Cryptology, 5350, 90-107.

第 5 章
异构无线网络中垂直切换的两阶段非合作博弈模型

在异构无线网络（HWN）环境下，实现高效的垂直切换需要对所有利益相关者［如无线网络（WN）和移动用户（MU）］进行有效的定性评估，并相互选择最佳的 WN–MU 对。在文献中，大多数工作都在为 HWN 中的垂直切换（VHO）提出的技术中共同处理这两个要求，很少有机会独立操纵上述要求。这可能导致垂直切换效率低下。因此，本章提出了一个广义的两阶段两个玩家的迭代非合作博弈模型。该模型提供了一个模块化框架，将 WN 和 MU 的定量评估（第一阶段）与游戏的制定和解决方案（第二阶段）分离，以相互选择最佳的 WN–MU 对进行 VHO。模拟结果表明，与单阶段非博弈理论方法（如多属性决策方法）相比，基于博弈论的两阶段模型能够显著减少垂直切换的数量。

5.1 简介

HWN 是由不同类型的 WN 组成的具有分层结构的网络。这些网络之间的差异通常体现在网络技术、网络架构、协议以及市场上的网络运营商方面。例如，Wi–Fi、CDMA 和 WiMax 这三种网络在 HWN 中相互重叠。当 MU 或一组移动用户坐在汽车或火车中，希望在 HWN 环境中漫游时，可能需要更换当前网络并连接到另一个网络，这被称为切换（Handoff）。Handoff 主要分为两种类型：水平 Handoff（Horizontal Handoff，HHO）和垂直 Handoff（Vertical Handoff，VHO）。HHO 在同一类型的网络之间发生，而 VHO 在两个不同类型的网络之间发生。在今天快速变化的世界中，下一代网络如 4G 和 5G 都将成为 HWN，甚至车联网也必须成为这些网络的一部分，为移动用户提供基于云的无缝数据漫游服务。

像 HWN 中不同的 WN 一样，参与的 MU 也可能不同。MU 可以根据服务请求的实时性（如语音/视频呼叫）或非实时服务（如电子邮件）来区分。如今，通信设备（如手机或笔记本电脑）已经具备了多模式或多 Home 终端的功能。具有这些通信设备的 MU 可以随时连接多个不同的 WN。同时，WN 可能会遇到来自多个 MU 的不同服务请求。在这种多个移动节点与多个 WN 相互竞争的情况下，选择最佳的 WN–MU 对以实现无缝和高效的 VHO 就成为一个具有挑战性的任务。

从 MU 的角度描述 WN 作为 HWN 中的最佳 WN，取决于多个决策因素，这些因素在文献中被称为网络选择属性或切换决策属性（Handoff Decision Attributes，HDA），如接收信号强度（Received Signal Strength，RSS）、提供的带宽、延迟、Jitter、比特误码率（Bit Error rate，BER）、速度、功耗、距离和网络使用成本等。这些 HDA 可能相互冲突，例如在带宽和成本方面。MU 可能会偏好某个 HDA 而不是其他的 HDA。这些用户的相对偏好被称为用户偏好。用户偏好可以是静态的或动态的。然而，动态用户偏好在适应 MU 在 HWN 中漫游时 HDA 值的实时变化方面更为有用，从而提高用户满意度。

从网络的角度描述移动用户的最佳状态取决于多种因素，如移动用户请求的服务类型、请求的带宽和预期从移动用户处收到的收入等。网络运营商通常针对用户不同的服务请求收取不同的网络使用费用。语音和数据服务的网络使用费用分别基于单位时间（例如每分钟的卢比）和单位数据（例如每兆字节的卢比）。差异化的网络使用费用政策迫使网络运营商优先考虑一种服务请求而非另一种，从而优先考虑竞争的移动用户，以便最大化预期的收入。

基于效用理论的多属性决策方法（MADM）(Pramod Goyal 等，2017) 如简单加权（SAW）、乘法指数加权（MEW）、层次分析过程（AHP）、灰色关联分析（GRE）和理想解排序相似性技术（TOPSIS）是常用的技术，用于排序可用的无线网络。这些方法可以结合多个冲突的需求属性及其"用户偏好权重"。当网络有足够的资源为一个或所有用户服务时，这些 MADM 技术运作良好。然而，当多个移动用户与具有有限资源的多个无线网络竞争时，MADM 技术无法有效地服务。博弈论（Pramod Goyal 等，2018c）提供了良好的数学解决方案，用于建立多移动用户 – 多无线网络竞争的模型，以找到最优解。

在 HWN 环境下，如图 5.1 所示，选择最佳的 WN – MU 对以实现无缝和高效的 VHO 需要两个重要的步骤，以最小化 VHO 的数量，同时最大化 WN 和 MU 的利润和满意度：

1）第一步是对不同的 WN 和 MU 进行有效的定性评估。

2）第二步是有效地互选最佳的 WN – MU 对。

就目前来说，大部分工作都同时处理上述两个步骤，即针对 HWN 中的 VHO 提出的技术，留给独立处理上述要求的空间很小，这可能导致 VHO 的效率不高。因此，本章提

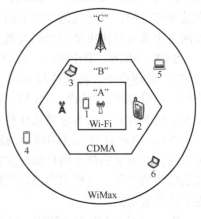

图 5.1 HWN

出了一个通用的两阶段两个玩家非合作博弈模型，以表示多个 MU 和多个 WN 之间的竞争。以用户的收益为表达网络效率，用户的收益指 MU 从考虑所有切换决策属性的 WN 那里获得的支付。提出的两阶段非合作博弈模型的新颖之处在于以下四个方面：

1）利用多个水平决策属性和用户偏好评估无线网络的服务质量。

2）利用动态用户偏好的概念。

3）将无线网络作为移动用户的游戏策略，将移动用户作为无线网络的游戏策略，并用特殊图形加以解释。

4）将游戏的制定和解决（第二阶段）与对无线网络和移动用户进行定性评估（第一阶段）分开。

该模型提供了一种用于解决垂直切换决策问题的博弈论模块化框架。游戏的解决方案给出了最佳的 WN – MU 匹配，以便它们之间执行有效的垂直切换。通过模拟分析用户偏好对垂直切换的影响，结果表明，与使用效用理论的 MADM 等非博弈论方法相比，采用基于博弈论的方法可以大大减少垂直切换的数量。

第 5.2 节介绍相关研究，第 5.3 节概述了垂直切换，第 5.4 节介绍了博弈论的重要概念，第 5.5 节提出了垂直切换的两阶段非合作博弈模型，第 5.6 节介绍了模拟和结果分析，第 5.7 节总结了本章的结论。

5.2 相关研究

Piamrat 和 Ksentini 等人（2011）提出了异构无线网络中有效的网络资源管理的关键挑战，并概述了垂直切换决策最近的解决方案。在异构无线网络中，网络选择是执行垂直切换决策的重要步骤，需要考虑大量复杂和矛盾的水平决策属性。水平切换决策因素可以是静态或动态的（P Goyal 和 Saxena, 2008）。"多标准决策分析（MCDM）"或"多属性决策分析（MADM）"技术通常用于评估和排序可用的无线网络（Obayiuwana 和 Falowo, 2016）。在无限制的资源情况下，MADM 方法是有效和充足的，但在其他情况下则失败。在这种情况下，博弈论证明是解决异构无线网络中垂直切换决策问题的有效工具。

SAW、MEW、TOPSIS 和 GRA 是著名的 MADM 技术。在 Pramod Goyal 等（2017）的研究中，将这些技术与"SAW with Elimination Factor"方法进行了比较分析。结果表明，"SAW with Elimination Factor"用于选择最佳网络在其他 MADM 技术中更为有效，因为它导致在移动用户漫游期间发生更少的垂直切换。

Pramod Goyal 等人（2018b）提出了动态用户偏好的概念。对于考虑的水平决策属性，预定义的静态用户偏好在实时基础上进行调节，以适应相应水平决策属性的当前值的变化。这种用户偏好被称为动态用户偏好。使用动态用户偏好始终导致更少的垂直切换。

Pramod Goyal 等人（2018c）对各种类型的博弈进行了比较研究。可能存在三种类型的参与者之间的竞争来争取资源：①移动用户之间的竞争；②无线网络之间的竞争；③移动用户与无线网络之间的竞争。它提出了三个非合作博弈模型，以代表这三种类型的竞争。研究人员可以将这些博弈模型用作无线网络领域的参考。

Antoniou 和 Pitsillides（2007）提出了一个竞争接入网络之间的非合作博弈，用于在一组用户和一组网络之间分配服务请求。后来，Chang、Tsai 和 Chen（2009）提出了一种基于合作博弈的网络选择方案，旨在最大化呼叫接纳数量、最小化切换频率并满足 QoS 要求。Chen 等人（2011）提出了一种基于用户效率-成本比率（PCR）的统一量化模型，用于评估 HWN 中的接入服务。类似地，Bendaoud、Abdennebi 和 Didi（2015）提出了一个非合作博弈，用于减少终端的能耗，同时维持所需的链路 QoS，其中考虑了期望的 QoS 和期望剩余电池寿命时间作为两个重要的切换决策因素。Dusit Niyato 和 Hossain（2008）提出了一个三阶段的非合作博弈理论框架，用于网络之间的带宽分配和接纳控制。所有这些论文仅考虑了接入网络之间的竞争，以选择一个移动用户或服务请求，并且大多数只考虑了网络选择问题的网络方面。而基于用户偏好的用户中心博弈网络选择方法在（Salih, See 和 Ibrahim, 2015）中提出，其基于用户偏好选择最佳异构无线网络，但不考虑用户对网络的偏好。

为了考虑用户之间的网络竞争，Cui 等人（2011）提出了一种基于用户实际数据速率的非合作博弈来选择网络。Niyato 和 Hossain（2009）提出了一种动态演化博弈，用于不同服务区域内竞争用户组之间有限的带宽分配。

为了解决 MU 和 WN 之间的竞争，Cesana 等人（2008）、Xu 等人（2010）、Radhika（2011）制定了自私行为用户和接入网络之间的非合作博弈，以最大化其利润，同时满足所有用户的 QoS 和网络的负载平衡。用户和网络之间的匹配博弈综合考虑用户和网络的不同需求和目标，通过获得稳定匹配来保证双方的利润（Meirong Chen, Fan Li 和 Junqing Wang, 2011）。一个基于破产博弈和层次分析过程（AHP）组合的网络选择的 N 人合作博弈被提出（Liu, Tian, Wang 和 Fan, 2014）。在基于重复博弈的垂直切换方案中，每个游戏被制定为一个非合作策略博弈，由 MU 和接入点（AP）之间优化网络的效用函数来寻找纳什均衡点（Fu 等, 2014）。效用函数定义为 AP 分配给 MU 的带宽。

Pramod Goyal 等人（2018a）提出了一种基于非合作博弈的群组垂直切换决策模型。它利用动态用户偏好概念以及多个切换决策属性。MU 和 WN 作为游戏策略相互对抗，以达到纳什均衡，以便由群组 MU 选择最佳可用的 WN 进行垂直切换。

上述文献都未将网络评估与网络选择分离，并将两个操作合并执行，缺乏垂直切换管理的模块化。因此，本章提出了一个新颖的想法，将 MU 和 WN 的价值分析从网络选择中分离出来，以执行 VHO。在这个过程中，作者扩展了早先（Pramod Goyal 等, 2018b；Pramod Goyal 等, 2018c；Pramod Goyal 等, 2018a）发展并发表的动态用户偏好和其作为游戏策略的应用的概念。

5.3 垂直切换

切换（或移交）是指移动终端在无线网络中从一个接入点切换到另一个的事件。在 HWN 系统中，切换可以分为以下两种：

1）HHO：指移动终端在同一网络中进行切换。

2）VHO：指移动终端在不同网络之间进行切换。垂直切换又可以进一步分为以下两种：

① 上行VHO（Upward VHO）：指从较低的网络（如Wi-Fi）切换到较高的网络（如3G、4G、5G）。

② 下行VHO（Downward VHO）：指从较高的网络（如3G、4G、5G）切换到较低的网络（如Wi-Fi）。

HHO是指移动终端在同一无线网络中从一个基站切换到另一个基站的事件。在无线网络中，HHO可以进一步分为三种类型：基站内切换（Intra-BSC Handoff）、基站间切换（Inter-BSC Handoff）和MSC间切换（Inter-MSC Handoff）。HHO发生的主要原因/标准包括信号质量差（RSS）或信号丢失、带宽、流量负载均衡和移动终端速度。HHO涉及三个主要步骤：切换启动、信道分配和连接转移/切换执行。

VHO是指移动终端在不同的无线网络之间切换，例如从Wi-Fi小区切换到GSM/UMTS小区的事件。VHO也被分为上行VHO和下行VHO（Pramod Goyal等人，2017）。上行VHO是从带宽较高的无线网络中的较小尺寸单元切换到带宽较低的不同无线网络中的较大尺寸单元的事件，例如从Wi-Fi到WiMax。下行VHO是从带宽较低的无线网络中的较大尺寸单元切换到带宽较高的不同无线网络中的较小尺寸单元的事件，例如从Wi-Fi到蓝牙。

在HWN中进行垂直切换的决策取决于各种参数，称为切换决策标准/属性。切换决策属性主要分为三类：

1）网络相关属性：用于描述邻近网络连接的可用性和状态，例如数据传输带宽、覆盖范围、使用成本、延迟、抖动、数据包丢失率、接收信号强度（RSS）、安全性、吞吐量、信噪比（SNR）、载干比（CIR）、信干比（SIR）、误码率（BER）等。

2）终端/用户相关属性：用于描述移动终端/手机的状态，例如剩余电量、移动终端速度和请求的服务类型。

3）用户偏好：用于描述移动用户对不同考虑参数的相对偏好，以实现移动用户的体验质量（QoE）。用户偏好用相对用户偏好负载/权重来表达。

垂直切分决策过程基本上包括三个阶段：

1. 切换数据采集

该阶段也被称为系统发现或网络发现，因为它收集有关用户和网络的各种切换决策参数的数据。

2. 网络选择

该阶段通过根据前一阶段收集的数据分析使用不同的切换决策算法，选择何时何地触发切换。VHO的切换决策算法主要分为以下4类：基于接收信号强度

(RSS)的、基于带宽的、使用成本/效用函数的多属性决策方法(MADM)，以及基于神经网络、模糊逻辑和博弈论的组合算法。

3. 切换执行

该阶段是实际执行/实施的阶段。它将当前无线网络与所选无线网络之间进行实际的连接转换。

网络选择阶段是任何垂直切换流程的核心。根据切换延迟、切换次数、切换失败概率和吞吐量对每个垂直切换过程的性能进行评估。根据谁控制切换决策过程，切换控制方法被命名为：

1）网络控制切换(NCHO)(第一代网络)。
2）网络控制、移动辅助切换(MAHO)(第二代和第三代网络)。
3）移动控制切换(MCHO)(第四代/第五代/下一代网络/HWN)。

5.4 博弈论

1. 博弈论要素

博弈论是一种分析工具，用于模拟决策者的明确行动导致彼此之间的冲突结果(Charilas 和 Panagopoulos, 2010; Trestian 等, 2012)。这样的模型称为博弈。博弈的基本组成部分包括：

1）玩家：执行战略动作/选择的个体伙伴。每个玩家的目标是通过选择策略来最大化自己的收益/利润。玩家可以是理性或非理性的。始终努力增加其结果的玩家被称为理性玩家。
2）策略：是玩家通过其活动所产生的与玩家相关的结果。策略可以分为三种类型：纯策略、混合策略和支配策略。支配策略可以是严格支配或弱支配。
3）收益：玩家在其他所有玩家的策略固定时采取某些策略所能获得的效用。
4）均衡：游戏的解决方案提供了所有玩家的最佳策略组合，从而使每个玩家获得最佳结果。

博弈可以按照以下四种方式进行分类：

1）对抗博弈和合作博弈。
2）静态博弈和动态博弈。
3）完全信息博弈和不完全信息博弈。
4）完美信息博弈和不完美信息博弈。

在对抗博弈中，玩家的策略/行动是独立的，而在合作博弈中，一个玩家的策略/行动取决于其他玩家的行动。在合作博弈中，玩家分享信息以决定他们的行动，以便所有玩家都能得到最好的结果。本章提供了一个非合作博弈的建议模型。不过，这个模型也可以扩展到其他类型的博弈中。

2. 游戏表述和重要概念

博弈论中的非合作博弈（Cesana 等，2008）在 HWN 中始终备受关注，因为由不同网络管理员控制的不同 WN 总是试图最大化其收益，而不与其他任何 WN 合作，除非非常必要。因此，本节通过非合作博弈介绍博弈论的概念。以下是非合作博弈及其相关重要概念的适当简要描述。战略形式（或正常形式）的非合作博弈是一个三元组：

$$G = [P, (S_i)_{i \in P}, (U_i)_{i \in P}] \tag{5-1}$$

式中，P 为一个理性玩家的有限集合，即 $P = \{1,2,3,\cdots,n\}$；S_i 为玩家 i 的策略集；U_i 为玩家 i 的效用（回报）函数。

$$U_i : S \rightarrow R \tag{5-2}$$

$$S = S_1 S_2 S_3 \cdots S_n \tag{5-3}$$

在这里，S 是策略空间，被描述为所有玩家的个人策略集的笛卡儿积。设 $S_{-i} = \{S_j\}_{j \in N, j \neq i}$ 为除了玩家 i 外所有玩家的策略集合，那么 $s = (s_i, s_{-i}) \in S$ 将表示玩家 i 的策略配置。当玩家 $i \in P$ 以确定性方式（即概率为 1）选择策略 $s_i \in S_i$，该策略被称为纯策略。如果

$$U_i(s_i, s_{-i}) \geq U_i(s_i', s_{-i}), \forall s_i' \in S_i \text{ and } \forall s_{-i} \in S_{-i} \tag{5-4}$$

则策略 $s_i \in S_i$ 被称为玩家 i 的主导策略。

S_i' 是玩家 i 的策略集 S_i 中除 s_i 之外的任何策略，称为被支配策略。然而，如果

$$U_i(s_i, s_{-i}) > U_i(s_i', s_{-i}), \forall s_i' \in S_i \text{ and } \forall s_{-i} \in S_{-i} \tag{5-5}$$

则 s_i' 将是一个严格被支配策略，否则为一个弱被支配策略。

3. 博弈解

纳什均衡（Nash，1951）给出了一个非合作博弈的最佳解。一个非合作博弈 $G = [P, (S_i)_{i \in P}, (U_i)_{i \in P}]$ 的纯策略纳什均衡（NE）是一个策略组合 $s^* \in S$，满足以下条件：

$$U_i(s_i^*, s_{-i}^*) \geq U_i(s_i, s_{-i}^*), \forall s_i \in S_i, \forall i \in P \tag{5-6}$$

但是，如果

$$U_i(s_i^*, s_{-i}^*) > U_i(s_i, s_{-i}^*), \forall s_i \in S_i \tag{5-7}$$

那么 NE 将是一个严格 NE。

最终，在 NE 中，如果其他玩家的策略保持不变，没有玩家有动机单独采用另一种策略组合。发现一个博弈的 NE 的两种方法是——优势策略迭代淘汰和最佳反应函数。

对于玩家 i 来说，对手策略 s_{-i} 的策略组合的最佳反应策略 $\text{br}_i(s_{-i})$ 如下：

$$\text{br}_i(s_{-i}) = \text{argmax}_{s_i \in S_i} U_i(s_i, s_{-i}) \tag{5-8}$$

使用纳什均衡的博弈解存在两个执行问题：

1）NE 的存在性和多重性：一个非合作博弈可以有零个、一个或多个 NE。

2）效率：从结果角度看，NE 并不一定是最佳结果。此外，在存在多个 NE 的

情况下，选择最优 NE 很重要。

为了解决与 NE 相关的上述问题，提出了帕累托最优性的概念。帕累托最优性是一种效率度量，用于在多个 NE 中选择最优 NE（如果存在）。如果对于每个玩家 $i \in N$，至少存在一位玩家的效用函数 $U_i(s_i, s_{-i}) \geq U_i(s'_i, s'_{-i})$ 严格不等于另一策略组合中对应的效用函数，则策略组合 $s \in S$ 相对于另一策略组合 $s' \in S$ 是帕累托优越的。帕累托最优的结果不能在不损害至少一个玩家的情况下得到改进，例如不能在减少至少一个玩家的结果的情况下改善某个玩家的结果。

5.5 垂直切换的两阶段非合作博弈模型

本章提出了一种针对垂直切换的非合作博弈模型，包括两个阶段，如图 5.2 所示。第一阶段是系统识别、切换信息收集和收益计算。为了表示 MU 与 WN 之间的效率，采用了用户回报和网络回报的概念。第二阶段是构建一个非合作博弈矩阵。该模型模拟了多个 WN 和多个 MU 之间的竞争，以基于纳什均衡的游戏解决方案选择一个最优的 WN-MU 对。只有当 MU 或 WN 至少具有一个优势策略时，所提出的非合作博弈才会导致收敛。表 5.1 总结了所提出的游戏模型时使用的重要符号和注释说明。所提出的算法包括以下重要步骤：

1. 第一阶段

步骤 1：系统识别。

步骤 2：切换信息收集。

步骤 3：收益计算。

2. 第二阶段

步骤 4：检查是否 MU 数量 $m = 0$ 或 WN 数量 $n = 0$，如果是，则转到步骤 5，否则转到步骤 10。

步骤 5：在 MU 和 WN 之间建立一个非合作博弈（$m \times n$）。

步骤 6：找到纳什均衡。

步骤 7：是否存在纳什。如果是，则转到步骤 8，否则转到步骤 9。

步骤 8：删除最优 MU-WN 对并转到步骤 4。

步骤 9：找到次优解并转到步骤 4。

步骤 10：停止。

5.5.1 用户收益

为了衡量一个 MU 在 VHO 中使用一个特定的 WN 的效率，使用了用户回报（UP）这一指标。为了避免 UP 的值受单位的影响而受限在 0~1 之间，建议使用切换决策属性的个体效用来计算 UP。这样，上行和下行的切换决策属性可以在同一比例尺上进行比较。从 WN_i 到 MU_j 的用户回报计算方法如下：

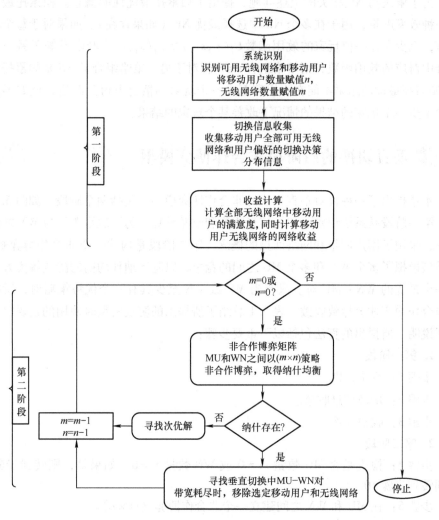

图 5.2　垂直切换的两阶段非合作博弈模型

$$UP_{ij} = \sum_{l=1}^{p}(w_{ij,l}^{k} u_{ij,l}^{k}) \tag{5-9}$$

表 5.1　符号和注释说明

注释	说　　明
m	无线网络数量
n	移动用户数量
p	切换决策属性数量
$k=\{1,2\}$	服务类型，$k=1$ 为实时服务；$k=2$ 为非实时服务，如电子邮件

(续)

注释	说　　明
$w_{ij,l}^k$	服务类型 k 的 MU_j 对 WN_i 的切换决策属性的动态用户偏好权重
$u_{ij,l}^k$	服务类型 k 的 MU_j 对 WN_i 的 HDA 值的归一化效用
$A_{ij,l}^k$	服务类型 k 的 MU_j 对 WN_i 的 HDA 当前值
$A_{\text{th}ij,l}^k$	服务类型 k 的 MU_j 对 WN_i 的 HDA 阈值
UP_{ij}	从 WN_i 到 MU_j 的用户回报
NP_{ij}	服务类型 k 从 MU_j 到 WN_i 可收到的网络回报
C_i^k	服务类型 k 使用 WN_i 的价格
B_j^r	MU_j 请求的带宽
G	表示非合作博弈
U	MU 的集合
N	WN 的集合
S_U	MU 策略的集合
S_N	WN 策略的集合
n_i	第 i 个 WN
u_j	第 j 个 MU
π_U	MUs 的回报
π_N	WNs 的回报
π	MU 和 WN 的组合回报矩阵

注：$\sum_{l=1}^p w_{ij,l}^k = 1$；$u_{ij,l}^k = \text{sigm} f(x,[a,c])$。$x = A_{ij,l}^k$；$c = \dfrac{A_{\text{th}ij,l}^k}{2}$；$a$ 用于表示曲线的斜率，当属性值朝上变大时，a 为正；当属性值朝下变小时，a 为负。

5.5.2　网络回报

网络回报 NP_{ij} 是指用户 j 向网络 i 支付的服务类型 k 的价格，它可以用数学表达式表示为

$$NP_{ij} = C_i^k UP_{ij} B_j^r, i = 1,\cdots,m, j = 1,\cdots,n, k = \{1,2\} \qquad (5\text{-}10)$$

设 C_i^k 为当网络效率为 100% 或 US_{ij} 为 1 时，第 i 个 WN 从第 j 个 MU 收取的每单位时间语音或数据服务价格。设第 j 个 MU 所请求的带宽为 B_j^r，为了简化问题，假设所选 WN 提供了 MU 所请求的全部带宽。

5.5.3　VHO 的非合作博弈模型

本节提出将 n 个移动用户和 m 个无线网络之间的竞争建模为双人非合作博弈。在（Pramod Goyal 等，2018c）中开发的 VHO 的非合作博弈策略形式，在此进一步通过特殊图示呈现，如图 5.3 所示。这种图示表达方式将更好地理解如何将移动用

户和无线网络用作对方的博弈策略的概念。

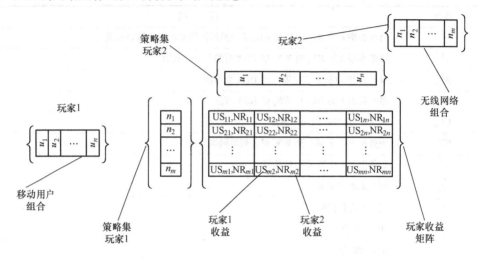

图 5.3 n 个移动用户和 m 个无线网络之间的非合作博弈策略形式

第一位玩家（玩家 1）是 MU 的集合。第二位玩家（玩家 2）是可用 WN 的集合。假设玩家都是理性的。玩家 1 将所有可用的 WN 视为其策略集，而玩家 2 将所有可用的 MU 视为其策略集。一个 WN 由一组多个切换属性表示，而一个 MU 由其相应的动态用户偏好表示。假设一次只有一个 WN 可以选择一个 MU，并且算法一直运行，直到每个 MU 选择了合适的 WN。

移动用户和无线网络之间的非合作博弈定义如下：

$$G = (\{U,N\},\{S_U,S_N\},\{\pi_U,\pi_N\}) \quad (5-11)$$

式中，$U = \{U_1, U_2, \cdots, U_n\}$ 为玩家 1；$N = \{N_1, N_2, \cdots, N_m\}$ 为玩家 2；$S_U = \{n_1, n_2, \cdots, n_m\}$ 为玩家 1 策略集；$S_N = \{u_1, u_2, \cdots, u_n\}$ 为玩家 2 策略集；π_U 为玩家 1 收益，$\pi_U: S \rightarrow R$；π_N 为玩家 2 收益，$\pi_N: S \rightarrow R$。

策略空间 S 大小（$m \times n$）定义：

$$S = S_U S_N \quad (5-12)$$

对于第 i 个无线网络，对应于玩家 1 的策略 n_i 定义如下：

$$n_i = \{\{[(A)_{i,l}^k,(A_{th})_{i,l}^k]|l=1,2,\cdots,p\}\},i=1,\cdots,m,k=\{1,2\} \quad (5-13)$$

式中，$(A)_{i,l}^k$ 和 $(A_{th})_{i,l}^k$ 为考虑的切换决策属性及其阈值，p 为网络选择属性的总数。

类似地，玩家 2 的策略 u_j 对应于第 j 个移动用户，表示为

$$u_j = \{w_{j,l}^k \mid 1=1,\cdots,p;k=\{1,2\}\},j=1,\cdots,n \quad (5-14)$$

所以，$\sum_{l=1}^{p} w_{j,l}^k = 1$，$w_{j,l}^k \geq 0$。

在玩家 1 选择策略 n_i，玩家 2 选择策略 u_j 的策略组合下，玩家 1 的收益为

$$\pi_{U(n_i,u_j)} = \text{UP}_{ij} \mid i=1,2,\cdots,m;j=1,2,\cdots,n \quad (5-15)$$

计算用户收益 UP_{ij} 可以遵循上述计算顺序。

对于玩家 1 选择策略 n_i，玩家 2 选择策略 u_j 的策略组合，玩家 1 的回报如下：

$$\pi_{N(n_i, u_j)} = \text{NP}_{ij} \mid i = 1, 2, \cdots, m; j = 1, 2, \cdots, n \tag{5-16}$$

式 (5-10) 可以计算网络收益 NP_{ij}。

5.5.4 博弈解决方案

纳什均衡给出了任何非合作博弈的最优解决方案，其中没有任何一方有动机单独离开另一种策略配置，假设其他玩家的策略保持不变。即使经过 50 多年，Lemke – Howson 算法（Lemke 和 Howson，1964）仍然是发现双人博弈中纳什均衡的最先进技术。对于提出的双人博弈，纳什均衡的特征如下所述：

设 i 和 j 是玩家 1 (n_i) 和玩家 2 (u_j) 策略的索引值，i 和 j 是纳什均衡下的策略索引值（Buttler 和 Akchurina，2013）。那么当

$$\pi_U(n_{i*}, u_{j*}) \geq \pi_U(n_{i'}, u_{j*}), \forall i' \neq i^* \tag{5-17}$$

且

$$\pi_N(n_{i*}, u_{j*}) \geq \pi_N(n_{i*}, u_{j'}), \forall j' \neq j^* \tag{5-18}$$

时，纯策略对 (n_{i*}, u_{j*}) 可以取得纳什均衡。

n_{i*} 和 u_{j*} 分别是玩家 1 和玩家 2 的支配策略，可以使用最优反应函数（Best Response，BR）来获得：

$$(n_{i*}) = \text{BR}_U(u_{j*}) = \text{argmax}_{n_i} \pi_U(n_i, u_j), \forall i = 1, \cdots, m, \forall j = 1, \cdots, n \tag{5-19}$$

$$(u_{j*}) = \text{BR}_N(n_{i*}) = \text{argmax}_{u_j} \pi_N(n_i, u_j), \forall i = 1, \cdots, m, \forall j = 1, \cdots, n \tag{5-20}$$

玩家 1 的总策略空间 S 的收益矩阵可以定义为

$$\grave{A}_U = (\text{US}_{ij})_{m \times n} = \begin{bmatrix} \text{US}_{11} & \cdots & \text{US}_{1n} \\ \vdots & & \vdots \\ \text{US}_{m1} & \cdots & \text{US}_{mn} \end{bmatrix} \tag{5-21}$$

玩家 2 的总策略空间的收益矩阵定义为：

$$\grave{A}_N = (\text{NR}_{ij})_{m \times n} = \begin{bmatrix} \text{NR}_{11} & \cdots & \text{NR}_{1n} \\ \vdots & & \vdots \\ \text{NR}_{m1} & \cdots & \text{NR}_{mn} \end{bmatrix} \tag{5-22}$$

以下是总策略空间 S 对于两位玩家的综合收益矩阵：

$$\pi = (\text{US}_{ij}, \text{NR}_{ij})_{m \times n} = \begin{bmatrix} (\text{US}_{11}, \text{NR}_{11}) & \cdots & (\text{US}_{1n}, \text{NR}_{1n}) \\ \vdots & & \vdots \\ (\text{US}_{m1}, \text{NR}_{m1}) & \cdots & (\text{US}_{mn}, \text{NR}_{mn}) \end{bmatrix} \tag{5-23}$$

如果不存在纳什均衡，则获得一个次优解，其中包括一个纯策略对 $(n_{i\wedge}, u_{j\wedge})$，满足以下条件：

$$(n_{i\wedge}, u_{j\wedge}) : \text{Max} \{\text{US}_{ij} / \text{NR}_{ij} \mid i = 1, \cdots, m; j = 1, \cdots, n\}$$

且满足条件：

$$US_{ij} > 0, NR_{ij} > 0 \quad (5-24)$$

如果纳什均衡存在,它将以 MU 和可用的 WN 的策略(n_{i*}, u_{j*})的形式给出,它们可以相互选择。这个 MU – WN 组合从下一轮游戏中排除,直到所有 MU 都获得一个可用的 WN 为止,剩余的 MU 和 WN 重新开始游戏。如果纳什均衡根本不存在,则允许相同的用户和网络按照式(5-24)寻找一个次优解($n_{i\wedge}, u_{j\wedge}$)。

5.6 模拟和结果分析

利用 MATLAB 中实现的 VHO 的两阶段非合作博弈模型,进行了模拟和结果分析。为此,开发了两个模块,分别实现了第一阶段和第二阶段。第一阶段涉及切换信息收集以及 MU 和 WN 的评估,使用了总和加权法(SAW)。在第二阶段中,将非合作博弈建模为两个玩家的策略游戏。该游戏将在任一玩家至少有一种支配策略的情况下得出最优解。本书复用了(Pramod Goyal 等,2018a)中开发的模拟设置,具体如下:考虑一个包含三个重叠的 WN 的 HWN:Wi – Fi、CDMA 和 WiMax,如图 5.1 所示。考虑了以下五个切换决策属性:①网络带宽(B);②MU 与 AP 或基站控制器(BSC)之间的距离(D);③移动终端的速度(V);④网络接口的功耗(P);⑤网络使用费用(C)。三个网络考虑的切换决策属性及其阈值见表 5.2。假定所有 MU 仅请求一种服务类型($k=1$)的语音通信。

表 5.2 切换决策属性及其阈值

网络选择属性	网络		
	Wi – Fi	CDMA	WiMax
带宽/(Mbit/s)	54	2	30
速度/(km/h)	1	150	60
距离/m	50	20000	50000
功耗/mW	100	50	20
费用/[卢比/(bit/s)]	10	100	50

对于垂直切换,提出的博弈论方法的效率与使用效用理论的 SAW 等非博弈论方法进行比较。考虑用户发起的切换,因为最重要的考虑因素始终是减少切换发起次数,同时最大化总体用户回报和网络回报。该系统的效率用 MU 完成应用所需执行的总 VHO 数量表示,其中用户回报是 MU 从 WN 接收到的 QoE,而网络回报是 WN 从所选择的 MU 获得的总收入。

模拟取得如下发现:

1) 在模拟过程中,研究了所有移动终端在特定区域内初始连接对系统效率的影响。为此，分别对以下三种情况进行了模拟：

① 在区域"A"中，与 Net-1（Wi-Fi）连接，如图 5.4 所示。

② 在区域"B"中，与 Net-2（CDMA）连接，如图 5.5 所示。

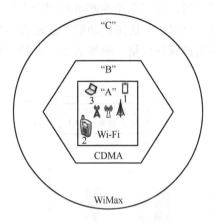
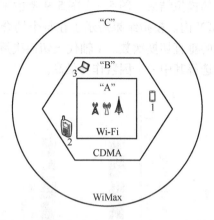

图 5.4　区域"A"与 Net-1（Wi-Fi）连接　　图 5.5　区域"B"与 Net-2（CDMA）连接

③ 在区域"C"中，与 Net-3（WiMax）连接，如图 5.6 所示。

2）研究了特定切换决策属性相对于其他属性对用户观察到的 VHO 数所产生的影响。为此，在每次模拟运行中，有 5 个回合对应于 5 个切换决策属性。在每个回合中，将一个特定的切换决策属性的用户偏好权重设置为最高，其他属性的用户偏好权重设置为相等或更低，见表 5.3。

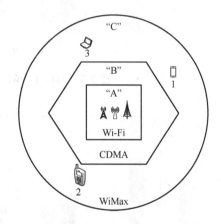

图 5.6　区域"C"与 Net-3（WiMax）连接

表 5.3　用户偏好权重因素及其值

权重	回合数量				
	1	2	3	4	5
带宽 W_B	**0.6**	0.1	0.1	0.1	0.1
速度 W_V	0.1	**0.6**	0.1	0.1	0.1
距离 W_D	0.1	0.1	**0.6**	0.1	0.1
功耗 W_P	0.1	0.1	0.1	**0.6**	0.1
费用 W_C	0.1	0.1	0.1	0.1	**0.6**

在一个考虑的热点区域内，移动用户人口在特定时间段内对移动用户观察到的垂直切换次数的影响。图 5.7 ~ 图 5.9 呈现了寻找特定 HDA 与其他属性相比对用户观察到的 VHO 数影响的模拟结果。图 5.10 呈现了移动用户数量对 VHO 数的影响的模拟结果。图 5.7 ~ 图 5.9 考虑了三个移动用户和三个无线网络的固定人口在 HWN 内。模拟结果展示了在每个场合中考虑三个 MU 在切换启动的一次机会中导致的垂直切换次数。X 轴代表切换决策因素的用户偏好权重，根据表 5.3 在每一轮中选择其中一个因素作为最高。

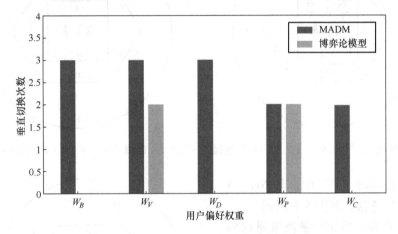

图 5.7 Net – 1（Wi – Fi）中考虑全部 MU

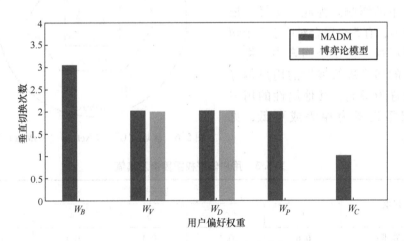

图 5.8 Net – 2（CDMA）中考虑全部 MU

从表 5.2 中可以看出，作为垂直切换决策因素，在带宽和网络利用成本方面，Wi – Fi 应该是首选网络，从速度角度来看，CDMA 应该是首选网络，而从距离和功耗角度来看，WiMax 应该是首选网络。换句话说，如果最高偏好是给予带宽

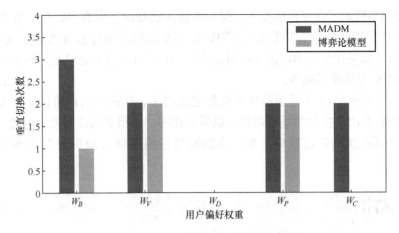

图 5.9 Net-3（WiMax）中考虑全部 MU

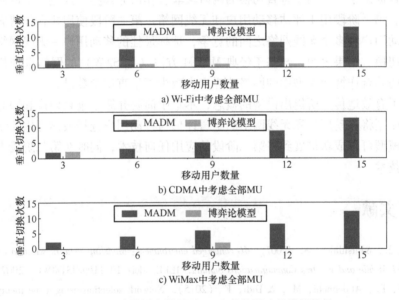

图 5.10 移动用户数量对 VHO 数的影响的模拟结果

或网络利用成本，而且最初所有 MU 都连接到 Wi-Fi 网络，则它们应该保持连接到 Wi-Fi 网络，这些情况下垂直切换的数量应该是最少的。图 5.7 所示的结果更加明确地证明了这一点，并且与 MADM 方法相比，提出的博弈论模型更加恰当。

类似地，图 5.8 和图 5.9 所示的结果表明，当所有 MU 最初都与 CDMA 连接，并且用户偏好为速度最高时，或者当所有 MU 最初都与 WiMax 连接，并且用户偏好为距离最高时，所提出的博弈论模型在垂直切换数量方面明显少于 MADM 方法。此外，从图 5.7~图 5.9 可以看出，对于所有情况下的所有用户偏好权重，所提出的博弈论模型执行的三个 MU 的垂直切换始终比 MADM 方法（例如 SAW）的效用方法少。

图 5.10 展示了在三种情况下，仅一次切换启动时，所有 MU 在一组 3、6、9、12 和 15 中观察到的垂直切换次数。MU 对 WN 的用户偏好被视为预定义和固定。结果表明，即使竞争的 MU 超过可用的 WN，所提出的博弈论模型的垂直切换数量也比 MADM 方法明显减少。

图 5.7 ~ 图 5.10 所呈现的结果清楚地证明了，所提出的两阶段非合作博弈方法不允许所有用户发起的垂直切换，以最大化用户回报和网络回报。因此，在异构无线网络的切换决策过程中，所提出的博弈论模型通过减少垂直切换数量表现更好。

5.7 结论

本章提出了一个用于垂直切换的两阶段非合作博弈模型。这是一个两阶段模块化框架。第一阶段用于评估移动用户和无线网络。第二阶段使用非合作博弈来模拟多个移动用户和多个无线网络之间的竞争，选择最佳的移动用户 – 无线网络对来执行垂直切换。结果表明，与基于经典 MADM 方法（如 SAW）的网络选择相比，使用提议的非合作博弈模型中的网络选择大大减少了垂直切换数量。

为了有效地传达所提出模型的概念，本章中简要介绍了垂直切换和博弈论的概念。该模型将移动用户和无线网络的定量评估与移动用户选择最佳可用无线网络分开。该模型可以成功扩展到将第二阶段的应用任何技术，同时在第二阶段中应用任何其他技术。

参考文献

Antoniou, J., &Pitsillides, A. (2007). *4G converged environment：Modeling network selection as a game. In 16th IST Mobile and Wireless Communications Summit.* IEEE. doi：10.1109/ISTMWC.2007.4299242

Bendaoud, F., Abdennebi, M., & Didi, F. (2015). Network selection using game theory. In *3rd International Conference on Control, Engineering & Information Technology (CEIT)* (pp. 1 – 6). IEEE. 10.1109/ CEIT.2015.7233014

Buttler, J., &Akchurina, N. (2013). Nash Equilibria in Normal Games via Optimization Methods. *2013 European Control Conference (ECC)*. 10.23919/ECC.2013.6669658

Cesana, M., Malanchini, I., & Capone, A. (2008). Modelling network selection and resource allocation in wireless access networks with non – cooperative games. In *5th IEEE International Conference on Mobile Ad Hoc and Sensor Systems* (pp. 404 – 409). IEEE. 10.1109/MAHSS.2008.4660055

Chang, C. - J., Tsai, T. - L., & Chen, Y. - H. (2009). *Utility and Game - Theory Based Network Selection Scheme in Heterogeneous Wireless Networks. In 2009 IEEE Wireless Communications and Networking Conference.* IEEE. doi：10.1109/WCNC.2009.4918016

Charilas, D. E., & Panagopoulos, A. D. (2010). A survey on game theory applications in wireless networks. *Computer Networks*, *54* (18), 3421–3430. doi: 10.1016/j. comnet. 2010. 06. 020

Chen, M., Li, F., & Wang, J. (2011). A game theoretical approach of network selection algorithm in heterogeneous wireless networks. In *IET International Communication Conference on Wireless Mobile and Computing (CCWMC 2011)* (pp. 148–153). IET. 10. 1049/cp. 2011. 0865

Chen, Q. -B., Zhou, W. -G., Chai, R., & Tang, L. (2011). Game-theoretic approach for pricing strategy and network selection in heterogeneous wireless networks. *IET Communications*, *5* (5), 676–682. doi: 10.1049/iet-com. 2010. 0249

Fu, S., Li, J., Li, R., & Ji, Y. (2014). A Game Theory Based Vertical Handoff Scheme for Wireless Heterogeneous Networks. In *10th International Conference on Mobile Ad-hoc and Sensor Networks* (pp. 220–227). 10. 1109/MSN. 2014. 37

Goyal, P., Lobiyal, D. K., & Katti, C. P. (2017). Vertical handoff in heterogeneous wireless networks: A tutorial. In *2017 International Conference on Computing, Communication and Automation (ICCCA)* (pp. 551–566). IEEE. 10. 1109/CCAA. 2017. 8229862

Goyal, P., Lobiyal, D. K., & Katti, C. P. (2018c). Game Theory for Vertical Handoff Decisions in Heterogeneous Wireless Networks: A Tutorial. In S. Bhattacharyya, T. Gandhi, K. Sharma, & P. Dutta (Eds.), Advanced Computational and Communication Paradigms (1st ed., Vol. 475). Singapore: Springer Singapore. doi: 10. 1007/978–981–10–8240–5

Goyal, P., Lobiyal, D. K., & Katti, C. P. (2018a). Dynamic user preference based group vertical handoffs in heterogeneous wireless networks: A non-cooperative game approach. *Wireless Networks*. Advance online publication. doi: 10. 100711276–018–1826–9

Goyal, P., Lobiyal, D. K., & Katti, C. P. (2018b). Dynamic User Preference Based Network Selection for Vertical Handoff in Heterogeneous Wireless Networks. *Wireless Personal Communications*, *98* (1), 725–742. doi: 10. 100711277–017–4892–x

Goyal, P., & Saxena, S. (2008). A dynamic decision model for vertical handoffs across heterogeneous wireless networks. In *World academy of science, engineering and Technology* (Vol. 31, pp. 677–682). Retrieved from http://citeseerx.ist.psu.edu/viewdoc/download?doi=10.1.1.306.7734&rep=rep1&type=pdf Lemke, C. E., & Howson, J. T. Jr. (1964). Equilibrium Points of Bimatrix Games. *Journal of the Society for Industrial and Applied Mathematics*, *12* (2), 413–423. doi: 10. 1137/0112033

Liu, B., Tian, H., Wang, B., & Fan, B. (2014). AHP and Game Theory based Approach for Network Selection in Heterogeneous Wireless Networks. *Consumer Communications and Networking Conf. (CCNC)*, 973–978. 10. 1109/CCNC. 2014. 6866617

Nash, J. (1951). Non-Cooperative Games. *Annals of Mathematics*, *54* (2), 286. Advance online publication. doi: 10. 2307/1969529

Niyato, D., & Hossain, E. (2008). A Noncooperative Game-Theoretic Framework for Radio Resource Management in 4G Heterogeneous Wireless Access Networks. *IEEE Transactions on Mobile Computing*, *7* (3), 332–345. doi: 10. 1109/TMC. 2007. 70727

Niyato, D., & Hossain, E. (2009). Dynamics of Network Selection in Heterogeneous Wireless Networks: An Evolutionary Game Approach. *IEEE Transactions on Vehicular Technology*, *58* (4), 2008–2017. doi: 10. 1109/TVT. 2008. 2004588

Obayiuwana, E. , &Falowo, O. E. (2016). Network selection in heterogeneous wireless networks using multi – criteria decision – making algorithms: A review. *Wireless Networks*, 1 – 33. doi: 10. 100711276 – 016 – 1301 – 4

Piamrat, K. , Ksentini, A. , Bonnin, J. – M. , & Viho, C. (2011). Radio resource management in emerging heterogeneous wireless networks. *Computer Communications*, 34 (9), 1066 – 1076. doi: 10. 1016/j. comcom. 2010. 02. 015

Radhika, K. (2011). Vertical Handoff Decision using Game Theory Approach for Multi – mode Mobile Terminals in Next Generation Wireless Networks. *International Journal of Computers and Applications*, 36 (11), 31 – 37. doi: 10. 5120/4535 – 6451

Salih, Y. K. , See, O. H. , Ibrahim, R. W. , Yussof, S. , & Iqbal, A. (2015). A user – centric game selection model based on user preferences for the selection of the best heterogeneous wireless network. *Annales des Télécommunications*, 70 (5 – 6), 239 – 248. doi: 10. 100712243 – 014 – 0443 – 6

Trestian, R. , Ormond, O. , & Muntean, G. M. (2012). Game theory – based network selection: Solutions and challenges. *IEEE Communications Surveys and Tutorials*, 14 (4), 1212 – 1231. doi: 10. 1109/ SURV. 2012. 010912. 00081

Wang, L. , & Kuo, G. – S. G. S. (2013). Mathematical Modeling for Network Selection in Heterogeneous Wireless Networks— A Tutorial. *IEEE Communications Surveys and Tutorials*, 15 (1), 271 – 292. doi: 10. 1109/SURV. 2012. 010912. 00044

Xu, P. , Fang, X. , & Liu, X. (2010). A Non – cooperative Pairwise Matrices Game Model for Heterogeneous Network Selection. In *International Conference on Communications and Mobile Computing* (Vol. 3, pp. 387 – 391). IEEE. 10. 1109/CMC. 2010. 29

Yang, C. , Xu, Y. , Xu, R. , & Sha, X. (2011). A heterogeneous wireless network selection algorithm based on non – cooperative game theory. In *6th International ICST Conference on Communications and Networking in China (CHINACOM)* (pp. 720 – 724). IEEE. 10. 1109/ChinaCom. 2011. 6158248

Zanakis, S. H. , Solomon, A. , Wishart, N. , &Dublish, S. (1998). Multi – attribute decision making: A simulation comparison of select methods. *European Journal of Operational Research*, 107 (3), 507 – 529. doi: 10. 1016/S0377 – 2217 (97) 00147 – 1

第 6 章
网络安全风险管理的模糊多准则决策方法

网络安全管理中，安全威胁评估发挥着关键作用。本章阐述了关于建立安全网络的重要措施和参数，以满足大型行业和组织的需求。现有的模糊模型是模糊技术和专家意见的结合体。该研究旨在通过网络管理设备对设备（D2D）通信中的网络安全风险，以优化安全保障。该研究的核心思想是提供一种在 D2D 通信过程中进行安全风险评估的方法。安全风险是阻止开发人员和组织实现目标的因素。该研究的基本思想是确定和优先考虑安全风险方法，以找出问题并修复问题，从而最小化成本、重复工作和时间。该研究还探讨了多准则决策分析方法对安全风险评估的影响。

6.1 简介

当今世界高度依赖广泛的网络通信，网络的依赖性非常高，没有网络的生活难以想象。虽然网络和运行在其上的 Web 应用程序有着诸多优点，但人们也会感到恐惧。现在，新闻头条不断提醒我们注意数据和信息被盗的风险。例如，2011 年 4 月，索尼 Play Station 发生了数据盗窃事件，黑客窃取了约 7700 万用户的个人数据。这是索尼 Play Station 网络隐私泄露造成的。据安全专家称，这是有记录以来最大的隐私泄露事件之一。为恢复系统并向客户提供信用保护服务，索尼需要支付 1.71 亿美元的费用（Agrafiotis 等，2018；Dark Reading，2011；Wilton，2017）。这些事件引发了人们对存储在网络中并通过互联网共享的数据安全性的疑虑。安全性被定义为一系列法律、规则和实践，用于管理、保护和传播敏感信息。这涵盖了维护保密性、完整性、真实性、可用性和不可抵赖性等方面（Khan 等，2018a；Khan 等，2018b；Punter 等，2016）。

针对数据共享过程中的网络安全问题进行关注可以保护网络免受未经授权的使用、访问、披露和修改。对于所讨论的安全事件，攻击者并不能被完全归咎于其中，设计师和开发人员也承担着同样的责任。攻击者并非单独创造了安全漏洞，他们只是利用了网络中存在的漏洞。漏洞是在 D2D 通信过程中引入的缺陷。即使存在一个漏洞，也可能会对组织的金钱和声誉造成不可挽回的损失（Abomhara 和 Køien，2015；Charles 和 Pfleeger，2012；Kizza，2013；Roozbahani 和 Azad，2015）。即使在发生了许多危及生命的安全事件之后，D2D 网络的交互仍然被视为事后才考虑的事情（Nitti 等，2015）。安全功能通常是添加到完全开发好的网络结构上的，缺点在于安全专业人员永远无法确定识别和修补所有安全漏洞。因此，安全已成为一个重要挑战。如今的从业者将不仅考虑消费者，还要考虑对手，才能在这个竞争激烈的时代取得成功。在每个数据通信过程中处理安全问题被称为网络保护（Ahmad 和 Habib，2010；Awodele 等，2012；Berner，2011；Daya，2010；Kizza，2005；Krishnan，2004；Stallings，2011）。

为了成功地控制项目，关于项目的信息应该是客观且量化的，从开发过程到管理过程都需要如此。需要过程具有量化数据的原因是需要使用方法。这是一个有价值的工具，可以帮助安全专业人员将安全功能纳入网络中。此外，优化模型在量化和评估安全风险方面非常普遍。它们已成为明智的安全风险相关决策的基本基础。然而，基于经典集合论的优化模型可能无法以有意义和实用的方式描述一些安全风险。缺乏知识和因果关系的数据和不精确的数据，使得只使用传统的优化模型很难确定一些安全风险模型的展示水平。有时候，即使是根据数据经验量身定制的强大的定量安全风险模型也可能无法完全理解安全。

某些优化模型，如模糊逻辑、隐马尔可夫和决策树模型、人工神经网络和贝叶斯网络，可以特别理解根本的因果关系并识别未知的复杂性（Liu 和 Liu，2016；Meng 等，2011）。这些新模型可以更好地识别和评估其他风险，包括操作风险。有趣的是，虽然市场、信用和保险风险已被广泛接受，存在可用的复杂定量模型，但这些各种安全风险通常超出了业务经理的控制范围。通过适当的风险检测和风险管理，操作风险可以得到极大的缓解，尽管尚未达成关于应使用哪些定量模型的一致意见。因此，使用新的方法（如模糊逻辑）建立和实施越来越合适的组织风险模型可能是值得的（OWASP，2017）。

本研究的目的是通过网络来管理 D2D 数据通信期间的网络安全风险，以优化安全保障。该想法是在 D2D 数据通信期间提供安全风险评估手段。组织可以利用这些措施来了解正在开发中的安全风险（Aldosari 和 Taeib，2015；Hamoud 等，2017）。安全风险是阻止开发人员和组织实现特定目标的风险。本研究识别和优先考虑安全风险方法，以找到问题并最小化成本、重复工作和时间。模糊技术和专家意见的组合是现有模糊模型的基础。它利用以前进行过的安全评估的专业知识和数据来进行安全评估。此外，还研究了多标准决策分析方法在安全风险评估中的影响。结果显示，该策略与可用的任务信息和评估技术相结合，提供了比现有技术更好的输出。

6.2 相关研究

2009 年，Flauzac 等人提出了一种名为"安全框架"的分布式安全规划执行方法，可以保证设备的可靠性，并控制设备间通信的系统方法（Flauzac 等，2009）。

2005年，Marin描述了安全的核心实用网络管理部分，包括计算机入侵检测、流量分析和网络安全监控方面的网络安全（Marin, 2005）。2009年，吴可和等人讨论了信息安全的三个主要方面，包括数据保护、网络系统安全和网络业务安全模型，还开发了一种面向企业的编程生成系统的安全保护的概念性解释（Wu等，2009）。2009年，Tan等人描述了一种基于公钥基础设施（PKI）的远程系统安全结构（Tan等，2009）。多位学者讨论了密码学的好处、策略、方法、行动和不同工具，以及有助于加密和表征网络安全的基本特性（Brenton和Hunt, n.d.；CISCO Systems, 2001；Farrow, n.d.；McClure等，2009；Murray, 2004；Stallings, 2006；Stallings, 2007）。网络安全的重要问题及其应用中的"高级加密标准（AES）"、"用于验证的CMAC"和"用于加密的CCM"必须详细讨论。此外，不同的黑客攻击方式及其识别和补救方法也必须以高效的方式讨论。本章讨论了影响网络安全风险的各种因素和子因素。

目前，网络安全中的数据/信息传输是行业面临的最大挑战。黑客和网络安全工具的应用，决定了企业如何建立和维护一个更安全、更可靠的网络。本研究旨在关注组织使用所需的网络安全问题，并提供安全策略和情境分析，以便更好地控制组织的网络安全。目前，网络安全威胁不断增加，使得有线/无线网络和互联网服务提供商更加不稳定和困难。目前的安全措施已经在满足当前新兴项目的前沿需求方面发挥了更加有效的作用。在国防等领域，数据安全是一个与信息安全紧密相连的重大问题，需要保证对信息的安全和验证访问。

6.3 网络安全

网络安全始于身份验证，通常使用客户端的用户名和密码进行验证。一旦确认，防火墙将授权访问控制策略，以确定网络客户端被授权访问哪些服务。尽管防止未经授权的进入是有效的，但是此部分可能无法保护网络中的特定恶意内容，例如通过网络传播的特洛伊木马和蠕虫。这些恶意软件的操作可以通过入侵预防系统（IPS）或杀毒软件来检测和防止。通过异常基础入侵检测设备，跟踪网络的通信流量、进行高级别分析、记录和审计记录也非常重要。为了保护隐私，两个使用网络的主机之间的通信可以加密。随着巨大的开放网络的发展，过去20年中的安全威胁已经显著增加。因此，威胁防范是与安全相关的首要关注点。但是，除了将网络与外界隔离，还有其他替代方法可以防止这些网络攻击。

网络安全需要采取措施来防止和控制"未经授权的访问、滥用、更改或拒绝服务"以及网络上可用资源。网络设备、企业服务器和个人计算机都是这些攻击的目标（Awodele等，2012；Canavan, 2000；Daya, 2013；Hamedani, 2010）。因此，安全问题起着重要的作用。在网络安全方面，有多种现有的方法，如防火墙、入侵检测系统、虚拟专用网络等。防火墙旨在通过保护数据完整性、流量验证和内部网络的隐私来提供安全性。防火墙是在局域网内防止基于网络的安全威胁的有效方法，同时通过广域网和互联网控制对外部世界的访问（Chopra，2016；Dong 和 Peng，2012；Prabhakar，2017；Yan 等，2015），但是防火墙无法防止内部客户端访问带有恶意代码的网站。

入侵检测是识别计算机系统的非法使用和滥用的另一个方法。外部攻击并不是唯一的问题，被授权用户滥用和滥用他们的权限的风险也是一个严重的问题。入侵检测系统（IDS）本身可能成为攻击的目标。攻击者可能会使用方法来减少 IDS 识别攻击的能力，以便允许攻击者未被检测地滑过其流量。拒绝服务（DoS）攻击的主要目标是阻止受害系统执行真实的操作或响应真实的流量。讨论了两种基本类型的 DoS 攻击。第一种类型利用漏洞使系统挂起、冻结等。最终的结果是受害计算机无法处理任何真实任务。第二种类型破坏受害者的通信管道，使用垃圾网络流量。最终的结果是受害计算机无法发送或接收真实的网络通信，受害者被剥夺了执行正常操作的能力。

拒绝服务并不是单一的攻击，而是一个完整的攻击类别，如图 6.1 所示。一些攻击能够破坏操作系统软件，而另一些攻击则针对已安装的软件应用程序、运行服务和协议，包括 Internet Protocol（IP）、Transmission Control Protocol（TCP）、Internet Control Message Protocol（ICMP）和 User Datagram Protocol（UDP）。拒绝服务攻击通常在一个攻击者和一个受害者之间发生。但是，它们不必遵循这样简单的方式。DoS 攻击使用同样的中介结构（通常是不情愿和无意识的参与者），以便将攻击者隐藏在目标之外。

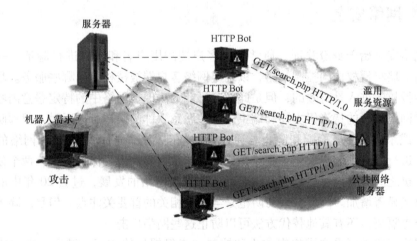

图 6.1　拒绝服务攻击

在 DoS 攻击中，如果攻击者直接向受害者发送攻击数据包，则受害者有可能发现攻击者的身份。然而，攻击者通常会使用欺骗技术来使此过程变得更加困难，但并非不可能。许多 DoS 攻击首先会通过入侵或攻破至少一些中介系统来作为发射点或攻击平台。攻击者会在这些系统上安装远程控制工具，通常被称为机器人、僵尸或代理人。因此，受害者可能能够找到真正导致 DoS 攻击的一个或多个僵尸系统，但可能无法找到真正的攻击者。分布式拒绝服务（DDoS）攻击利用了这种攻击方式，包括使用僵尸系统。

第三级 DoS 攻击称为分布式反射拒绝服务（DRDoS）攻击。这种类型的攻击利用了一种增强或反弹网络，该网络是一个不情愿和无意识的成员，但不幸的是它已经启用了接收广播消息并产生消息响应、回声或反弹的功能。攻击者向增强网络的广播地址发送欺骗性消息数据包，从而发起了此类攻击。

该攻击影响每个收到的数据包都会被广播到网络内的所有主机。然后，每个主机都会响应每个数据包，但由于第一个数据包的来源被篡改，响应会发送到受害者而不是真正的发送者（攻击者）。因此，攻击者最初发送的单个数据包会转变为多个数据包，离开增强网络并最终淹没受害者的通信接口。有很多工具和技术可用于进行 DoS、DDoS 和 DRDoS 攻击。

虚拟专用网络（VPN）横跨地扩展了私有网络，将其覆盖到如互联网之类的公共网络上。这使得用户可以通过公共或开放网络传输和接收信息，就像他们的处理设备连接到私有网络一样（Sharma 和 Yadav，2015；Zhiyong 等，2011）。VPN 是通过建立虚拟点对点连接使用专用连接、流量加密和虚拟隧道协议来创建的。VPN 的一个缺点是，该技术需要对公共网络安全等因素具有较高水平的知识和理解。VPN 的安全性需要加密密钥信息和网络地址，为了增加安全性，必须进行适当的规划和采取适当的防范措施以避免安全和传输问题。

6.4　网络通信中的安全风险

网络安全是 IT 管理员长期面临的基本问题之一。然而，尽管安全威胁和问题每天都在出现，但根据网络安全报告，网络攻击者通常会利用某些攻击向量来渗透企业网络。为了解决这类问题，有必要识别网络安全的访问控制和身份验证方法。

客户端允许或拒绝连接和使用资源的系统被称为访问控制。授权通常与访问控制相关联。授权定义了客户端被允许访问的资源类型或客户端被授权执行的操作。身份验证通常被视为身份验证后的下一步。身份验证是证明身份给系统或登录的行为。通过适当的身份验证，系统可以正确控制资源的访问，以防止非法或未授权的访问。主要的访问控制方法包括：

（1）强制访问控制（Mandatory Access Control，MAC）

强制访问控制是军事和政府部门通常使用的一种访问控制类型。它确定访问是基于一组规则而不是用户的决定性授予的。规则具有层次结构，通常称为敏感性标签和安全域（Bays 等，2015；Henricksen 等，2007）。强制访问控制条件定义了具体的安全领域或敏感性级别，然后使用来自领域的相关标签对主题和对象进行访问控制。政府的各个部门，包括军方，经常使用 MAC，包括五个级别：不涉密、敏感但未分类、机密、秘密、最高机密。

对象或资产被指定对应于这些安全区域的敏感性级别。每个特定的安全区域定义了必须强制执行的安全系统和限制，以便为域内的对象提供保护。通常包括四个安全区域级别，分别为公共、敏感、私有和机密。

MAC 的主要作用是防止泄露：保密性安全原则的侵犯。当未经授权的用户访问受保护的资产时，这是一种安全侵犯行为。根据资产可能引起的损害程度，分配给特定的敏感性级别的对象。例如，如果高度保密的资产被泄露，可能会造成严重的破坏。

MAC 之所以被称为 MAC，是因为它强制实施在域上的访问控制是必需的。它被赋予分类，随后允许和限制访问的授权无法被用户修改，而是由定义环境和审查控制授权的敏感性级别和准入级别的规则来规定（Chandramouli，2001；Sailer 等，2005）。MAC 不是以粒度形式受控的安全环境。更新的 MAC 引入了必须了解的概念：除非需要熟悉问题，否则只能访问少量对象（资产或信息）的安全限制。需要详细信息的对象被赋予敏感性级别，但与其他对象（在相同的安全区域内）分隔开来。学习的需求本身就是一项要求，这意味着只有被分配了工作任务的主体才被授予访问被隔离的对象的权限。

（2）自主访问控制（Discretionary Access Control，DAC）

自主访问控制与主要用于商业和家庭环境的访问控制或授权类似。DAC 由资源的所有者和创建者进行控制，并且是基于标识的。对象的所有者根据用户标识和对象所有者的警告来授予或限制访问。因此，实体的所有者可以选择拒绝或允许哪些用户访问对象（Chandramouli，2001；Wang 等，2019）。DAC 使用访问控制列表（ACL），该列表可使用安全逻辑设备将资源和对象连接起来。它定义了基于对象的哪些用户被允许或被禁止访问不同类型。可以将单独的用户记录或组合的组记录添加到对象的 ACL 中，并授予或拒绝访问。如果用户记录未在对象的 ACL 中获得许可，则默认拒绝访问。如果用户记录明确通过对象的 ACL 获得许可，则将允许定义的特定阶段或类型的访问。

通常，ACL 中的拒绝权限将覆盖所有其他设置。表 6.1（基于组成员身份的累积访问权限）展示了一个访问矩阵，其中用户可以依次访问网络服务器上的文件夹，以及三个组的成员。它将另一个组中的任何其他访问授权设置覆盖为拒绝权限。因此，参加第一个用户集的用户授予了在对象上编写访问权限，但其他组明确拒绝在相同的对象上编写访问权限，则将拒绝在对象上编写访问权限。

表 6.1 基于组成员身份的累积访问权限的访问矩阵

序号	销售组	用户组	研究小组	结果访问权限
1	更改	阅读	未指定	更改
2	阅读	阅读	更改	更改
3	未指定	阅读	阅读	拒绝
4	完全控制	拒绝	未指定	拒绝

（3）基于角色的访问控制（RBAC）

RBAC 是一种基于规则的访问控制方式，它可以与 MAC 一起组合使用，也可以作为另一种非自主式访问控制策略。RBAC 使用的规则描述如下：客户在域中被分配一个特定的角色，访问对象的授权取决于该角色的相关工作任务。例如，备份管理员的角色可能授予其在系统驱动器上维护所有记录的能力。预设了备份管理员角色的客户能够执行该项工作。RBAC 主要适用于员工流动率高的情况。它允许角色或工作集保持静态，即使执行该角色的客户经常更改也不例外。

（4）基于规则的访问控制（RuBAC）

RuBAC 是一种安全模型，系统管理员定义规则来管理对资源对象的访问。这些规则通常基于某些条件，主要关注时间或位置。在使用基于规则的访问控制和基于角色的访问控制的形式来执行访问策略和程序时，不是很特别。

（5）基于属性的访问控制（ABAC）

通过评估用户、系统和环境情况的属性，管理访问权限。ABAC 需要理解逻辑访问控制的基本原则。逻辑访问控制的目的是保护对象，如数据、服务、网络设备、可执行应用程序或任何其他类型的信息/数据，免受未经授权的活动的影响。这些活动可能包括查找、读取、创建、修改、删除和执行对象。这些对象由个人或组织拥有，并具有一些内在的价值，使这些所有者有动力保护它们。作为对象的所有者，他们有权制定策略，描述可以在这些对象上执行哪些操作，由谁执行以及在什么上下文中主体可以执行这些任务。如果主体满足对象所有者建立的访问控制策略，则主体被授权在该对象上执行所需的操作，也称为被授予对该对象的访问。如果主体未满足策略，则被拒绝访问该对象。

访问控制对于防止未经授权的物理和逻辑系统访问威胁至关重要。访问控制在保护私人数据，包括客户信息等方面扮演了重要角色，是维护安全基础设施的重要手段之一。例如，许多组织已经建立了限制访问网络、计算机系统、软件、文件、高度敏感的个人信息和知识产权物品等的制度和建议措施。访问控制系统在监控多样化的信息技术环境中变得更加复杂，包括现场服务和云服务。在一些知名攻击事件之后，软件提供商已经转向了集中的访问管理，并为现场和云环境提供了访问控制功能。

根据网络安全风险，另一个也是最重要的因素是身份验证。身份验证是个体向系统证明其唯一性的组成部分。用户名和密码是常见的身份验证来源。然而，为了在登录和账户验证过程中提供强大的安全性，其他越来越复杂的身份验证因素或凭证保障机制也被使用。身份验证不过是证明主体是账户的有效用户的过程。身份验证过程要求主体提供身份，然后证明身份。证明身份通常采用以下三个因素中的至少一个：用户名和密码、智能卡、指纹。

1）用户名和密码。客户端用户名和密码的组合是最常见的身份验证类型，如图6.2所示。如果使用的密码与系统记录数据库中预定义客户的密码相等，那么该客户将被系统验证。已验证的记录必须基于预定义密码与系统数据库中存储的密码进行验证。真值表示经过验证的客户端，意味着客户端已通过系统验证。然而，虽然使用密码保护系统是广泛接受的身份验证机制，但它不是最可靠的身份验证机制。相反，它通常被视为最不安全的身份验证类型。

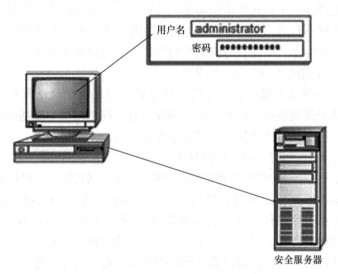

图6.2 用户名和密码的登录

以下措施可以增强基本的用户名和密码组合的安全性。首先，将密码以加密形式存储在密码数据库中，例如使用单向哈希函数的值。其次，采用一种身份验证协议，以有效、一致的方式避免在网络或互联网上传输密码。最后，要在各种应用程序编程层面实现强密码（复杂密码）。这将确保程序只需要难以被密码破解设备发现的密码。

任何密码的强度通常都是通过密码破解或密码猜测过程中所需的时间和努力来衡量的。一个弱密码通常只使用字母、数字、字符，常常使用字典或其他常见词汇，并可能包括与用户资料有关的信息，例如出生日期、宠物名等。

强密码包含多个字符（至少8个），包括至少三种字符类型（大写、小写、数字和键盘符号），定期更改（每隔几个月），不包含任何词表或常见单词，并且不包含主体的真实姓名、用户名或电子邮件地址的任何部分。密码应足够强以抵御攻击中的破解，但仍然足够容易被个人记住。

2）令牌。身份验证因素的一种特殊类型有时通过令牌来解释。这是一种硬件设备，具有良好实现的软件代码，可以产生临时的一次性密码，从而使身份验证更加强大。因此，客户端账户不与单个静态密码相关联。相反，客户端必须实际拥有生成密码的设备。在令牌中，有些基于时间表生成密码，而其他基于身份验证服务器的挑战生成密码。客户端只能使用生成的密码一次，然后必须等待下一个时间窗口或请求另一个挑战。只能使用一次的密码被认为是一次性或单次密码。它是最安全的密码类型之一，因为即使在使用成功后，该一次性密码也再也无效了。因为密码的复杂性和经常变化的环境，一次性密码必须在使用令牌设备时使用（Dinesha 和 Agrawal，2012a；Sumathi 等，2013）。令牌可能是类似于带有或不带有键盘的小型计算机的设备。它也可能是高端智能卡，如图 6.3 所示。正确部署时，基于令牌的身份验证方案比基于密码的方案更安全。

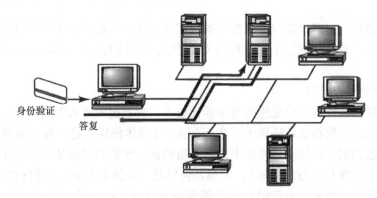

图 6.3　智能卡的身份验证

3）多重认证。多重认证要求客户端提供两个或以上的认证因素来验证身份。以下是三种广泛认可的认证因素类别：

① 关于用户的知识（例如密码）。
② 用户所拥有的知识（例如令牌）。
③ 用户的身份（例如生物特征）。

当使用两个不同的认证因素时，这被认为是双重认证或多重认证，如图 6.4 所示。如果使用相同的两种认证组件，则称为硬性或强制性认证。

无论何时使用多个因素，这总是比多种相同的认证因素更安全的方案。这是因为，使用两个或多个不同类型的因素，攻击者必须进行至少两种不同类型的攻击，才能窃取或捕获认证因素本身。使用强制性认证，即使需要十个密码，攻击者也只需要进行一种窃取密码的攻击即可突破认证安全性。

4）互相认证。另一个重要的双向认证机制被称为互相认证。在这种情况下，

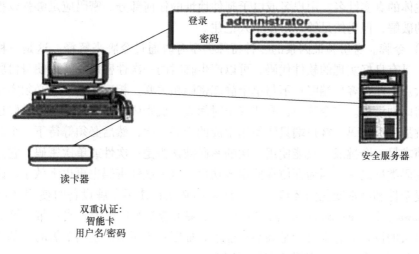

图 6.4 双重认证

双向认证被执行,客户端验证服务器的真实性,而另一端的服务器验证客户端的真实性。因此,在通信的两端都具有对方伙伴身份的证明(Dinesha 和 Agrawal,2012a)。

5)生物特征认证

生物特征认证是一种先进的身份验证技术,它通过收集人类的身体特征来实现认证的目的。生物特征认证属于"生而为人"(身体特征)这一身份验证因素的类别,即通过识别个体的身体特征来进行身份验证。生物特征认证可以利用指纹、掌纹(将整个手掌作为指纹使用)、手部几何特征、视网膜扫描、虹膜扫描、人脸识别、语音识别、签名动态和键盘动态等多种方式(Clancy 等,2003;Podio 和 Jeffrey,2002;Reid,2003;Soutar 等,1998),生物特征认证如图 6.5 所示。

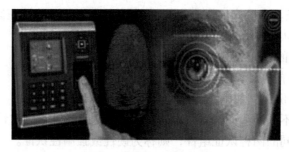

图 6.5 生物特征认证

尽管生物特征认证是一种更为强大的身份验证方式,但单独依靠生物特征认证并不是最理想的解决方案。事实上,为了实现更高的安全性和可靠性,多重验证是更为合适的选择。

6.5 研究方法

本研究的主要目标是通过多标准决策建模过程来确定基于网络安全风险因素的目标权重和分类，以建立一个安全可靠的网络。由于尚未对网络安全风险因素进行定量分类和评级，因此采用模糊层次分析法（Fuzzy AHP）对这些因素进行优先排序。与传统的层次分析法相比，模糊层次分析法能够提供更准确的结果，因为它有助于消除决策过程中的混淆和模糊问题。这将增强漏洞的保护和早期发现，从而直接使用户/组织受益于提高网络的安全性和可靠性。本研究使用多标准决策分析系统——AHP 来研究网络安全风险因素的优先排序（Chang，2012；Kumar 等，2016）。多标准决策分析是运筹学的一个子领域，对于进行不同竞争标准的评估在决策过程中非常有帮助（Chun 和 Seo，2015）。

因此，与其他多标准决策分析策略相比，AHP 能够更好地衡量因素的主观和客观价值。然而，AHP 无法确定决策者对正确数字的认知模糊性和不确定性。研究人员发现，在实际世界中，由于存在不确定性，实践者将模糊理论与 AHP 相结合使用（Chang，2008；Lious，1992）。本研究采用 Buckley 方法，并使用特征向量法来评估权重，通过对数据进行分析并在专家之间达成一致，以分析网络的安全风险。此外，AHP 使用成对比较矩阵来评估多标准决策分析问题中的不确定性，具体表达见式（6-1）。

$$A = [J_{ij}] = \begin{array}{c} \\ C_1 \\ C_2 \\ \vdots \\ C_n \end{array} \begin{bmatrix} C_1 & C_2 & \cdots & C_n \\ 1 & a_{12} & \cdots & a_{1n} \\ 1/a_{12} & 1 & \cdots & a_{2n} \\ \vdots & \vdots & & \vdots \\ 1/a_{1n} & 1/a_{2n} & \cdots & 1 \end{bmatrix} \quad (6\text{-}1)$$

式中，$a_{ij}=1$ 且 $\dfrac{1}{a_{ij}}=a_{ij}$，$i, j=1, 2, \cdots, n$。

A 是一个 $n \times n$ 的矩阵，其中，$C_1, C_2, \cdots, C_n$ 表示特征的排列，而 a_{ij} 表示对于特征 C_i 和 C_j 的评估决策。使用一个刻度来评估这两个特征的相对重要性（Buckley，1985；Saaty，1980）。模糊层次分析法具体内容如下。

利用模糊层次分析法将问题划分为一个层次化的分级框架进行处理。应该明确表述问题，并为组织级别的框架在图 6.6 所示的网络安全因素层次图中进行定义。本分析的目标是提供一种混合模型，用于进行多标准决策分析的网络安全方法。图 6.7 展示了网络保护因素的结构。这种层次结构可以通过专家在问卷调查中的意见和反馈，或通过头脑风暴等方法来建立。

随后，从这个层次结构中确定了三角模糊数（TFN）。

模糊集合理论充满了模糊的细节。模糊集合是一个成员范围的集合。这样的属

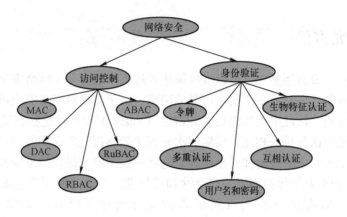

图 6.6　网络安全因素层次图

性由一个隶属函数来定义,该函数为每个实体分配一个介于零(0)和一(1)之间的隶属度。图 6.7 所示为三角模糊数。

TFN 基本上表示为(Lo, Mi, Up)。式(6-2)~式(6-5)用于将数值转换为 TFN(Cherdantseva 等,2016),并表示为(Lo_{ij}, Mi_{ij}, Up_{ij}),其中,Lo_{ij} 是较低的值,Mi_{ij} 是中间值,Up_{ij} 是最高水平事件。此外,TFN [η_{ij}] 的设置如下:

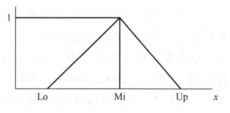

图 6.7　三角模糊数

$$\eta_{ij} = [Lo_{ij}, Mi_{ij}, Up_{ij}] \tag{6-2}$$

式中,$Lo_{ij} \leq Mi_{ij} \leq Up_{ij}$。

$$Lo_{ij} = \min(J_{ijk}) \tag{6-3}$$

$$Mi_{ij} = (J_{ij1}, J_{ij2}, \cdots, J_{ijk})^{1/k} \tag{6-4}$$

$$Up_{ij} = \max(J_{ijk}) \tag{6-5}$$

在上述计算中,J_{ijk} 代表了专家 z 提供的两个参数之间的相对值。其中,i 和 j 表示专家评估的参数。通过定义的关联关系,使用几何平均数来确定该值。几何平均数能够准确地综合和反映利益相关者之间的共识,同时考虑到两个参数之间相对值的最低和最高分数。在获得每对参考的 TFN 值之后,将其用于构建一个 $n \times n$ 的模糊矩阵。本研究包括具有网络管理和安全风险经验的分析师和工程师。为了确保可靠的 AHP 分析,仅选择了经过精心挑选的参与者。在定性评估之后,确定了TFN 的成员函数和两两比较,以生成模糊决策矩阵作为第三阶段。

因此,在构建矩阵后,采用去模糊化方法来将计算得到的 TFN 转化为可量化的数值。去模糊化是模糊化的逆过程。本研究采用了从(Buckley, 1985; Deng, 1999; Saaty, 1980)提取的去模糊化方法,根据式(6-6)~式(6-8)进行计算,

通常称为 α 切割。

$$\rho_{\alpha,\beta}(\tilde{A}) = [\beta \cdot \tilde{A}_\alpha(\text{Lo}_{ij}) + (1-\beta) \cdot \tilde{A}_\alpha(\text{Up}_{ij})] \quad (6\text{-}6)$$

式中，$0 \leq \alpha \leq 1$ 且 $0 \leq \beta \leq 1$。

$$\tilde{A}_\alpha(\text{Lo}_{ij}) = (\text{Mi}_{ij} - \text{Lo}_{ij})\alpha + \text{Lo}_{ij} \quad (6\text{-}7)$$

$$\tilde{A}_\alpha(\text{Up}_{ij}) = \text{Up}_{ij} - (\text{Up}_{ij} - \text{Mi}_{ij})\alpha \quad (6\text{-}8)$$

在这些计算中，使用 α 和 β 来表示专家的偏好。这两个值的范围是 0～1。模糊集的 α 切割是一个包含所有元素的集合。α 阈值是从 0～1 之间的任意数字。它具有大于或等于 α 定义的成员值的 α 阈值。$\tilde{A}_\alpha(\text{Lo}_{ij})$ 和 $\tilde{A}_\alpha(\text{Up}_{ij})$ 表示下界和上界的去模糊化值。式 (6-9) 显示了在参与者决策评估之后准备的矩阵。

$$\rho_{\alpha,\beta}(\tilde{A}) = \acute{A}\pm,^2[\tilde{a}_{ij}] = \begin{matrix} & C_1 & C_2 & \cdots & C_n \\ C_1 \\ C_2 \\ \vdots \\ C_n \end{matrix} \begin{bmatrix} 1 & \acute{A}\pm,^2(\tilde{a}_{11}) & \cdots & \acute{A}\pm,^2(\tilde{a}_{1i}) \\ 1/\acute{A}\pm,^2(\tilde{a}_{21}) & 1 & \cdots & \acute{A}\pm,^2(\tilde{a}_{2i}) \\ \vdots & \vdots & & \vdots \\ 1/\acute{A}\pm,^2(\tilde{a}_{j1}) & 1/\acute{A}\pm,^2(\tilde{a}_{j2}) & \cdots & 1 \end{bmatrix}$$

$$(6\text{-}9)$$

其中，$[\tilde{a}_{ij}]$ 表示模糊数的两个 C_1 参数的相对重要性。α 切割通常可以将一个模糊的包裹视为一系列的平坦集合。Crisp 集合 $\pi\alpha、\beta(a)$ 基本上表示实体是否属于该组。式 (6-9) 中的单对矩阵证实了这一点（M. Alenezi 等，2019）。因此，该方法的另一个作用是评估点对点的参考矩阵。自有向量计算的用途是确定特定标准的聚合权重。$\pi\alpha、\beta$ 表示自有向量，而 π 表示 a_{ij} 的特殊属性。

$$[\rho_{\alpha,\beta}(\tilde{A}) - \lambda I] \cdot \rho = 0 \quad (6\text{-}10)$$

式 (6-10) 依赖于线性向量转换，其中 I 表示单位矩阵。通过将式 (6-2)～式 (6-10) 相加，可以为所有可能的标准生成具体的权重。然后测试一致性比率（CR）（Chang，2008；Lious，1992）。如果 CR 的值小于 0.1，则再次正确评估 AHP 测量。

6.6 网络安全风险因素评估

对网络安全因素进行评估是一项具有挑战性的任务，因为网络安全因素通常是多维的且具有定性特征。因此，将网络安全因素定量化并确定其权重和排名对于设计高度安全的网络至关重要。在此研究中，构建了模糊聚合两两比较矩阵，该矩阵反映了在一级层面上进行的各种两两比较的优先级，见表 6.2。同时，通过分析专家意见采用几何平均方法，为网络安全子因素在二级层面上准备了模糊聚合的两两比较矩阵。在表 6.3 和表 6.4 中展示了二级和三级的模糊聚合两两比较矩阵。其中，C11 对应 MAC，C12 对应 DAC，C13 对应 RBAC，C14 对应 RuBAC，C15 对应 ABAC，这些属于二级层面的网络安全因素。而三级层面上的网络安全因素包括用户名和密码（C21）、令牌（C22）、多重认证（C23）、双重认证（C24）和生物特征认证（C25）。

表 6.2　一级模糊聚合两两比较矩阵

	访问控制（C1）	身份验证（C2）
访问控制（C1）	1, 1, 1	0.230, 0.280, 0.360
身份验证（C2）	—	1, 1, 1

表 6.3　二级模糊聚合两两比较矩阵

	C11	C12	C13	C14	C15
C11	1, 1, 1	0.690, 0.890, 1.100	0.230, 0.280, 0.360	0.700, 0.950, 1.350	0.300, 0.440, 0.800
C12	—	1, 1, 1	0.490, 0.640, 1.000	0.270, 0.350, 0.520	0.170, 0.200, 0.250
C13	—	—	1, 1, 1	1.000, 1.320, 1.550	0.660, 1.170, 1.690
C14	—	—	—	1, 1, 1	1.150, 1.440, 1.700
C15	—	—	—	—	1, 1, 1

根据层次结构，表 6.2～表 6.4 展示了一级到三级的模糊聚合两两比较矩阵。本研究采用了 α 切割法进行去模糊化，并运用式（6-6）～式（6-9）进行计算。此外，CR 值均小于 0.1，表明评估结果的一致性良好。表 6.5～表 6.8 呈现了去模糊化聚合两两比较矩阵网络安全风险属性的独立权重和 CR 值。

表 6.4　三级模糊聚合两两比较矩阵

	C21	C22	C23	C24	C25
C21	1, 1, 1	0.660, 1.170, 1.690	1.150, 1.440, 1.700	1.190, 1.580, 2.150	0.220, 0.290, 0.420
C22	—	1, 1, 1	1.000, 1.520, 1.930	0.490, 0.640, 1.000	0.270, 0.350, 0.520
C23	—	—	1, 1, 1	1.000, 1.320, 1.550	1.000, 1.520, 1.930
C24	—	—	—	1, 1, 1	0.310, 0.390, 0.560
C25	—	—	—	—	1, 1, 1

表 6.5　一级聚合两两比较矩阵权重和 CR 值

	C1	C2	权重	CR 值
C1	1	1.173	**0.5398**	0.0004
C2	0.853	1	**0.4602**	

表 6.6　二级聚合两两比较矩阵权重和 CR 值

	C11	C12	C13	C14	C15	权重	CR 值
C11	1	0.892	1.173	0.994	0.494	**0.1647**	
C12	1.121	1	0.691	0.372	0.203	**0.1092**	
C13	0.853	1.447	1	1.298	1.172	**0.2134**	0.08775
C14	1.006	2.688	0.770	1	1.363	**0.2315**	
C15	2.024	4.926	0.853	0.734	1	**0.2812**	

表 6.7　三级聚合两两比较矩阵权重和 CR 值

	C21	C22	C23	C24	C25	权重	CR 值
C21	1	1.172	1.363	1.633	0.303	**0.1762**	
C22	0.853	1	1.491	0.691	0.372	**0.1514**	
C23	0.734	0.671	1	1.298	1.491	**0.2034**	0.0102
C24	0.612	1.447	0.770	1	0.411	**0.1394**	
C25	3.300	2.688	0.671	2.433	1	**0.3296**	

表 6.8　结果摘要

一级属性	一级局部权重	二级及三级属性	二级及三级局部权重	总权重	总排名
C1	0.5398	C11	0.1647	**0.0889**	6
		C12	0.1092	**0.0589**	10
		C13	0.2134	**0.1152**	4
		C14	0.2315	**0.1250**	3
		C15	0.2812	**0.1518**	1
C2	0.4602	C21	0.1762	**0.0811**	7
		C22	0.1514	**0.0697**	8
		C23	0.2034	**0.0936**	5
		C24	0.1394	**0.0642**	9
		C25	0.3296	**0.1517**	2

6.7　结论

网络安全风险在当前的研究中备受关注。在网络安全领域，各种因素对于确定安全风险至关重要。因此，在众多属性中选择出重要因素对于实现有效的网络安全风险管理至关重要。本章通过对网络安全领域的相关因素和子因素进行详细阐述，提出了直接关联因素和子因素的观点。研究结果表明，在模糊 AHP、环境验证和可信度等因素中存在明显的优先级关系，这些因素具有较高的组织性。为了成功实施模糊 AHP 方法，本章确定了全局权重值。通过对网络安全因素的优先级排序，可以帮助确定网络安全中最重要的因素。此外，该排序对于指导网络工程师在具体实验中充分利用网络安全风险，并采取相应的缓解措施具有重要意义。因此，本研究的结果为网络安全风险管理提供了有价值的参考，为网络安全实践中的决策制定和管理提供了指导。未来的研究可以基于这些结果，进一步探索网络安全风险的相关问题，并提出更加完善和有效的解决方案。

参考文献

Abomhara, M., &Køien, G. M. (2015). Cyber Security and the Internet ofThings: Vulnerabilities, Threats, Intruders and Attacks. *Journal of Cyber Security*, 4, 65 – 88. doi: 10.13052/jcsm2245 – 1439.414 Agrafiotis, I., Nurse, J. R. C., Goldsmith, M., Creese, S., & Upton, D. (2018). A taxonomy of cyber – harms: Defining the impacts of cyber – attacks and understanding how they propagate. *Journal of Cybersecurity*, 4 (1), 1 – 15. doi: 10.1093/cybsec/tyy006

Agrawal, A., Alenezi, M., Pandey, D., Kumar, R., & Khan, R. A. (2019). Usable – Security Assessment through a Decision Making Procedure. *ICIC Express Letters*, 10 (8), 665 – 672.

Agrawal, A., Zarour, M., Alenezi, M., Kumar, R., & Khan, R. A. (2019). Security durability assessment through fuzzy analytic hierarchy process. *Peer J. Computer Science*, 5, 1 – 44. doi: 10.7717/peerj – cs.215 Ahmad, N., & Habib, K. (2010). *Analysis of Network Security Threats and Vulnerabilities by Development & Implementation of a Security Network Monitoring Solution*. Blekinge Institute of Technology.

Aldosari, W., & Taeib, T. E. (2015). Secure Key Establishment for Device – To – Device Communications among Mobile Devices. *International Journal of Engineering Research and Reviews*, 3 (2), 43 – 47.

Alenezi, M., Kumar, R., Agrawal, A., & Khan, R. A. (2019). Usable – security attribute evaluation using fuzzy analytic hierarchy process. *ICIC Express Letter – An International Journal of Research and Survey.*, 13 (6), 1 – 17.

Analoui, M., Mirzaei, A., & Kabiri, P. (2005). Intrusion detection using multivariate analysis of variance algorithm. *Third International Conference on Systems, Signals & Devices SSD*, 3.

Awodele, O., Onuiri, E. E., & Okolie, S. (2012). Vulnerabilities in Network Infrastructures and Prevention/Containment Measures. Informing Science & IT Education Conference (InSITE), 53 – 67.

Bays, L. R., Oliveira, R. R., Barcellos, M. P., Gaspary, L. P., & Madeira, E. R. M. (2015). Virtual network security: Threats, countermeasures, and challenges. *Journal of Internet Services and Applications*, 6 (1), 1 – 19. doi: 10.118613174 – 014 – 0015 – z

Behal, S., & Kumar, K. (2016). Trends in Validation of DDoS Research. *Procedia Computer Science*, 85, 7 – 15. doi: 10.1016/j.procs.2016.05.170

Bennett, K., Rigby, M., &Budgen, D. (2006). Role Based Access Control – a Solution with Its Own Challenges. *IEEE Proceedings – Software*, *153* (1), 1 – 3.

Berner, B. (2011). Seven unforgivable errors in network security. *Binesh Magazine* 53 – 55.

Birge, J. R., Khabazian, A., & Peng, J. (2018). Optimization Modeling and Techniques for Systemic Risk Assessment and Control in Financial Networks. *Tutorials in Operations Research* (*INFORMS*), 64 – 84.

Brenton, C., & Hunt, C. (n. d.). *Mastering Network Security* (2nd ed.). Wiley.

Buckley, J. J. (1985). Fuzzy hierarchical analysis. *Fuzzy Sets and Systems*, *17* (3), 233 – 247. doi: 10. 1016/01650114 (85) 90090 – 9

Canavan, J. E. (2000). *Fundamentals of Network Security*. Artech House Telecommunications Library.

Chandramouli, R. (2001). A framework for multiple authorization types in a healthcare application system. *17th Annual Computer Security Applications Conference*. 10. 1109/ACSAC. 2001. 991530 Chang, C., Wu, C., & Lin, H. (2008). Integrating fuzzy theory and hierarchy concepts to evaluate software

quality. *Springer Software Qual. J.*, *16* (2), 263 – 276. doi: 10. 100711219 – 007 – 9035 – 2

Chang, S. H. (2012). *Fuzzy Multi – Criteria Evaluation and Statistics*. Wunan Books.

Charles, P., &Pfleeger, S. L. (2012). *Analyzing Computer Security: A Threat/Vulnerability/Countermeasure Approach*. Prentice Hall.

Chen, X., Zhao, P., Peng, Y., Liu, B., Li, W., Xie, Y., Chen, X., & Yuan, M. (2018). Risk analysis and optimization for communication transmission link interruption in Smart Grid cyberphysical system. *International Journal of Distributed Sensor Networks*, *14* (2), 1 – 12. doi: 10. 1177/1550147718756035 Cherdantseva, Y., Burnap, P., Blyth, A., Eden, P., Jones, K., Soulsby, H., & Stoddart, K. (2016). Areview of cyber security risk assessment methods for SCADA systems. *Computers & Security*, *56*, 1 – 27. doi: 10. 1016/j. cose. 2015. 09. 009

Chopra, A. (2016). Security Issues of Firewall. *International Journal of P2P Network Trends and Technology*, *6* (1).

Chung, B. D., &Seo, K. K. (2015). A Cloud Service Selection Model Based On Analytic Network Process. *Indian Journal of Science andTechnology*, *8* (18), 1 – 5.

CISCO Systems. (2001). *A beginner's guide to network security*. http: //www. cisco. com/ warp/public/cc/so/neso/sqso/beggu_pl. pdf

Clancy, T. C., Kiyavash, N., & Lin, D. J. (2003). Secure smartcard – based fingerprint authentication. *Proceedings of the ACM SIGMM 2003 Multimedia, Biometrics Methods and Workshop*, 45 – 52. Dark Reading. (2011). *Sony data breach cleanup to cost $171million*. http: // www. darkreading. com/ attacks – and – breaches/sony – data – breach – cleanupto – cost – \ $171 – million/d/d – id/1097898

Daya, B. (2010). *Network Security: History, Importance, and Future*. University of Florida Department of Electrical and Computer Engineering.

Daya, B. (2013). *Network Security: History, Importance, and Future*. University of Florida Department of Electrical and Computer Engineering. http: //web. mit. edu/ ~ bdaya/www/Network% 20 Security. pdf Deng, H. (1999). Multi criteria analysis with fuzzy pair wise comparisons. *International Jour-*

nal of Approximate Reasoning, 21 (3), 215–231. doi: 10.1016/S0888-613X (99) 00025-0

Dinesha, H. A., & Agrawal, V. K. (2012a). Formal Modeling for Multi-Level Authentication in SensorCloud Integration System. *International Journal of Applied Information Systems*, 2 (1), 16–21.

Dinesha, H. A., & Agrawal, V. K. (2012b). Multi-dimensional Password Generation Technique for accessing cloud services. Special Issue on: Cloud Computing and Web Services. *International Journal on Cloud Computing: Services and Architecture*, 2 (3), 31–39.

Dong, L., & Peng, Y. (2012). Network Security and Firewall Technology. *Proceedings of 2010 3rd International Conference on Computer and Electrical Engineering (ICCEE2010no. 2)*.

Elleithy, K. M., Blagovic, D., Cheng, W., &Sideleau, P. (2006). Denial of Service Attack Techniques: Analysis, Implementation and Comparison. *Systemics, Cybernetics and Informatics*, 3 (1), 66–71.

Farrow, R. (n. d.). *Network Security Tools*. http://sageweb.sage.org/pubs/whitepapers/farrow.pdf

Ferraiolo, D. F., Cugini, J. A., & Kuhn, D. R. (1999). *Role-Based Access Control (RBAC): Features and Motivations*. National Institute of Standards and Technology.

Ferraiolo, D. F., Kuhn, D. R., & Chandramouli, R. (2003). *Role-Based Access Control*. Artech House.

Flauzac, O., Nolot, F., Rabat, C., &Steffenel, L. A. (2009). Grid of Security: A New Approach of the Network Security. *Proc. of Int. Conf. on Network and System Security*, NSS'09, 67–72. 10.1109/NSS. 2009. 53 Franco, L., Sahama, T., & Croll, P. (2008). Security Enhanced Linux to Enforce Mandatory Access Control in Health Information Systems. *Australasian Workshop on Health Data and Knowledge Management, the Australian Computer Science Week, Conference in Research and Practice in Information Technology Series*, 327, 27–33.

Goli, D. (2013). Group fuzzy TOPSIS methodology in computer security software selection. *International Journal of Fuzzy Logic Systems*, 3 (2), 29–48. doi: 10.5121/ijfls. 2013. 3203

Gray, D., Allen, J., Cois, C., Connell, A., Ebel, E., Gulley, W., & Wisniewski, B. D. (2015). *Improving federal cyber security governance through data driven decision making and execution*. Technical report – CMU/SEI-2015-TR-011, Software Engineering Institute, Carnegie Mellon University United States.

Hahn, W. J., Seaman, S. L., & Bikel, R. (2012). Making decisions with multiple attributes: A case in sustainability planning. *Graziadio Business Review*, 15 (2), 365–381.

Hamedani, A. R. F. (2010). *Network Security Issues, Tools for Testing*. School of Information Science, Halmstad University.

Hamoud, O. N., Kenaza, T., &Challal, Y. (2017). Security in Device-to-Device communications (D2D): A survey. *IET Networks*, 1–10.

Henricksen, H., Caelli, W., & Croll, P. R. (2007). Securing Grid Data Using Mandatory Access Controls. *Proceedings of the fifth Australasian symposium on ACSW, ACM Intnl. Conf.*, 68, 25–32.

Hu, V. C., Kahn, D. R., & Ferraiolo, D. (2014). *Guide to Attribute Based Access Control (ABAC) Definition and Considerations*. NIST Special Publication 800-162, Nat'l Institute of Standards and Technology.

Hua, J. (2009). The Application of Artificial Neural Networks in Risk Assessment on High – tech Project Investment. *International Conference on Business Intelligence and Financial Engineering*, 17 – 20.

Izaddoost, A., Othman, M., & Rasid, M. F. A. (2007). Accurate ICMP traceback model under DoS/DDoS attack. *Proceedings of the international conference on advanced computing and communications*, (*ADCOM 2007*), 441 – 446.

Karabey, B., & Baykal, N. (2013). Attack Tree Based Information Security Risk Assessment Method Integrating Enterprise Objectives with Vulnerabilities. *The International Arab Journal of Information Technology*, *10* (3), 297 – 304.

Kelly, D., & Smith, C. (2011). *Bayesian Inference for Probabilistic Risk Assessment: A Practitioner's Guidebook*. Springer. doi: 10. 1007/978 – 1 – 84996 – 187 – 5

Khan, M. W., Pandey, D., & Khan, S. A. (2018a). Measuring the Security Testing Attributes through Fuzzy Analytic Network Process: A Design Perspective. *Journal of Advance Research in Dynamical & Control Systems*, *10* (12), 1514 – 1523.

Khan, M. W., Pandey, D., & Khan, S. A. (2018b). Test Plan Specification using Security Attributes: A Design Perspective. *ICIC Express Letters*, *12* (10), 1061 – 1069.

Kizza, J. M. (2005). Computer Network Security. New York: Springer Science + Business Media, Inc.

Kizza, J. M. (2013). Guide to Computer Network Security. Springer.

Koçak, S. A., Alptekin, G. I., &Bener, A. B. (2014). Evaluation of Software Product Quality Attributes and Environmental Attributes using ANP Decision Framework. *3rd International Workshop on Requirements Engineering for Sustainable Systems*. 1 – 8.

Krishnan, K. (2004). *Computer Networks and Computer Security*. North Carolina State University.

Kumar, R., Khan, S. A., & Khan, R. A. (2016). Analytical Network Process for Software Security: A Design Perspective. CSI Transactions on ICT1 – 4.

Kumar, R., Khan, S. A., & Khan, R. A. (2017). Fuzzy Analytic Hierarchy Process for Software Durability: Security Risks Perspective. Advances in Intelligent Systems and Computing (Originally Published with the Title: Advances in Intelligent and Soft Computing), 469 – 478.

Kumar, R., Zarour, M., Alenezi, M., Agrawal, A., & Khan, R. A. (2019). Measuring Security Durability of Software through Fuzzy – Based Decision – Making Process. *International Journal of Computational Intelligence Systems*, *12* (2), 627 – 642. doi: 10. 2991/ijcis. d. 190513. 001

Lious, T. S., & Wang, M. J. J. (1992). Ranking fuzzy numbers with integral value. *Fuzzy Sets and Systems*, *50* (3), 247 – 255. doi: 10. 1016/0165 – 0114 (92) 90223 – Q

Liu, S., & Liu, Y. (2016). Network security risk assessment method based on HMM and attack graph model. *17th IEEE/ACIS, International Conference on Software Engineering, Artificial Intelligence, Networking and Parallel/Distributed Computing (SNPD)*, 1 – 6.

Mahjabin, T., Xiao, Y., Sun, G., & Jiang, W. (2017). A survey of distributed denial – of – service attack, prevention, and mitigation techniques. *International Journal of Distributed Sensor Networks*, *13* (12), 1 – 33. doi: 10. 1177/1550147717741463

Malik, M., & Singh, Y. (2015). A Review: DoS and DDoS Attacks. *International Journal of Computer Science and Mobile Computing*, *4* (6), 260 – 265.

Marin, G. A. (2005). Network security basics. *In Security & Privacy*, *IEEE*, *3* (6), 68 – 72.

McClure, S., Scambray, J., & Kurtz, G. (2009). *Hacking Exposed: Network Security Secrets & Solutions* (6th ed.). TMH.

Meng, S., Wang, P., & Wang, J. (2011). Application of Fuzzy Logic in the Network Security Risk Evaluation. *Advanced Materials Research*, *282* (283), 359 – 362. doi: 10.4028/www.scientific.net/AMR.282 – 283.359 Mikhailov, L. (2003). Deriving priorities from fuzzy pairwise comparison judgments. *Fuzzy Sets and Systems*, *134* (3), 365 – 385. doi: 10.1016/S0165 – 0114 (02) 00383 – 4

Mohammed, O. S., & Taha, D. B. (2016). Conducting multi – class security metrics from enterprise architect class diagram. *International Journal of Computer Science and Information Security*, *14* (4), 56 – 61. Mougouei, D. (2017). PAPS: A scalable framework for prioritization and partial selection of security requirements. *ArXiv*, 1 – 12.

Muñoz – Gonz'alez, L., & Lupu, E. C. (2017). Bayesian Attack Graphs for Security Risk Assessment. *IST – 153 Workshop on Cyber Resilience*, 1 – 5.

Murray, P. (2004). *Network Security*. http://www.pandc.org/peter/presentations/ohio – tech – 2004/Ohiotech – security – handout.pdf

Nitti, M., Stelea, G. A., Popescu, V., & Fadda, M. (2015). When Social Networks Meet D2D Communications: A Survey. *International Journal of Advanced Networking and Applications*, *7* (1), 2576 – 2581. OWASP. (2017). *OWASP Top 10. The Ten Most Critical Web Application Security Risks*. https://www.owasp.org/images/7/72/OWASP Top 102017%28en%29.pdf.pdf

Podio, L., & Jeffrey, S. D. (2002). *Biometric Authentication Technology: From the Movies to Your Desktop. National Institute of Standards and Technology (NIST)*. Information Technology Laboratory.

Prabhakar, S. (2017). Network Security In Digitalization: Attacks And Defence. *International Journal of Research in Computer Applications and Robotics*, *5* (5), 46 – 52.

Punter, A., Coburn, A., & Ralph, D. (2016). *Evolving risk frameworks: modelling resilient business systems as interconnected networks*. Centre for Risk Studies, University of Cambridge. http://cambridgeriskframework.com/page/17

Reid, J., Cheong, I., Henricksen, M., & Smith, J. (2003). A novel use of RBAC to protect privacy in distributed health care information systems. *8th Australasian Conference on Information Security and Privacy*, 403 – 415. 10.1007/3 – 540 – 45067 – X_35

Reid, P. (2003). *Biometrics for Network Security*. Prentice Hall PTR.

Roozbahani, F. S., & Azad, R. (2015). Security Solutions against Computer Networks Threats. *International Journal of Advanced Networking and Applications*, *7* (1), 2576 – 2581.

Saaty, T. L. (1980). *The Analytic Hierarchy Process*. McGraw Hill.

Saaty, T. L. (1996). *Decision Making with Dependence and Feedback the Analytic Network Process*. RWS Publications.

Sailer, R., Jaeger, T., Valdez, E., C'aceres, R., Perez, R., Berger, S., Grifðn, J., & van Doorn, L. (2005). Building a MAC based security architecture for the Xen opensource hypervisor. *Proceedings of the Annual Computer Security Applications Conference*, 1 – 10.

Sekar, R., Gupta, A., Frullo, J., Shanbhag, T., Tiwari, A., Yang, H., & Zhou, S.

(2002). Specificationbased anomaly detection: a new approach for detecting network intrusions. *Proceedings of the 9th ACM conference on Computer and communication security*, 265 – 274.

Sharma, T., & Yadav, R. (2015). Security in Virtual private network. *International Journal of Innovations & Advancement in Computer Science*, *4*, 669 – 675.

Singh, S., &Silakari, S. (2009). A Survey of Cyber Attack Detection Systems. *International Journal of Computer Science and Network Security*, *9* (5), 1 – 10.

Sodiya, A. S., &Onashoga, A. S. (2009). Components – Based Access Control Architecture. *Issues in Informing Science and Information Technology*, *6*, 699 – 706. doi: 10.28945/1090

Soutar, C., Roberge, D., Stojanov, S. A., Gilroy, R., & Kumar, B. V. (1998). Biometric encryption using image processing. *Proceedings of the SPIE – Optical Security and Counterfeit Deterrence Techniques II*, *3314*, 178 – 188.

Stallings, W. (2006). *Cryptography and Network Security* (4th ed.). Prentice Hall.

Stallings, W. (2007). *Network security essentials: applications and standards* (3rd ed.). Prentice Hall.

Stallings, W. (2011). *Network Security Essentials: Applications And Standards.* Pearson Education *Inc.*

Sumathi, M., Sharvani, G. S., & Dinesha, H. A. (2013). Implementation of Multifactor Authentication System for Accessing Cloud Service. *International Journal of Scientific and Research Publications*, *3* (6), 1 – 8.

Tan, W., Yang, M., Feng, Y., & Wei, R. (2009). A security framework for wireless network based on public key infrastructure. *Proc. of Computing, Communication, Control, and Management. CCCM*, *9* (2), 567 – 570.

Viduto, V., Maple, C., Huang, W., & López – Peréz, D. (2012). A novel risk assessment and optimisation model for a multi – objective network security countermeasure selection problem. *Decision Support Systems*, *53* (3), 599 – 610. doi: 10.1016/j.dss.2012.04.001

Wang, Y., Tian, L., & Chen, Z. (2019). Game Analysis of Access Control Based on User Behavior Trust. *Information'19*, 10 (132), 1 – 13.

Wilton, C. (2017). Sony, Cyber Security, and Free Speech. *Preserving the First Amendment in the Modern World*, *7* (1), 1 – 43.

Wu, K., Tong, Z., Li, W., & Ma, G. (2009). Security Model Based on Network Business Security. *Proc. of Int. Conf. on Computer Technology and Development*, *ICCTD '09*, *1*, 577 – 580.

Yan, F., & Yang, J. YLin, C. (2015). Computer Network Security and Technology Research. *Seventh International Conference on Measuring Technology and Mechatronics Automation*, 293 – 296. 10.1109/ICMTMA.2015.77

Zhiyong, L., Zhihua, D., &Peili, Q. (2011). Formal Description of IPSec Security Policy in VPN Networks. *Journal of Hua Zhong University of Science and Technology*, 14 – 16.

第 7 章
软件定义的车辆自组网：一种理论方法

车辆自组网（VANET）和软件定义网络（SDN）是 5G 技术发展下一代智能车载网络和应用的关键因素。近年来，许多研究都聚焦将 SDN 和 VANET 合并，致力于解决各种与体系结构相关的问题，充分发挥软件定义的 VANET 服务和特性的优点。本章主要讨论 SD-VANET 的发展现状和未来研究方向，同时介绍软件定义的车辆自组网络体系结构的理论方法，包括网络基础设施设计、功能、优点和未来一代网络的挑战。

LTE、5G、WiMax 等快速蜂窝网络的发展加快了新网络应用和商业模式的发展。传统 VANET 利用这些前沿技术实现物联网，绘制了未来汽车之间实现车联网（IoV）的愿景。车联网市场潜力巨大，促使研究者开发更广泛的物联网。近年来，人们在性能分析、数据分发、移动性、路由等方面做出了许多努力，但仍然存在许多挑战，如异构网络的处理、不同的 QoS 要求（安全相关服务的低延迟和高可靠性、流式服务的高速连接、带宽消耗）等。

SDN 是一种新兴的数据和控制层分离技术。控制层执行路由协议。数据层执行第二层交换、第三层（IPv4 与 IPv6）交换、MPLS 转发、VRF 转发、QoS 标记、分类、策略、Netflow 流收集、安全访问控制列表等过程。

7.1 简介

近年来，交通安全问题一直备受关注。除了交通安全，制造商们也在致力于开发更多应用方便人们出行。建立一个网络，向车辆传输所有数据，是充分发挥这些道路安全等应用的前提。VANET 具有移动状态下自组网能力，为上述问题提供了解决方案。VANET 中的节点都配备了无线通信系统，同时移动速度很快，每个节点都具有路由和终端系统工作的能力。为确保车辆之间正常通信，所有车辆均配备 OBU，车辆可通过 OBU 直接与其他车辆通信。同时还有设于道路旁的基础设施 RSU 也用于与车辆通信。

为了使这些通信标准化，IEEE 批准了 DSRC/WAVE 协议的 802.11p 标准，以便于高速车辆之间以及路边基础设施和车辆（即 V2X）之间的通信。

IEEE 定义了 1609 系列 WAVE 协议栈的体系结构，并对其服务和接口进行了标准化,适用于车辆环境中的高速、短距离和低延迟无线通信。WAVE 协议栈和标准如图 7.1 所示。

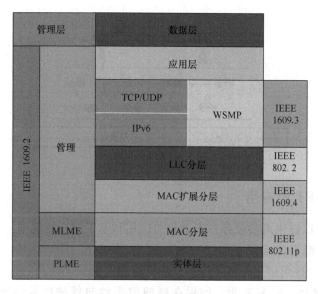

图 7.1 WAVE 协议栈和标准

7.1.1 VANET 的网络架构

VANET 的网络架构分为三类:第一类是纯无线自组网络,车对车通信,不需要任何基础设施的支持;第二类是有线主干网,带有无线跳点,实现无线车载网络通信;第三类是混合结构,即固定基础设施 RSU 之间的通信。

(1) 纯蜂窝/WLAN

与蜂窝网络一样,蜂窝网关或接入点安装在路边或交通路口。当车辆驶入接入点范围时,连接到接入点,因为节点不具备任何网关功能,车辆节点只能通过接入点进行通信。

(2) 纯无线自组网络

该架构与蜂窝网络概念不同,因为移动节点都具有网关功能,车辆通过路边无线单元构成移动自组网。任何移动车辆都可以通过自组网络与其他移动车辆进行通信。

(3) 混合结构

这种网络结构结合了蜂窝和自组网络结构的优点。所有移动车辆都具有网关和网络路由器的功能,通过网关和路由器与自组网络中的车辆通信。同时,RSU 通过蜂窝网络接入互联网,移动车辆也可以借此连入互联网,如图 7.2 所示。

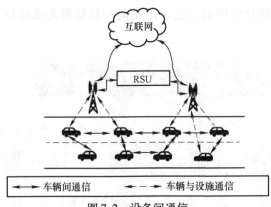

图 7.2 设备间通信

7.1.2 VANET 的应用

VANET 可以提供两类服务：安全相关应用和基于用户的应用。

（1）安全相关应用

这些应用程序可以通过以下途径，提升道路上的安全性。

1）避免碰撞：研究表明，如果在碰撞前半秒向驾驶员发出警告，可以避免 60% 的事故（Raya 和 Hubaux，2007）。如果驾驶员能够及时收到警告信息，可以避免碰撞。

2）信号协同：驾驶员可以接收与交通相关的警告，如弯道速度警告、换道警告等，并做出反应，提升驾驶安全系数。

3）优化交通：通过向车辆发送拥堵、事故等信号，提示驾驶员提前改变路线，提升交通效率。

（2）基于用户的应用

除安全外，VANET 还可用于为用户提供咨询娱乐类服务。

1）车辆间应用：车辆之间共享音乐、电影等服务。

2）互联网连接：VANET 为用户提供稳定的互联网连接，满足用户随时随地入网需求。

3）其他服务：VANET 还可用于支付服务，如支付高速公路费、寻找加油站和餐厅等其他基于用户的应用程序。

7.1.3 VANET 的特性

1）高移动性：VANET 中的节点通常处在高速移动状态，给预测节点位置和保护节点的隐私带来巨大困难。

2）网络拓扑快速变化：节点快速移动，VANET 中的网络拓扑也会有规律地变化。

3）可扩展性：与其他网络相比，VANET 可以覆盖整个城市，不论是稀疏网络还是密集网络，都具有高可扩展性。同时，网络大小不受限制，可以随车辆的增减来扩大或缩小规模。

4）信息交换频繁：VANET 通信分为如下两种类型：V2V 和 V2I。因此，节点之间的信息交换非常频繁。节点可以与车辆通信，也可以与基础设施通信，这些信息可用于路由、数据分发或其他应用。

5）无线通信：VANET 本质上是一个移动自组网，使用无线通信，可能面临衰减、噪声和安全等挑战。

6）时间重要性：VANET 中的大多数应用都与安全相关，数据包传输必须及时。因此，节点也应当及时获取数据并做出反馈。

7）足够能量：VANET 节点没有能量或计算资源问题，所以能够实现复杂的算法，如 RSA、ECDSA 的应用，并提供无限的传输能量。

8）更好的物理保护：VANET 中的节点得到更好的物理保护。

7.1.4 VANET 中的挑战性问题

VANET 具有许多独特的特性和特点，同时也面临许多挑战（Raw，Kumar 和 Singh，2013）。

技术挑战包括网络资源管理、物理通道、协议管理等相关问题。

1）网络管理：VANET 中的节点高速移动，网络拓扑结构和信道状况都在快速变化，而树状类型结构不能像拓扑变化一样快速地设置和维护，不能使用。因此，寻找合适的网络管理机制是一个巨大的挑战。

2）拥塞和冲突控制：无限规模的网络也带来了技术挑战，农村地区的交通负荷很小，都市地区夜间交通负荷也很小。当高峰时段网络负载很高时，往往会发生网络分区，导致网络拥塞和网络冲突。

3）环境影响：VANET 使用电磁波通信，而大气影响其传输。因此，部署 VANET 时应当考虑环境影响。

4）MAC 设计：VANET 通常使用共享介质交互，MAC 设计成为主要的问题。目前有 TDMA、SDMA、CSMA 等多种方式，IEEE 802.11 采用了基于 CSMA 的 VANET MAC。

5）安全性：VANET 所传输的道路安全信息对人的生命安全至关重要，因此必须确保传输内容的安全性，以防恶意篡改消息，误导节点通信。

7.2 软件定义网络

近年来，云计算、大数据、物联网等先进计算对网络产生了较大影响，网络流量需求不断增加。Wi-Fi、4G 和 5G 等传输技术的进步增加了网络上的数据供应。

随着计算和传输技术的发展，网络运营商和用户开始反思传统的网络架构的局限性（Open Networking Foundation，2012）：

1）策略不一致。
2）静态和复杂体系结构。
3）无法扩展。
4）供应商依赖。

SDN 凭借其更强的适应性和可扩展性，可以帮助解决这些问题。SDN 可以通过中央服务器的软件编程路由器和交换机的转发决策来帮助设计、构建和运行大规模网络。SDN 与传统网络不同，能够分离控制层和数据层。

1）数据层：数据层负责转发数据包，与 SDN 控制层交互，支持使用资源控制接口的可编程性。控制器使用 OpenFlow 协议管理交换机，完成通信。数据层还接收来自其他网络或终端系统的传入数据包，再根据 SDN 应用程序定义的规则计算和建立数据转发路径，将数据包转发出去。

2）控制层：提供改变交通模式的解决方案，智能化路线设计。其功能包括最短路径转发、通知管理、安全管理、拓扑管理、统计管理、设备管理等，通过北向 API 与网络应用层通信，通过南向 API 与数据层通信。

3）应用层：包括应用程序，以编程方式向 SDN 控制器传达其需求。它将网络视图抽象化以做出内部决策。

4）南向接口：该接口用于网络基础设施与 SDN 控制器之间的通信。OpenFlow API 用于在控制器和转发设备之间交换消息。

5）北向接口：该接口用于安全应用、网络虚拟化、拓扑管理、网络监控、负载均衡等网络应用之间的通信，目前尚未提出标准协议。

基本 SDN 体系结构如图 7.3 所示。

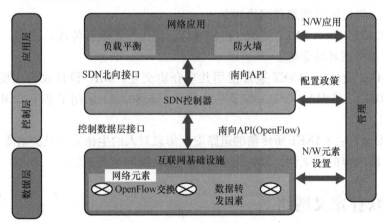

图 7.3 基本 SDN 体系结构

7.2.1 SDN 标准化

许多联盟参与了 SDN 标准化，开放网络基金会（ONF）引入 OpenFlow 协议作为向数据层系统传达控制措施的开放标准，促进 SDN 的应用。

软件定义的网络研究小组（SDNRG）由一个专门研究互联网发展的相关机构——互联网研究工作组（IRTF）创建。该团队从不同的角度研究 SDN，以确定在不久的将来可以定义、实现和使用的方法。

IEEE 以 IEEE 802 设施为基础，通过 P802.1CF 对 SDN 容量进行标准化，旨在将有线和无线系统适配新控制接口。

欧洲电信标准协会（ETSI）成立了新的行业规范组（ISG），致力于网络功能虚拟化（NFV）（Kreutz 等，2015）。图 7.4 展示了 OpenFlow 交换机的一个范例。

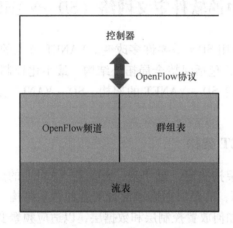

图 7.4　OpenFlow 交换机（Open Networking Foundation，2013）

7.2.2 SDN 中的基本分组流

SDN 的通用流控制中，新数据包到达时会搜索包含所有策略的策略/流表。如果在表中找到规则，则根据规则处理数据包。如果数据包不在表中，交换机也无法处理数据包。表丢失后，数据包存储在节点的缓冲区中，并向控制器发送策略请求消息。通常，策略请求消息包含分组的报头，但是在节点的缓冲区已满的情况下，整个分组被发送到控制器。然后，控制器用新规则回复交换机，交换机更新其策略/流表。

控制器处理流量规则有两种方法：主动方法和反应方法。主动方法中，控制器在启动网络流之前将所有规则发送到交换机；反应方法中，控制器根据需求发送规则。OpenFlow 通常使用反应方法。

7.2.3 SDN 的优势

1）编程简单：因为共享控制平台或网络编程语言，系统编程更加简单。

2）决策一致有效：所有应用程序都可以从相同的网络数据（网络的通用视图）中受益，从而在重用控制层的软件模块的同时实现更一致且更高效的策略选择。

3）简单操作：整个网络都可以启动应用程序，无须设计新功能位置。

4）应用程序易于集成：集成各种应用程序变得更简单（Casado，Foster 和 Guha，2014）。例如，用于负载平衡和路由的应用程序可以顺序组合，在路由策略之前具有用于负载平衡的决策。

7.3 VANET 中的软件定义网络（SD – VANET）

传统的 VANET 应用 SDN 需要许多改变。VANET 节点的移动速度非常快，实现 SDN 面临很多挑战，包括保持全局拓扑结构、最小化控制数据通信的管理开销和拥塞。本节主要讨论 SD – VANET 的架构、SD – VANET 架构研究现状和 SD – VANET 的优势。

7.3.1 SD – VANET 架构

运行方式基本由架构决定，近年来，SDN 与 VANET 的融合成为研究的热点。在 VANET 中使用 SDN，需要根据需求混合两者的体系结构。设计 SD – VANET 体系结构的主要问题是如何放置控制层和数据层，以适应频繁变化的拓扑结构和无流通信。当前主要流行的架构如下（Ku 等，2014）：

（1）集中式架构

集中式架构的 SDN 控制器负责控制 RSU 或节点执行的所有操作。SDN 控制器提供数据包传送指导和处理流量策略的流规则。车对车通信仅使用数据层通信，与控制层位于两个不同的通信通道。数据层使用邻近节点之间数据频繁通信，因此，近距离但高带宽的无线通信（如 Wi – Fi）是更好的选择，而对于控制层通信（其中网络流量通常较少且可与 RSU 通信），则可以使用 LTE/WiMax 等远程无线通信。

优点：

1）控制器具备拓扑相关和更改的所有信息。

2）路径选择简单。

3）适用于稀疏网络。

缺点：

1）由于节点的高移动性，数据层和控制层之间存在拥塞，可能会造成不同类型的延迟。

2）控制层的处理能力需要关注。
3）不适用于密集网络。
（2）分布式架构
这种架构与传统自组织网相似：每个车辆控制每个单独节点的所有行为。RSU 不从控制器获取任何流规则，数据包传递和流量管理由节点本身完成。RSU 的作用类似于常规 VANET，只能与范围内节点通信。节点自身可以通过与附近车辆通信来管理流量规则和数据包交付，不依赖 RSU 控制层或流规则，当流规则不可用时，节点才从自己的表或邻居向 RSU 请求控制信息。

优点：
1）不依赖于单独的控制层。
2）网络是自组织的。

缺点：
1）每个节点必须更新其路由表。
2）每个节点必须选择路径。
3）端到端延迟增加。

（3）混合架构
该体系结构结合了集中式和分布式体系结构的优点。控制器不能完全控制流规则，而是将控制委托给本地代理。SDN 控制器可以通过参数直接指导本地代理应用路由协议。混合架构利用两种类型的通信：SDN 控制器到 RSU 和从 RSU 到车辆。SDN 控制器利用控制层与 RSU 通信。如果节点自身无法处理流量控制请求，则节点可以与 RSU 通信，根据需求交换数据或控制信息。

优点：
1）分配了控制层的责任，减少数据层和控制层之间的拥塞。
2）每个单独的节点都具有控制层和数据层。

缺点：
1）如果控制层丢失，回滚机制必须可用。
2）数据层和控制层的数据包在节点间同时流动，导致网络流量增加。
3）网络吞吐量可能会降低。

（4）分层分布式架构
此架构中央控制面板的负载被降低。控制层职责由 SDN 控制器集群执行。RSU 还有控制层的作用。但是，数据层职责由单个车辆执行。控制层的层次结构具有分布式架构的优点，成为 SD – VANET 中通用的体系结构，设计如图 7.5 所示。

7.3.2 SD – VANET 架构研究现状

有研究人员提出了一种 SD – VANET 的分层分布式架构（Sudheera，Ma 和

Chong，2019），该控制面板分为两层，顶层在互联网上构成，底层在 RSU 层构成。数据层有两种类型的通信信道：LTE（长期评估）连接顶层、DSRC 连接底层和其他数据层。

有研究人员提出了一种 SD – VANET 的集中式架构（抽象模型），使用统一接口实现异构无线设备之间的通信，同时利用网络切片技术提高带宽利用率（Z. He，Cao 和 Liu，2016）。

有研究人员提出了一种 SD – VANET 的分层分布式架构，可以改进连通性丢失的性能，使用聚类技术创建独立的本地 SDN 域（Correia，Boucherche 和 Meneguette，2017）。

模糊计算的分层结构可以改进安全和非安全服务的位置感知和延迟敏感服务（Truong，Lee 和 GhamriDoudane，2015a），它解决了数据流和车道变更辅助服务中的问题。当前已出现了用于特定需求的 SD – VANET 模型（Jaballah，Conti 和 Lal，2019），如图 7.5 所示。

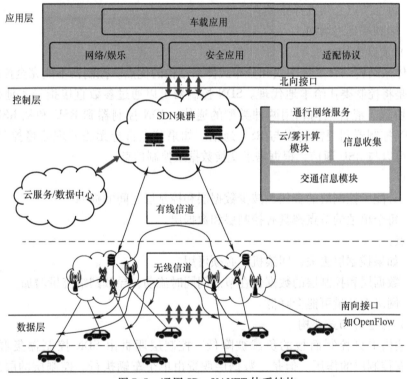

图 7.5　通用 SD – VANET 体系结构

7.3.3　SD – VANET 优势

SD – VANET 具有如下优势：

1）路径选择：SDN 控制面板利用全局拓扑获取最短路径。如果节点需要更大的带宽来传输数据（如视频传播），则可以修改路由以减少拥塞，提升效率。

2）信道选择：使用不同的无线信道可以提高网络利用率，例如可利用 LTE 和 DSRC 实现不同层通信（Sudheera 等，2019）。当使用多个无线接口或认知无线电通信时，SDN 控制器可以更好地决定在什么时候使用哪个信道（Akyildiz，Lee 和 Chowdhury，2009；Khan，2017）。

3）无线接口功率选择：根据控制器感知到的稀疏密集网络，合理调整节点无线接口功率，增加或减少传输范围。如果节点稀疏，则可以向节点发送消息以扩大传输范围，同时增加分组交付。

4）优化资源利用率：SDN 控制器保持网络的全局视图，将逻辑交换机置于物理网络之上。这些交换机充当特定节点的单个交换机。使用网络虚拟化，物理资源可以虚拟地划分为多个逻辑上独立的网络。因此，可根据需求和优先级分配资源，从而优化资源利用率。

5）异构网络集成：OpenFlow 等标准可编程接口使 SD – VANET 能够适应供应商和 OBU 架构的异构性。

7.4　SD – VANET 路由

VANET 与传统的无线网络有很大的不同。VANET 节点高速移动，较为特殊，不能直接利用传统的有线网络路由协议。近年来，研究者们提出了多种路由协议。传统的自组路由协议根据路由信息更新机制分为以下 3 类（Siva Ram Murthy 和 Manoj，2004）。

1）主动或表驱动路由协议：节点周期性地交换整个网络中的路由信息，以维护路由表信息。当节点发送数据包时，仅需要在它维护的路由表上运行适当的路径查找算法，此类路由应用包括 DSDV（Perkins，1994）、无线路由协议（WRP）（Murthy 和 Garcia Luna Aceves，1996）、集群头网关交换路由协议（CGSR）（C. C. Chiang，H. K. Wu 和 W. Liu，1997）、源树自适应路由协议（STAR）（Garcia Luna Aceves 和 Spohn，1999）。

2）反应式或按需路由协议：表驱动路由协议中的节点无论是否发送数据包，都需要维护一个表，同时，每次网络拓扑信息包周期性地使用网络资源。针对这些问题，提出了一种新的路由协议或按需路由协议，不需要维护路由表，节点在需要时查找路径，此类应用包括动态源路由协议（DSR）（Johnson 和 Maltz，1996）、时序路由算法（TORA）（Park 和 Corson，1997）、位置辅助路由协议（LAR）（Ko 和 Vaidya，2000）和基于关联性的路由（ABR）。

3）混合路由协议：混合路由协议结合了表驱动路由和按需路由的优点，当目标节点位于特定距离或特定地理区域内时，节点使用表驱动方法。当目标节点位于区域外时，将采用响应式或按需式。此类应用案例包括 CEDAR（Sivakumar，Sinha 和 Bharghavan，1999）、ZRP（Haas，1997）、ZHLS（Joa Ng，Member，Lu 等，1999）。

然而，基于 SDN 的 VANET 中的路由与传统的 VANET 非常相似，但它需要根据 SDN 的体系结构进行改造。

基于源路由的流实例化（FI）操作，SVDN 分组路由方案将路由问题转化为 ILP 问题，同时提出增量分组分配方案，以解决具有时间复杂度的路由问题（Sudheera 等，2019）。

该框架设计尽可能通过最短路径发送数据包，且足够稳定，同时引入基于源路由的 FI 操作，将路由信息高效传递节点。

基于 SDN 建立的 VANET 消息传播路由框架通过计算全局优化的路由路径来减少路由开销（M. Zhu，Cao，Pang 和 Z. He，2015），同时提出新的度量方法克服 VANET 中动态网络密度的问题。该路由协议自动将多跳转发模型切换为进位转发模型。

基于喷洒式（Spray）和猎物式（Prey）多拷贝路由的新型路由协议：喷洒式过程用于消除过程，猎物式则用于减少数据包传输延迟（Ming Zhu，Cai，Cao 等，2015）。

GeoBroadcast 协议可以适用于 SD – VANET 架构，为了支持警报消息的高效传输和发送到接收区域，Floodlight SDN 控制器被安装了 RSU 位置管理和 GeoBroadcast 组件（Y. C，Liu，Chen 等，2015）。

基于认知无线电软件定义，车载网络路由协议分为注册和路由预测两个阶段（Ghafoor 和 Koo，2018）。注册阶段使用 RSU 作为本地控制器，注册阶段使用主控制器。如果两个节点发现同一个公共空闲信道，则在两个节点之间形成一条链路。因此，基于置信传播算法进行频谱感知以查找共同的空闲频道。

跨层路由方法将车辆的位置和速度以及信道分配和链路持续时间作为衡量标准（You，Cheng，Wang 等，2019）。车辆通过向本地控制器发送消息进行自我登记，本地控制器登记车辆，并将车辆信息发送至全局控制器。路由请求发送到 RSU（本地控制器），RSU 向源节点发送路由应答。目的节点和中间节点信息也通知路由，信息通常只会储存一段时间即被删除，以便计算下一条路由以保持拓扑的动态性。云计算已经应用于全局控制器。

4G 蜂窝技术已经被用于通信，基于生命周期的网络状态，路由协议首先检查源到目标是否有 V2V 路由路径，如果路径存在，则将路线信息连同路线时间的有效性一起发送到车辆（即来源和目的地），否则从可用路线中选择优化路线，并将其与中间节点一起发送到车辆（C. Wang 等，2019）。路由查找由 SDN 控制器执行。

7.5 SD – VANET 中的安全问题

由于无线通信非常容易受到安全漏洞的影响,SD – VANET 安全成为主要关注的问题。SD – VANET 的威胁包括 SDN 和传统 VANET 的威胁。许多提出的 SD – VANET 架构都给予了较低的优先级。在本节中,简要介绍了 SD – VANET 中可能违反完整性、可用性、机密性和身份验证等安全服务的一些安全问题和攻击。Jaballah 等(2019)已经确定了可能在 SD – VANET 中发生的攻击列表。

SD – VANET 中的主要攻击如下:

1)控制层资源耗尽:这是 SDN 结构中最常见的攻击。SDN 的基本流量控制已在前面讨论。在此攻击中,攻击者利用在 SDN 交换机的策略表中找不到新数据包规则的情况进行攻击。为了在交换机中实现表的缺失,恶意节点发送大量恶意数据包。数据包被欺骗,填充随机值,这些值在流/策略表中很难被找到。因此,控制器资源被耗尽,最终显著降低了网络吞吐量。

2)冒充:控制层向数据层发送规则,但这一规则可能来自于冒充为控制器的恶意节点。冒充攻击可能发生在 SD – VANET。在某些情况下,车主使用自己的个人详细信息进行身份验证。攻击者可以轻易得到这些详细信息,并以另一个节点的名义在网络上执行恶意活动。Sybil 攻击是最著名的攻击之一。

3)DDoS 攻击:SD – VANET 架构有三个主要功能层:基础设施层(汽车、RSU)、控制层(RSU 控制器)和应用层。这三个层中的一个或多个层都可能面临潜在的 DDoS 攻击,通过向目标节点发送多个数据包,阻止其通过多个节点访问服务。

4)网络拓扑注入攻击:网络拓扑信息对基于 SDN 的网络非常关键。恶意节点可以在拓扑中注入虚假的链接,例如中间人攻击和黑洞攻击。在黑洞攻击中,恶意节点假装是最合适的节点,通过它可以启动数据包的传输。当通信通过恶意节点开始时,恶意节点将窃听或篡改消息。主机位置劫持攻击是网络污染攻击的另一种形式。在这种类型的攻击中,恶意节点利用主机跟踪服务。恶意节点可以劫持网络服务器位置,欺骗其他合法节点。例如,在停车系统中,恶意节点可以劫持服务器,并发送伪造的消息,或从合法节点中获取重要的安全相关信息,以后进行利用。

5)频段干扰:由于 SD – VANET 使用的是无线网络,强大的发射机可以干扰整个网络,而不会破坏加密机制。利用这种攻击,恶意节点可以阻止合法节点访问关键数据,最终导致整个网络崩溃。但是,RSU 可以通过感知信道轻松检测到此类攻击,并将信息转发给控制器。控制器可以向 RSU 发送坏频道列表,然后进一步转发给传感器。

6)基于应用的攻击:在车辆上运行的应用程序很多,节点可以通过这些应用程序执行诸如换道、车辆加速/减速、交通重定向等任务。在 SD – VANET 中,控制器也可以安装这些应用程序的规则，以引导车辆/节点做出换道决策、流量合并等。控制器收集来自车辆的信息以分析交通状况。恶意节点可以恶意地将错误信息发送到 RSU，从而导致混乱或灾难性时刻。

除了上述主要攻击之外，恶意节点还可以植入一些其他攻击，例如恶意软件注入攻击、篡改、伪造等。

7.6 SD – VANET 新兴技术

当前技术的进步，如云计算和机器学习，可以助力解决 SD – VANET 面临的挑战。新技术的进步，如物联网、5G 等，导致了网络负载的增加。传统的 VANET 无法使用单一无线连接处理重负载流量。因此，异构 VANET 应运而生。在这种类型的 VANET 中，IEEE 802.11p 和蜂窝网络已经集成。许多技术进步正逐步用于处理海量交通数据。

7.6.1 云计算

异构 VANET 面临的主要挑战是及时收集和处理数据，这需要额外服务器来处理分布式区域中的大量数据。云计算可能是合适的解决方案。随着 SD – VANET 的发展，云计算的应用越来越受到人们的关注。

一种新的整体分层架构集成了 SDN 和 Cloud – RAN 与 5G 通信（Ammara Khan，Anjum Khan，Abolhasan 等，2018），为了避免频繁切换，采用了雾计算。另一种架构集成了 SDN 和 RSU 云的灵活性，以应对动态重新配置服务和数据转发信息的问题（Salahuddin，Al – Fuqaha 和 Guizani，2015）。一种新的 VANET 架构 FSDN 融合了 SDN 和雾计算，优化了资源利用率，减少了延迟，同时提供数据流等非安全服务和安全服务（Truong，Lee 和 GhamriDoudane，2015b）。使用支持 SDN 的网络和移动边缘计算（MEC）还可以用来应对高延迟和低可靠性（J. Liu 等，2017），以满足特定应用程序的需求，并保持良好的可扩展性和响应性。

7.6.2 机器学习

近年来，机器学习成为研究者解决模式和接口问题的主要选择。研究人员已经将该技术应用于 VANET 的安全、路由、QoS 等各个领域。

Zhang，Yu 和 Yang（2018）提出了在 SD – VANET 中使用基于信任的深度强化学习。该框架在集中控制的 SDN 中部署了深度 Q 学习算法。SDN 控制器被用作代理。SDN 控制器使用卷积神经网络学习路由路径信任值。信任模型评估邻居节点转发数据包的行为。Tang 等（2019）提出了一种基于移动性预测的集中式路由方案。SDN 控制器采用先进的神经网络技术预测机动性。SDN 从 RSU 或 BS 收集信息，并基于全局信息计算优化的路由路径。Grover，Prajapati，Laxmi 等（2011）提出了一种使用机器学习分类多种不良行为的方法，根据接收信号强度（RSS）、交付的数据包数、丢失的数据包数、节点速度偏差等来分类不良行为。Kim 等（2017）试图提前预测攻击，他们提出了一种与软件定义的车辆网络协同安全攻击检测机制，使用多类支持向量机（SVM）来动态检测各种类型的攻击。

1. 基于 ML 的流量分类

Nakao 和 Du（2018）提出了一种交通分类解决方案。该方法基于数据包大小、目的地地址、协议类型等，使用深度神经网络进行应用感知分类。Amaral 等（2016）提出了一种基于 SDN 中机器学习随机森林模型的流量分类体系结构。该框架基于数据包大小等特征，分析使用 OpenFlow 协议收集的流量数据、数据包时间戳、流持续时间。

Uddin 和 Nadeem（2017）使用 SDN 实现了基于机器学习的策略驱动网络管理。采用决策树、k 近邻学习模型进行分类，设计了 TrafficVision 体系结构，部署实时策略来有效地对网络流量进行分类。Li. Y 和 Li. J（2015）提出了应用层分类的解决方案。将深度包检测等传统方法与最大似然法相结合，实现了分类速度快、准确率高的特点。Xiao, Qu, Qi 等（2015）提出了网络链路上超大流量的解决方案，即大象流，该方案采用决策树方法作为学习模型，他们认为该方案具有较高的检测率和较低的开销。Qazi 等（2013）对 SDN 数据采用众包方法。众包是一种从网络中较不特定、较公开的群体收集数据的方法。该方法采用集中式 SDN 和机器学习的决策树模型，将前 40 个应用程序视为数据集。P. Wang, Lin 和 Luo（2016）提出了一种 SDN 的 QoS 流量分类框架，该框架基于 QoS 需求对网络流量进行分类，而不是识别具体应用。该框架采用半监督学习和数据包检测相结合的方法。

2. 基于 ML 的路由优化解决方案

Yanjun Li，Li 和 Yoshie（2014）针对动态路由问题的复杂性，提出了一种基于监督学习的神经网络框架。该框架构建了基于元层的多个 ML 模块，能够在合理的时间内提供类似启发式的结果。

Azzouni 和 Pujolle（2018）提出了基于网络流量矩阵的框架。网络流量矩阵是一个二维矩阵，它保存了从源节点 i 到节点 j 的流量信息，是网络管理的基础。该模型采用长短时记忆递归神经网络（LSTM RNN），是递归神经网络结构的一种变体，广泛应用于深度学习领域。该模型根据收集到的网络流量数据预测未来的网络流量。

Sendra，Rego，Lloret 等（2017）提出了一种分布式路由模型。该模型采用强化学习和带 SDN 的 OSPF 路由协议，能够避免高丢包率的路由，提供更好的 QoS。

Budhraja 等（2017）提出了一个基于风险的隐私和法规遵从性保护路由模型。该模型采用 k 均值聚类方法，根据风险等级对数据包进行分类。利用蚁群算法进行实时决策。元数据和时间戳用作风险参数。SDN 控制器采用 k 均值聚类对数据包进行处理和分类，并进行实时决策。

Lin，Akyildiz，Wang 等（2016）提出了一种使用多层分层 SDN 的 QoS 感知路由模型。该算法使用强化学习，其奖励函数基于 QoS。利用马尔可夫决策过程对强化学习进行建模，分层放置两个控制器：超级控制器和域控制器。当数据包到来时，分析该数据包是否属于同一子网。如果数据包在同一子网中，则两个控制器都执行强化学习方法，否则只有域控制器执行学习。

3. 使用 ML 的资源管理解决方案

Y. He，Yu，Zhao 等（2017）提出了一个网络资源缓存、网络和计算联合优化的模型，同时提出了一种深度强化学习方法。在该模型中，移动虚拟网络运营商管理基站、MEC 服务器和缓存内容，并从所有这些资源中获取状态信息。采集数据后，发送给代理、深度 Q 网络，得到车辆资源配置的响应。

Cai，Gao，Cheng 等（2016）提出了一种使用 SDN 的频谱分配机制。该模型使用博弈论来分配频谱，即 LTE – U 和 Wi – Fi。控制器根据数据集构建决策树，并找到对手的网络状态。为了最大化资源利用，进行了重复博弈。

M. He，Kalmbach，Blenk 等（2017）使用神经网络、逻辑回归和决策树，以控制器配置为例，对网络优化进行建模。

Haw，Alam 和 Hong（2014）提出了一种使用 SDN 和 CCN 进行内容交付的方案。该模型利用强化学习算法，假设有两个网络接口——LTE 和 Wi – Fi，供用户选择。同时假设有两种类型的内容：非内容服务，如短信、电子邮件等，以及内容服务，如视频流、大文件等。服务信息由 SDN 代理收集，再由学习引擎进一步利用。

7.7　SD – VANET 的挑战

SD – VANET 面临许多挑战，主要是由于网络拓扑结构的高度动态性。这些挑战包括传统 VANET 的挑战、SDN 的挑战和其他技术的挑战，这些技术可以与 SD – VANET 集成。除前面讨论的内容外，SD – VANET 还面临如下挑战：

1）网络拓扑动态变化：VANET 中节点的速度非常快，网络拓扑经常发生变化。这对于 SDN 控制层来说是一个巨大的挑战，因为它需要保持对整个网络的全局视图。这可能会导致发送命令到节点的延迟。通过一些技术，如雾计算和车辆未来方向预测，可以处理 VANET 中高动态性的问题。

2）流量规则和策略的分发：数据层接收来自控制器的流量规则，并据此维护转发表。由于网络的快速变化，流规则的发送变得困难。控制器太忙，无法处理所有请求。然而，控制器可以通过向 RSU 发送通用的流规则和策略来卸载其任务，以减少控制器的负载。

3）安全和隐私：在 SD – VANET 中，控制器管理所有网络资源，因此，保护控制器免受不同的网络攻击（如 DoS 和 DDoS 攻击）非常重要，这些攻击会导致网络瘫痪。另外，还需要研究流规则是来自真实的控制器还是有人模仿它，由于缺乏可信设置，位置隐私和位置验证也是一个很大的挑战。

4）异构网络互通：未来车辆的多样性会增加，网络的异构性也会增加。例如，不同的车辆可以使用不同的信道和频率进行通信。SD – VANET 缺乏标准化，因此将异构性纳入 SD – VANET 是一个巨大的挑战。

5）网络和计算基础设施管理：SD – VANET 很大程度上依赖于控制层的转发策略。因此，服务器部署及其互连性将影响提供服务的质量。

6）消息区分：VANET 通常处理两种类型的消息，即时间关键型消息（如安全相关消息）和非时间关键型消息。尤其是在基于云的实现中，区分这两种需要处理的消息是一个大问题。

7）不同技术的不当行为：5G、云计算、信息中心网络（ICN）等技术的进步及其与 VANET 的集成会增加 SD – VANET 的漏洞，VANET 可能会继承先进技术的漏洞。

8）可扩展性：可扩展性也是传统 VANET 面临的问题。SD – VANET 的重点在于了解网络动态增长和收缩时的具体表现。

7.8 结论

传统网络复杂且难以处理。一个显而易见的原因是控制层和数据层的封装，而且它们是供应商特定的。另一个原因是传统网络设备与产品和版本紧密耦合。软件定义网络已经成为计算机网络中应对传统网络困难的有希望的技术。然而，最初它只局限于有线网络，但是 SDN 在无线网络中的使用更加吸引研究人员。在 VANET 中实现 SDN 变得更加有趣。本章概述了 SDN 及其在 VANET 中的应用。首先研究 VANET，讨论其特点、挑战和应用，接下来讨论 SDN 及其应用和挑战，以及带有架构细节和实现复杂性的 SD – VANET。本章还讨论了不同的 SDN 架构以及路由策略。安全是传统 VANET 中的一个主要问题，因此，本章还讨论了安全问题。结合当前技术进步与 SD – VANET 的集成，还讨论了利用当前技术进步，如云计算和机器学习，来解决 SD – VANET 面临的挑战。本章旨在提供有关 SD – VANET 问题和挑战的重要信息。

参考文献

Akyildiz, I. F., Lee, W. Y., & Chowdhury, K. R. (2009). CRAHNs: Cognitive radio ad hoc networks. *Ad Hoc Networks*, 7 (5), 810 – 836. doi: 10.1016/j. adhoc. 2009.01.001

Amaral, P., Dinis, J., Pinto, P., Bernardo, L., Tavares, J., & Mamede, H. S. (2016). Machine learning in software defined networks: Data collection and traffic classification. *Proceedings – International Conference on Network Protocols*, *ICNP*. 10.1109/ICNP.2016.7785327

Azzouni, A., &Pujolle, G. (2018). NeuTM: A neural network – based framework for traffic matrix prediction in SDN. In *IEEE/IFIP Network Operations and Management Symposium: Cognitive Management in a Cyber World*, *NOMS 2018* (pp.1 – 5). Institute of Electrical and Electronics Engineers Inc. 10.1109/NOMS.2018.8406199

Ben Jaballah, W., Conti, M., & Lal, C. (2019). *A Survey on Software – Defined VANETs: Benefits, Challenges, and Future Directions*. Retrieved from https://arxiv.org/abs/1904.04577

Budhraja, K. K., Malvankar, A., Bahrami, M., Kundu, C., Kundu, A., & Singhal, M. (2017). Risk – Based Packet Routing for Privacy and Compliance – Preserving SDN. In *IEEE International Conference on Cloud Computing*, *CLOUD* (pp.761 – 765). 10.1109/CLOUD.2017.109

Cai, F., Gao, Y., Cheng, L., Sang, L., & Yang, D. (2016). Spectrum sharing for LTE and WiFi coexistence using decision tree and game theory. *IEEE Wireless Communications and Networking Conference*, *WCNC*. 10.1109/WCNC.2016.7565015

Casado, M., Foster, V. N., & Guha, A. (2014). Abstractions for Software – Defined Networks. *Communications of the ACM*, *57* (10), 86 – 95. doi: 10.1145/2661061.2661063

Chiang, C. C., Wu, H. K., & Liu, W. (1997). Routing in Clustered MultiHop Mobile Wireless Networks with Fading Channel. *Proceedings of IEEE SICON*, 197 – 211.

Correia, S., Boukerche, A., &Meneguette, R. I. (2017). An architecture for hierarchical software – defined vehicular networks. *IEEE Communications Magazine*, *55* (7), 80 – 86. doi: 10.1109/MCOM.2017.1601105 Dube, R., Rais, C. D., Wang, K. – Y., & Tripathi, S. K. (1996). *Signal Stability based Adaptive Routing (SSA) for Ad – Hoc Mobile Networks*. Academic Press.

Garcia – Luna – Aceves, J. J., & Spohn, M. (n.d.). *Source – Tree Routing in Wireless Networks £*. Academic Press.

Ghafoor, H., & Koo, I. (2018). CR – SDVN: A Cognitive Routing Protocol for Software – Defined Vehicular Networks. *IEEE Sensors Journal*, *18* (4), 1761 – 1772. doi: 10.1109/JSEN.2017.2788014

Grover, J., Prajapati, N. K., Laxmi, V., & Gaur, M. S. (2011). Machine learning approach for multiple misbehavior detection in VANET. In *Communications in Computer and Information Science* (Vol. 192, pp. 644 – 653). CCIS. doi: 10.1007/978 – 3 – 642 – 22720 – 2_68

Haas, Z. J. (n.d.). *A new routing protocol for the reconfigurable wireless networks*. Retrieved from http://www.ee.cornell.edu/~haas/wnl.html

Haw, R., Alam, M. G. R., & Hong, C. S. (2014). A context – aware content delivery framework for QoS in mobile cloud. In *APNOMS 2014 – 16th Asia – Pacific Network Operations and Management Symposium* (pp.1 – 6). 10.1109/APNOMS.2014.6996607

He, M., Kalmbach, P., Blenk, A., Kellerer, W., & Schmid, S. (2017). Algorithm – data driven optimization of adaptive communication networks. In *Proceedings – International Conference on Network Protocols*, *ICNP* (pp.1 – 6). 10.1109/ICNP.2017.8117592

He, Y., Yu, F. R., Zhao, N., Yin, H., &Boukerche, A. (2017). Deep reinforcement learning (DRL) – based resource management in software – defined and virtualized vehicular ad hoc networks.

In *DIVANet 2017 – Proceedings of the 6th ACM Symposium on Development and Analysis of Intelligent Vehicular Networks and Applications*, Co-located with MSWiM 2017 (Vol. 17, pp. 47–54). 10.1145/3132340.3132355

He, Z., Cao, J., & Liu, X. (2016). SDVN: Enabling rapid network innovation for heterogeneous vehicular communication. *IEEE Network*, *30*(4), 10–15. doi: 10.1109/MNET.2016.7513858

Joa-Ng, M., Member, S., Lu, I.-T., & Member, S. (1999). A Peer-to-Peer Zone-Based Two-Level Link State Routing for Mobile Ad Hoc Networks. *IEEE Journal on Selected Areas in Communications*, *17*(8), 1415–1425. doi: 10.1109/49.779923

Johnson, D. B., & Maltz, D. A. (n. d.). Dynamic Source Routing in Ad Hoc Wireless Networks. In *Mobile Computing* (pp. 153–181). Springer US. doi: 10.1007/978-0-585-29603-6_5

Khan, A., Khan, A. A., Abolhasan, M., & Ni, W. (2018). *5G Next generation VANETs using SDN and Fog Computing Framework*. Retrieved from https://www.researchgate.net/publication/323570830

Khan, A. A. (n. d.). *Cognitive-radio-based internet of things: Applications, architectures, spectrum related functionalities, and future research directions*. Retrieved from https://ieeexplore.ieee.org/abstract/document/7955907/

Kim, M., Jang, I., Choo, S., Koo, J., & Pack, S. (2017). Collaborative security attack detection in softwaredefined vehicular networks. In *19th Asia-Pacific Network Operations and Management Symposium: Managing a World of Things, APNOMS 2017* (pp. 19–24). 10.1109/APNOMS.2017.8094172

Ko, Y. B., & Vaidya, N. H. (2000). Location-aided routing (LAR) in mobile ad hoc networks. *Wireless Networks*, *6*(4), 307–321. doi: 10.1023/A:1019106118419

Kreutz, D., Ramos, F. M. V., Verissimo, P. E., Rothenberg, C. E., Azodolmolky, S., & Uhlig, S. (2015). Software-defined networking: A comprehensive survey. *Proceedings of the IEEE*, *103*(1), 14–76. doi: 10.1109/JPROC.2014.2371999

Li, Y., Li, X., & Yoshie, O. (2014). Traffic engineering framework with machine learning based meta-layer in software-defined networks. In *Proceedings of 2014 4th IEEE International Conference on Network Infrastructure and Digital Content, IEEE IC-NIDC 2014* (pp. 121–125). 10.1109/ICNIDC.2014.7000278

Li, Y., & Li, J. (2015). MultiClassifier: A combination of DPI and ML for application-layer classification in SDN. In *2014 2nd International Conference on Systems and Informatics, ICSAI 2014* (pp. 682–686). doi: 10.1109/ICSAI.2014.7009372

Lin, S. C., Akyildiz, I. F., Wang, P., & Luo, M. (2016). QoS-aware adaptive routing in multi-layer hierarchical software defined networks: A reinforcement learning approach. In *Proceedings - 2016 IEEE International Conference on Services Computing, SCC 2016* (pp. 25–33). 10.1109/SCC.2016.12

Liu, J., Wan, J., Zeng, B., Wang, Q., Song, H., & Qiu, M. (2017). A scalable and quick-response software defined vehicular network assisted by mobile edge computing. *IEEE Communications Magazine*, *55*(7), 94–100. doi: 10.1109/MCOM.2017.1601150

Liu, Y. C., Chen, C., & Chakraborty, S. (2015). A Software Defined Network architecture for GeoBroadcast in VANETs. *IEEE International Conference on Communications*, 6559–6564. 10.1109/ICC.2015.7249370

Marina, M. K., & Das, S. R. (2006). Ad hoc on-demand multipath distance vector routing. *Wireless Communications and Mobile Computing, 6 (7), 969 – 988. doi: 10. 1002/wcm. 432

Murthy, S., & Garcia – Luna – Aceves, J. J. (1996). An efficient routing protocol for wireless networks. *Mobile Networks and Applications*, *1* (2), 183 – 197. doi: 10. 007/BF01193336

Nakao, A., & Du, P. (2018). Toward in – network deep machine learning for identifying mobile applications and enabling application specific network slicing. *IEICE Transactions on Communications*, *E101B* (7), 1536 – 1543. doi: 10. 1587/transcom. 2017CQI0002

Open Networking Foundation. (2012). Software – Defined Networking : The New Norm for Networks. *ONF White Paper*, *2*, 2 – 6. Retrieved from https://www. opennetworking. org/images/stories/downloads/ sdn – resources/white – papers/wp – sdn – newnorm. pdf

Open Networking Foundation. (2013). OpenFlow 1. 4 Specifications. *Onf*, *0*, 1 – 36. doi: 10. 1002/2014GB005021 Park, V. D., & Corson, M. S. (1997). *A Highly Adaptive Distributed Routing Algorithm for Mobile Wireless Networks*. Copyright. doi: 10. 1109/INFCOM. 1997. 631180

Perkins, C. E. (n. d.). *Highly Dynamic Destination – Sequenced Distance – Vector Routing (DSDV) for Mobile Computers*. Academic Press.

Qazi, Z. A., Lee, J., Jin, T., Bellala, G., Arndt, M., &Noubir, G. (2013). Application – awareness in SDN. Computer Communication Review, 43, 487 – 488. doi: 10. 1145/2486001. 2491700

Raw, R. S., Kumar, M., & Singh, N. (2013). Security challenges, issues and their solutions for VANET. *International Journal of Network Security & Its Applications*, *5* (5). Advance online publication. doi: 10. 5121/ijnsa. 2013. 5508

Raya, M., &Hubaux, J. – P. (2007). Securing vehicular ad hoc networks. *Journal of Computer Security*, *15* (1), 39 – 68. doi: 10. 3233/JCS – 2007 – 15103

Salahuddin, M. A., Al – Fuqaha, A., &Guizani, M. (2015). Software – Defined Networking for RSU Clouds in Support of the Internet of Vehicles. *IEEE Internet of Things Journal*, *2* (2), 133 – 144. doi: 10. 1109/ JIOT. 2014. 2368356

Sendra, S., Rego, A., Lloret, J., Jimenez, J. M., & Romero, O. (2017). Including artificial intelligence in a routing protocol using Software Defined Networks. In *2017 IEEE International Conference on Communications Workshops*, *ICC Workshops 2017* (pp. 670 – 674). 10. 1109/ICCW. 2017. 7962735

Siva Ram Murthy, C., & Manoj, B. S. (n. d.). *Ad Hoc Wireless Networks Architectures and Protocols C*. Siva Ram Murthy B. S. Manoj.

Sivakumar, R., Sinha, P., &Bharghavan, V. (1999). CEDAR: A Core – Extraction Distributed Ad Hoc Routing Algorithm. *IEEE Journal on Selected Areas in Communications*, *17* (8), 1454 – 1465. doi: 10. 1109/49. 779926

Su, W., & Gerla, M. (n. d.). IPv6 Flow Handoff In Ad Hoc Wireless Networks Using Mobility Prediction.
In *Seamless Interconnection for Universal Services. Global Telecommunications Conference. GLOBECOM' 99. (Cat. No. 99CH37042)* (pp. 271 – 275). Academic Press.

Sudheera, K. L. K., Ma, M., & Chong, P. H. J. (2019). Link Stability Based Optimized Routing Framework for Software Defined Vehicular Networks. *IEEE Transactions on Vehicular Technology*, *68* (3), 2934 – 2945. doi: 10. 1109/TVT. 2019. 2895274

Tang, Y., Cheng, N., Wu, W., Wang, M., Dai, Y., & Shen, X. (2019). Delay – Minimization Routing for Heterogeneous VANETs with Machine Learning Based Mobility Prediction. *IEEE Transactions on Vehicular Technology*, 68 (4), 3967 – 3979. doi: 10. 1109/TVT. 2019. 2899627

Toh, C. K. (1997). Associativity – Based Routing for Ad – Hoc Mobile Networks. *Wireless Personal Communications*, 4 (2), 103 – 139. doi: 10. 1023/A: 1008812928561

Truong, N. B., Lee, G. M., &Ghamri – Doudane, Y. (2015a). Software defined networking – based vehicular Adhoc Network with Fog Computing. *Proceedings of the 2015 IFIP/IEEE International Symposium on Integrated Network Management*, IM 2015, 1202 – 1207. 10. 1109/INM. 2015. 7140467

Truong, N. B., Lee, G. M., &Ghamri – Doudane, Y. (2015b). Software defined networking – based vehicular

Adhoc Network with Fog Computing. *Proceedings of the 2015 IFIP/IEEE International Symposium on Integrated Network Management*, IM 2015, 1202 – 1207. 10. 1109/INM. 2015. 7140467

Uddin, M., & Nadeem, T. (2017). Traffic Vision: A Case for Pushing Software Defined Networks to Wireless Edges. In *Proceedings – 2016 IEEE 13th International Conference on Mobile Ad Hoc and Sensor Systems*, MASS 2016 (pp. 37 – 46). 10. 1109/MASS. 2016. 016

Wang, C., Ma, X., Jiang, W., Zhao, L., Lin, N., & Shi, J. (2019). IMCR: Influence maximisation – based cluster routing algorithm for SDVN. In *Proceedings – 21st IEEE International Conference on High Performance Computing and Communications, 17th IEEE International Conference on Smart City and 5th IEEE International Conference on Data Science and Systems*, HPCC/SmartCity/DSS 2019 (pp. 2580 – 2586). 10. 1109/HPCC/SmartCity/DSS. 2019. 00361

Wang, P., Lin, S. C., & Luo, M. (2016). A framework for QoS – aware traffic classification using semisupervised machine learning in SDNs. In *Proceedings – 2016 IEEE International Conference on Services Computing*, SCC 2016 (pp. 760 – 765). 10. 1109/SCC. 2016. 133

Xiao, P., Qu, W., Qi, H., Xu, Y., & Li, Z. (2015). An efficient elephant flow detection with cost – sensitive in SDN. In *Proceedings of the 2015 1st International Conference on Industrial Networks and Intelligent Systems*, INISCom 2015 (pp. 24 – 28). 10. 4108/icst. iniscom. 2015. 258274

You, Z., Cheng, G., Wang, Y., Chen, P., & Chen, S. (2019). Cross – layer and SDN Based routing scheme for P2P communication in vehicular Ad – hoc networks. *Applied Sciences (Switzerland)*, 9 (22), 4734. doi: 10. 3390/app9224734

Zhang, D., Yu, F. R., & Yang, R. (2018). A Machine Learning Approach for Software – Defined Vehicular

Ad Hoc Networks with Trust Management. *2018 IEEE Global Communications Conference*, GLOBECOM 2018 – Proceedings. 10. 1109/GLOCOM. 2018. 8647426

Zhu, M., Cai, Z., Cao, J., & Xu, M. (2015). Efficient multiple – copy routing in software. *Proc. Int. Conf. Inf. Commun. Technol.*, 1 – 6.

Zhu, M., Cao, J., Pang, D., & He, Z. (2015). SDN – Based Routing for Efficient Message Propagation in VANET Min. *Proc. 10th Int. Conf. Wireless Algorithms*, Syst. Appl., 788 – 797. doi: 10. 1007/978 – 3319 – 21837 – 3

第 8 章
利用车辆传感器网络进行车辆监控和监测

车辆网络具有广阔的发展前景,其中包括将人工神经网络与无线传感器网络相结合。在现有的通信网络和互联网之后,该网络以更高的数据传输能力和感知能力为特征,展现出更高的可操作性和智能性。无线传感器网络可被简要定义为一种由无线设备组成的网络,利用传感器监测和记录环境物理状态,并将收集的数据在中央服务器进行整理。无线传感器网络可测量环境条件,如温度、声音、污染水平、湿度、风速和风向以及压力等。因此,无线传感器网络广泛应用于满足环境感知应用的基本需求,例如精准农业、车辆监测和视频监控等领域。

8.1 简介

车辆传感器网络是新一代数字技术社会迫切需要的新技术。由于物联网是一个非常广泛的技术领域,可以将整个物质世界与数字世界联系起来,以便对物质生产和服务管理的设施进行有效的开发和集成。车辆传感器网络技术也属于物联网,是一种重要应用,具有多样而广泛的应用领域,例如公共安全、环境保护、城市管理、智能工业、商业服务、现代农业、建筑和基础设施等。物联网构建了一个高水平的全球信息系统,由数以百万计的可识别、可感知和可处理的物体组成,这些物体基于标准和互操作的通信协议。通过云计算技术、宽带车载通信和物联网,可以轻松实现管理和决策控制。物联网中的各种技术还能够在无人干预的情况下相互协作和管理。从全球的角度来看,物联网可作为一个全球基础设施,提供由物理世界和虚拟世界相互连接所实现的先进服务。这种连接基于现有和不断发展的信息和通信技术,并具备互操作性。物联网被定义为一个设备网络,通过安全的服务层直接相互连接,实现关键数据的共享和捕获,并连接到中央命令和控制服务器。

无线传感器网络在我们的日常生活中正在产生重大影响。在多个领域中,它们展示了广泛的应用,并涵盖了诸如医疗保健、辅助和改善生活场景、工业和生产监控、控制网络等多个相关领域。在不久的将来,无线传感器网络将与车辆传感器网络集成为物联网的一部分,助力社会发展和环保。传感器节点与互联网之间存在着动态连接,并进一步协同完成任务。当无线传感器网络与互联网集成时,应仔细研究和分析其集成的问题。评估无线传感器网络与车辆互联网集成的方法很多,并提供了各种智能应用（Oniga 等，2014）。

车辆检测和跟踪应用在民用和军事应用中起着重要作用，如高速公路交通监控、管理和城市交通规划。道路上的车辆检测过程可用于车辆跟踪、计算每辆车的平均速度、交通分析和车辆分级等目的，并可适应各种环境变化。本章介绍了包括开发交通监控系统在内的无线传感器网络应用。

8.2 车辆监测中的无线传感器网络：文献综述

无线传感器网络是一种复杂的系统，可用于监测军事、海洋或野生动物等领域（G. Padmavathi 等，2010）。无线传感器网络的大规模监控和监测可以应用于提供增强的安全措施和创新的交通控制技术。创新的路由系统利用无线传感器网络，在所有通信汽车中安装传感器节点，并在道路上的适当位置安装传感器节点，与中央监控站进行通信。

安装在车辆中的传感器模块充当网络中的节点，协助将数据发送或接收到中央监控站。它们可以有效地控制交通，直接向交警部门报告超速情况，或立即通知医疗部门以减少人员伤亡。传感器节点通过先进的芯片嵌入数据融合和神经网络技术（以前称为先进人工智能技术）如 CSM，可以轻松检测特定车辆的超速情况以及相邻车辆的超速情况，并显示车距。

8.2.1 传感器科技

现代社会的发展有赖于无线传感器网络，例如娱乐、智能科技教育、模拟体验和快速通信等方面，因此对 IoT 的需求不断增加，这些技术借助不同类型的嵌入式传感器芯片得以实现（L. Atzori 等，2010；Vermesan, O 等，2012）。

不同类型的传感器可用于不同的目的和应用，例如：
1）速度传感器、超声波和夜视传感器、摄像头传感器、雷达传感器等，主要用于安全和保护目的。
2）温度传感器、气囊传感器、气体成分传感器等，用于实时诊断事件。
3）接近传感器、雷达和激光传感器、摄像头和超声波传感器等，用于交通状况监测。
4）湿度传感器、转矩传感器、图像传感器、雨量传感器、防雾传感器和距离传感器等，用于各种应用的辅助。

8.2.2 车辆传感器

不同类型的传感器（图 8.1）帮助汽车行业解决了许多问题，包括：
1）道路拥堵信息和车辆停车位。
2）预测出行和通勤时间。

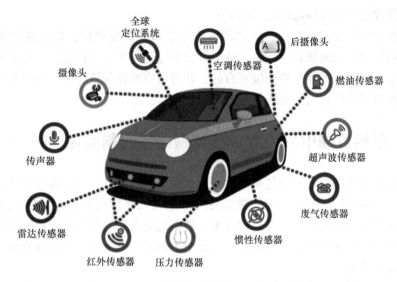

图 8.1　不同类型的传感器（Juan Guerrero Iz 等，2018）

3）收集特定汽车的二氧化碳排放水平和污染信息。

4）改善车辆性能和提升驾驶体验，减少事故产生。

8.3　车辆无线技术的数据聚合和融合

本章介绍利用无线传感器网络进行道路监控的方法：在道路上部署多个传感器，以捕捉交通流量、速度和道路环境。每个无线传感器网络簇集都配备基于视频的监控系统，该系统生成的信息可以与天气条件无关地进行独立处理，以清晰地描述道路状况。

因此，需要将视频监控信息与其他传感器测量的参数进行集成，例如用于交通检测的功率传感器。在该领域使用无线传感器网络的好处众多。无线传感器网络能够自动连续监测和评估路径/道路的情况。

1）无线传感器网络能够在恶劣天气条件下工作，如夜间、雾天或空气中存在污染物或火山灰的情况。

2）无线传感器网络具有低成本和低功耗的特点。

3）无线传感器网络允许将视频监控与磁力或电力传感器进行整合。通过这种方式，可以获取完整且集成的信息（视频图像和交通流量信息）。

4）无线传感器网络可以根据道路边缘传感器的实际需求和报告来动态调整网络拓扑结构。

5）如有需求，可以增加控制特定区域的摄像头数量，以获得更详细的信息。然而，这可能会增加网络的负载，但该方法可以有效管理。

在恶劣的环境条件下，道路交通监测涉及大量设备的协同运行，以确保对车辆交通状况准确分析。本章通过介绍智能数据聚合与融合技术在车辆监测中的应用，消除重复信息，提升准确性并进行快速处理，以在特定路段的整个车辆监测过程中实现精确的图像/视频比对，同时在排队或交通拥堵时激活机制以检测交通情况，如图 8.2 所示。

图 8.2　通过数据聚合获得的车辆信息

8.3.1　车辆传感器网络中的数据聚合

1）相邻传感器产生的数据高度相关，冗余度高。

2）大型传感器网络中产生的数据量超过基站处理能力。

数据聚合旨在从传感器收集最重要的数据，并提供节能的同步，方案可分为 4 类：

1）基于树的方案。

2）基于集群的方案。

3）基于链的方案。

4）基于扇区的方案。

VANET 是构建高效、安全、信息丰富和娱乐性交通系统的基础技术之一。在当今社会，人们基本离不开汽车，为了让人们在车上的时间更高效、更愉悦、更安全、更环保和更经济，基于无线 VANET 的智能车辆得以发展，通过可靠的重要事件交换来保证高度安全性。云计算可以提供更好的通信、可访问性，并减少传输错误的发生。此外，通过减少拥堵、环境噪声和污染，提高驾驶时间的可预测性，从而实现更高的效率。车辆传感器网络可以与互联网连接，提供可下载和社交网络文件，以提供更安全、更愉悦的旅行体验。VANET 使用两种类型的消息：信标消息和安全消息。

车辆可以通过基于云的无线传感器网络利用物联网定期进行传输，以每 100ms 的时间间隔向邻近和附近的车辆提供精确的位置和状态信息，包括车辆速度、车辆位置以及其伪 ID。这些信息被发送到邻近车辆，被称为信标消息。

车辆接收到的安全通知通过伪 ID 帮助车辆在道路上提供紧急信息，以采取适当的措施来防止事故并保护人们避免危险情况。当遇到道路事件时，它们向邻近车辆、附近警察局、附近医院甚至附近的车辆服务中心发送 WAV 短消息（WSM），这项技术也因蓝牙技术而变得流行。

消息有效载荷包含车辆状态、消息发送时间、车辆位置以及附近道路上的事件等信息。每辆车都会收集与其通信范围内的邻近车辆相关的信息。X. Lin 等（2007）和 H. Sarvada 等（2013）的研究提供了有关这些方面的详细信息。

8.3.2 基于集群的数据聚合方案

那么为什么选择基于集群的聚合方案用于车辆传感器网络的车辆监控和监视呢？无线传感器网络的应用及其面临的环境挑战，由于网络节点的异构性而变得更加复杂。信息处理必须通过网络的特定模式进行压缩、过滤和数据处理，以提高可变传感器节点的信号能力。信息被收集合并成一个内容，然后进一步通信。无线传感器网络使用称为节点的小型设备进行工作。节点的大小和工作根据不同的领域而变化。接收网络传感器波的主要来源是微控制器，它在控制波和使网络过程强大方面起着重要作用。许多研究表明，基于聚类的路由是减少能量利用和扩展网络寿命的有效方法，在单个聚类内也可以轻松地使用人工智能（ANN，即人工神经网络）技术进行改进和增强（Dreiseitl，S 等，2002；Enami，N 等，2010）。

因此，通过获取不同节点的各种传感器节点参数，使用 Kohonen 提出的自组织映射（KSOM）对传感器节点进行聚类评估（W. Heinzelman 等，2000）。同时，研究表明智能组件神经网络与无线传感器网络的特性更加兼容，并可在各种能量节省方案中使用。

在聚类方案中，传感器节点被划分为多个小集群。每个集群包含一个集群头（CH）。每个集群头从其所属传感器节点组中收集信息，进行数据聚合，并仅将相关信息中继到汇聚节点。如果节点在感知和传输范围内，并且所关注的参数在偏差梯度值范围内，那么感测到的数据是冗余的。因此，聚类方案在无线传感器网络中广泛使用，不仅因为它们具有简单的节点协调能力，而且因为它们使用 CH 之间的多跳路由来避免长距离传输。

集群头此处将发挥重要作用，因为系统的决策将根据该网络进行。由于整合 KSOM 和 ANN，效率更高，并且可以通过功率效率和峰值信噪比（PSNR）等因素进行性能评估。

8.4 智能无线传感器网络在车载传感器网络中的应用

神经网络技术在无线传感器网络领域备受关注，主要因为其结构简单且并行分布式的计算和存储能力。此外，神经网络技术还具备数据的稳健性、自动传感器读取和传感器节点的自动分类等优点。该技术具有降低数据维度和预测传感器数据的能力，通过神经网络算法的输出可以轻松实现。这些特点为降低通信成本和节约能源提供了潜在的前景。因此，神经网络技术被广泛应用于无线传感器网络中，也被称为智能 WSN。图 8.3 所示为无线传感器网络与人工神经网络的智能协作。

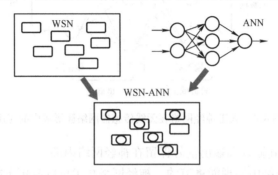

图 8.3 无线传感器网络与人工神经网络的智能协作

神经网络在众多应用领域中扮演重要角色，尤其在图像处理方面。在车辆检测和分类中，神经网络提供了一种基于神经元极限的方法。通过结合运动边缘检测和背景去除的结果，提取了交通标准、车辆速度、车辆编号和车辆类别等特征知识，这一特征知识挖掘方法被称为种子填充。随后，利用挖掘得到的特征知识作为神经网络的记录数据，实现了准确的车辆识别和分层车辆处理。

存在多种类型的神经网络，因此选择最合适的神经网络仍然是一个具有挑战性的任务。该选择过程主要依赖于所涉问题的特性以及神经网络的性能。所选的神经网络必须经过训练以进行决策，而训练可以采用不同类型的规则。这些训练规则往往受到生物科学领域各种系统的启发（Dreiseitl 和 Ohno – Machado，2002）。此外，通过示例学习是训练神经网络的主要方式之一。通常会将一组正确的输入 – 输出数据示例提供给网络，通过使用和分析这些示例数据，网络应该能够调整权重的值。因此，当输入新数据时，可以获得正确的输出，这个过程被称为学习。

除了通过训练和学习赋予神经网络智能之外，神经网络具有一个重要的性质，即能够区分受到噪声或有意改变的数据的影响，并在学习过程中成功处理这些变化。

存在许多不同类型的人工神经网络拓扑结构，其具备多种能力，可以根据所需的应用场景进行选择，如图 8.4 所示。然而，它们几乎都包含相同的组成部分，每个单元执行相对简单的任务：接收来自邻居或外部源的输入，并利用这些输入计算输出信号。权重的调整是处理过程中的另一个关键部分。该系统同时进行内在的并行计算，可划分为以下几个部分：

1) 输入层：接收神经网络的处理数据。
2) 输出层：将数据从神经网络发送出去。

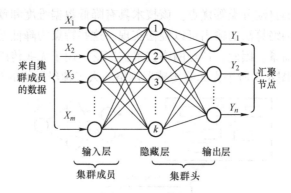

图 8.4　人工神经网络在无线传感器网络簇形成中的应用

3）隐藏层：其输入和输出信号保留在神经网络内部。

为了在无线网络中实现能量节约，神经网络技术可以应用于能量优化的多个阶段（例如能量高效的节点聚类、数据关联、数据融合、数据预测、集群头选择等）。

然而，多项研究表明，在与其他神经网络拓扑结构进行比较时，自组织映射神经网络在能量节约方法领域具有很高的适用性。

在道路车辆检测的新型计算系统中，采用了 KSOM 进行集群形成，并利用纹理和几何特征进行车辆识别过程的前馈反向传播算法（FFBPA）。FFBPA 包括两个分类器部分：第一部分是 KSOM，用于提供有关车辆纹理特征的信息；第二部分是贝叶斯网络，用于提供数据融合生成的车辆体积、位置和置信度值的信息。

8.4.1　KSOM 在车载传感器网络中的应用

自组织映射（SOM）（Vesanto，J.，1999）是一种无监督的神经网络结构，由规则排列在低维网格上的神经元（本例中为传感器节点）组成，如图 8.5 所示。根据输入向量的维数，用多维权向量表示每个神经元。权重向量（也称为突触）被视为输入层和输出层（也称为映射层或竞争层）之间的连接纽带。对于这些神经元之间的连接，存在一种特

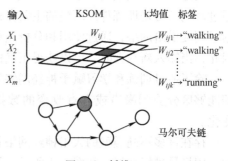

图 8.5　低维 KSOM

定的邻域关系，这种关系并非距离决定，而是由许多其他参数决定的（Younis，M 等，2008），有助于优化能量消耗并延长网络寿命。利用自组织映射对传感器节点进行聚类的方法可以增强将输入数据从多维降维到低维的能力，有助于以映射的形式对集群进行可视化。

本研究使用 KSOM 神经网络进行聚类，并对其进行检验，以学习网络应用和参数的随机行为。因此，KSOM 是神经网络训练所必需的。利用 KSOM 对传感器节点进行聚类，通过获取传感器节点的各种参数得到不同数量的节点，再使用 SOM 对数据集进行聚类，通过 k 均值对自组织映射进行聚类，这将节点的多维性降低到更低的数目，映射组织更加清晰（Ultsch, A., 1993; Lee, S 等, 2004）。

8.4.2 数据融合技术

在无线传感器网络领域，数据融合技术面临着一个挑战，即如何智能地融合从多个传感器收集到的异构数据（Chen, Y 等, 2009）。为此，需要设计一个智能系统，对从各种传感器源获得的异构信息进行仔细的评估和利用，以实现高效、准确且自动化的数据融合。数据融合的主要优势在于可以显著减少异构数据的规模（Chen, Y 等, 2009）。通过智能融合，该技术还能够从数据中区分噪声和其他干扰，使融合后的数据更具准确性。数据融合是指将由普通传感器节点本地感知到的数据进行收集、智能合并，并最终传输到基站的过程。集群头传感器节点负责执行数据融合的任务。数据融合技术在这里非常重要，因为它将所有本地感知到的数据收集起来，并以单个数据包的形式传输到基站，从而减少了逐个发送数据所需的能量消耗。因此，通过尺寸缩减和智能融合，能够在具有异构无线连接传感器的系统中实现能量的有效利用。

数据融合技术旨在减少和删除冗余信息，数据融合流程图如图 8.6 所示。执行数据融合功能的节点任务包括以下 3 部分：

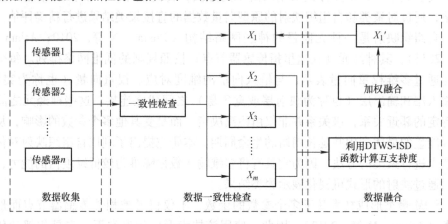

图 8.6 数据融合流程图

1) 从系统中的各种感觉节点收集数据。
2) 根据预先编程的决策标准融合收集的数据。
3) 将融合数据传输到接收器或基站。

以上工作可以降低系统中节点间数据传输的总体流量负载，节省传感器节点能量，延长无线传感器网络寿命。因此，数据融合技术符合本研究的主要目的。

无线传感器网络数据融合的一个重要问题是利用智能系统对从不同来源获取的异构信息进行高效、自动、准确的融合。数据融合可以减少数据量。即使数据受到估计或噪声的影响，数据融合方法也必须能够对数据进行识别和分类。

因此，所设计的系统是节点能量消耗和计算性能之间的最佳考量。应用 KSOM（Dehni，L 等，2005）技术设计了在神经网络训练中至关重要的学习算法。

上述系统可由三步实现：
1）集群设置（集群的组织）。
2）集群头选择（集群形成后）。
3）传输（从简单节点到集群头的数据传输，集群头在聚合后进一步中继到基站）。

8.4.3 集群设置阶段

在无线传感器网络领域，聚类是一项重要的技术。聚类的核心概念是将传感器节点分组形成集群，每个集群的数据由集群头进行聚合，然后将聚合后的数据传输到汇聚节点（或基站）。通过数据聚合的方式将数据发送至基站，可以提高系统的能量效率，减少通信开销。此外，聚类技术还具有适应大规模节点的能力。

为了延长无线传感器网络的生命周期，研究者们提出了多种用于聚类形成或组织的算法。现有文献中存在各种协议，这些协议主要基于拓扑邻近性或邻接性来进行聚类。其中一种聚类方案采用两阶段的方法，首先使用 SOM，然后采用 k 均值算法，通过对聚类和自组织映射的原型向量数据的直接聚类结果进行精确评估。

自组织映射是一种无监督的神经网络结构（Enami，N 等，2010；Aslam，M 等，2013），其神经元（在这里指传感器节点）按照规则的低维网格排列。每个神经元通过多维权重向量表示，与输入向量的维度对应。权重向量（也称为突触）在输入层和输出层（也称为映射层或竞争层）之间建立连接。这些神经元之间存在特定的邻近关系，该关系并非仅由距离决定，而是受其他多个参数的影响，从而实现能量的最优利用并延长网络的生命周期。本研究提出了利用自组织映射对传感器节点进行聚类的方法，因为它具有将多维输入数据降维为较低维度值的能力，并可以通过映射的形式可视化展示聚类结果。

SOM 聚类形成技术基于多个参数的函数，不仅仅考虑相邻传感器节点而形成聚类（Aslam，M 等，2012）。因此，使用该技术形成的聚类不一定是相邻的传感器节点。输入数据的维度与多个参数相关，在进行聚类时需要考虑这些参数。该方法或算法有助于形成能量平衡的聚类，从而实现能量在不同聚类之间的均衡分配。在初级阶段，使用自组织映射的原因是对数据进行预处理（可能包括降维、重新分组、基于映射的可视化形成等），利用自组织映射获取预处理后的数据。

在经过 SOM 初步阶段之后，神经网络技术是一个适用的工具，可以在考虑无线传感器网络（WSN）中的节能减耗方面获得有效结果，例如时钟分频、数据驱动和基于移动性的方法。

为了改进 SOM 的性能，采用 Kohenon 算法应用于 KSOM 神经网络的聚类和参数学习中，以研究网络应用和参数的随机行为。通过获取传感器节点的不同参数（如位置、方向、能量水平、跳数、延迟、灵敏度等），评估了使用 KSOM 进行传感器节点聚类的不同节点数。KSOM 是用于无线传感器网络聚类的优秀组件，因为它能够减少多维输入数据的维度并将聚类可视化为映射。因此，首先使用自组织映射对数据进行聚类，然后再利用 k 均值对自组织映射进行聚类。

KSOM 的应用基于 Aslam，M 等（2011）、Thein，M 等（2010）、Aslam，M 等（2011）的研究。以下是对无线传感器网络的初始阶段的一些假设。

8.4.4　集群头选择阶段

首先，在聚类的形成过程中，如图 8.7 所示，需要选择一个合适的集群头。集群头位于聚类中，并负责从聚类中的各个节点收集数据，并将打包后的数据传输到基站。集群头的选择对于能量的消耗在传输过程中起着重要作用，因此是一个关键决策。目前存在一些基于概率随机选择集群头的算法，然而这些算法无法保证所选的集群头在覆盖传感器部署区域时具有均匀的分布。这种随机选择集群头的方法在效率上存在不足，例如 Heinzelman，W 等（2000）提出的基于预定义 Kopt 值的随机选择集群头的系统，旨在随机分布能量消耗和负载，但并未能保证集群头的合理分布。因此，为了更系统地选择集群头，本研究提出了以下方案：

在形成的聚类中选择集群头时，考虑多个规则。其中，主要有以下三个规则：

1）距离基站最近的传感器节点。
2）具有最高能量水平的传感器节点。
3）具有最高邻近性与集群中心的传感器节点。

以上三个规则的选择基于不同的原因。首先，选择距离基站最近的传感器节

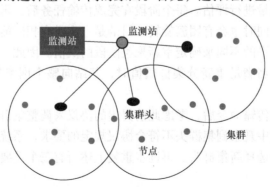

图 8.7　集群头形成

点，可以确保在将消息传输到基站时能够最小化能量消耗。其次，选择作为聚类中心的传感器节点，可以确保聚类内部的通信是最节能的，但并不能保证减少集群头的开销。通过以上两个阶段的选择，可以确保集群头在传输过程中或者在重新聚类过程中形成新的聚类之前具有稳定性。重新聚类过程通常会持续多个轮次，可能会导致集群头的快速减少，但通过使用以上两种方法，可以获得更长的集群头寿命。

考虑到节省能量的各种优化参数，最终选择一个在能量利用和效率之间进行平衡的集群头。在选择集群头之后，集群头通过一种提出的协议将角色分配给所有的聚类节点。

本研究采用了第二个规则，即选择具有最高能量水平的节点作为集群头的方式进行集群头的选择。目前，对于聚类的节点能量水平作为主要参数进行优化的算法相对较少，这是本系统设计的主要动机。本研究利用基于能量的聚类技术来延长网络的寿命，并确保网络具有足够的覆盖范围。

8.4.5 传输阶段

传输阶段是本算法的最后一步，旨在将数据从集群头传递或中继到基站。在本阶段，常规节点接收本地数据，通过数据融合技术，发送给集群头后再传送至基站。此阶段数据融合技术起到重要作用，它收集本地感测的所有数据并将其打包在单个量子中，然后传输到基站，能够减少单独发送数据时的能量消耗。

集群形成后，选择其相关联的集群头，再将感测的数据分组传递到其相关联的集群头，通过数据融合功能进行分组，再传递到基站（BS），评估整个节点的能量利用率。无线传感器网络数据融合面对的一个问题是利用智能系统对从不同来源获取的异构信息进行高效、自动、准确的融合。数据融合可以减少数据量（Smith，D 等，2006）。即使数据受到影响，数据融合也应当具备对数据进行识别和分类的能力。无线传感器网络跟踪应用和目标检测需要传感器数据融合，同时对远距离数据传输所消耗的能量进行评估。每个阶段在完成传输任务后，再利用最大能量准则进行新一轮计算，同时也会有团簇旋转，目的是产生具有相同能量水平的集群，然后根据节点能量水平的不同来确定重新聚类阶段的阈值。因此，需要定期校验能量较大节点的能级。当满足重新分集群阈值时，基站向整个网络发送重新分集群的消息。

完成执行全部传输命令后，考虑此前提出的协议来调整集群头并重启新一轮传输。如果调整过程中观察到集群头不符合协议规定的要求，系统进行重新集群，然后将按照上述程序选择新集群头。再逐步重复上述所有三个重要步骤，直到不再出现问题。

8.5 无线传感器网络在车辆监控方面的局限性

无线传感器网络可能面临如下问题：
1) 功率、能量、存储和处理能力有限。
2) 节点不对称：每个节点必须管理不同的功能和硬件。
3) 节点移动、删除或增加，网络拓扑随之改变。
4) 传感器工作的环境条件难以预测。

上述问题可能导致"延迟"或"分组丢失率"过高，从而影响系统需求预测和可靠性。因此，有必要使用 QoS 管理范式来确保网络的灵活性、适应性和可伸缩性。

8.6 总结

本研究旨在分析无线车辆传感器网络对车辆的监控，通过设计算法将 KSOM 和数据融合技术集成到车辆传感器网络的监控中。

本章的主要目的是基于神经网络作为节点优化的自组织映射和数据融合技术，设计一种新颖的方法。目前的研究包括反向传播算法的方法，其中人工神经网络通过减少损失来训练和优化网络。该方法的主要目的是对常微分方程的输出进行分类，以确定对应的最佳输入，其主要优点是对网络隐含层权值的权值进行改进。数据融合、人工神经网络和 KSOM 算法相结合的能量消耗和网络性能优化是本课题研究的新思路。利用 KSOM 技术对网络中的节点进行映射，利用人工神经网络对节点进行分类，形成能量高效的无线网络，每一轮构造多个节点簇，然后进行数据传输。

8.7 后续研究方向

当前我们的生活对云和物联网的依赖逐步增强，未来技术提升可能面临如下挑战：
1) 延迟：安全增强功能和安全消息实时运用，需要降低延迟。
2) 带宽：智能车辆自带导航特性，未来想要实现 3D 地图和可视化，对带宽要求较高。

3) 连接性：由于空间和用电问题，未来车辆之间需要无缝连接才能实现快速通信。

除此之外，未来还有许多应用可以提升车辆传感器技术吸引力，满足驾驶员需求，并对日常生活方式进行更深度增强，以实现与家庭物联网的连接。其中基于云的信息娱乐系统是值得关注的（Kim Younsun 等，2017）。以下是一些具体场景的描述，如图 8.8～图 8.11 所示。

1) 外出时，智能手机与车辆相连，将配备基于语音的个人助手，以便在最小化路线任务的同时，根据其行程生活方式提供喜爱的娱乐内容。

2) 到家后，智能语音助手会询问是否需要开启或关闭家里的灯光以及提供停车位等服务。

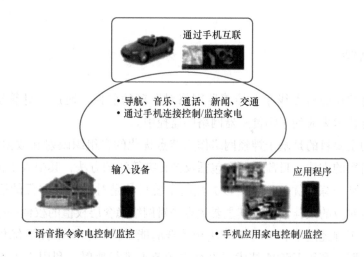

图 8.8　基于云的信息娱乐系统（Kim Younsun 等，2017）

图 8.9　物联网车内云连接（Kim Younsun 等，2017）

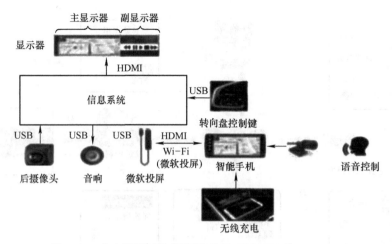

图 8.10 信息娱乐系统的应用（Kim Younsun 等，2017）

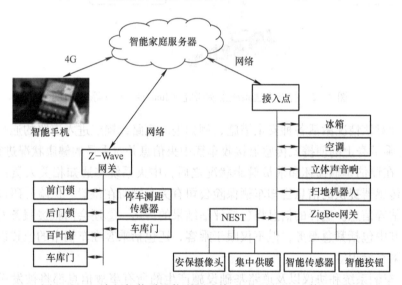

图 8.11 云实现智能手机物联网连接（Kim Younsun 等，2017）

图 8.12 所示解释了智能传感器路由如何构建智能交通系统。图中编号将在详细描述中进一步解释。

1）车辆监控系统利用车辆和车外传感器以及便携式传感器（例如测量车辆水平位置的加速度计、测量 LiDAR 尺度效果和距离的传感器）来识别对车内乘员可能构成潜在危险的情况。然而，事故是不可避免的，车辆可能会陷入路上新出现的坑洞中。因此，车辆将立即启动提供的安全协议，对情况进行初步评估。

2）车辆的中央系统会启动广播警报协议，以通知附近的驾驶员和行人发生事故，并采取额外的安全预防措施（例如选择低风险或备用路线）。

3）同时，交通基础设施通过运行在监控摄像头中的模式识别算法识别该情

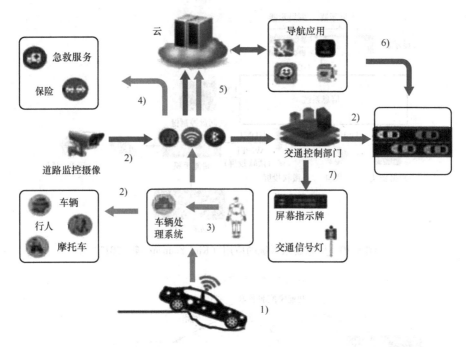

图 8.12 智能交通系统案例研究（Juan Guerrero 等，2018）

况，并针对该情况激活各种安全措施，例如进入道路或锁定进入道路的通行口。

4）乘员身上的便携式传感器接收车辆中央信息并对乘员的健康状况进行评估。

5）在评估车辆损坏和乘员健康状况之后，中央系统将通知相关人员：①将根据不同传感器提供的信息告知车辆保险公司有关车辆所在位置、保险号码以及初步损坏评估等信息。这样的信息将包括评估结果的传达；②还会向救援服务发送事故信息，其中包括紧急服务，但不仅限于乘客，还包括乘客在车辆中的位置以及其他重要的乘客标识等。

6）车辆系统和协议以及道路基础设施产生的所有事故信息都将被发送到云端并存储，并提供给信息系统，以便实时向其他驾驶员提供其他信息和数据。

7）诸如 Google 地图、Apple 地图、Here We Go 和 Waze 等定位服务可能会利用有关新的或备选路线的信息，以避免拥堵或其他事故。中央系统向交通基础设施（交通信号灯、屏幕指示牌、交通信号等）发送通知，以便传达事故的信息和更新，并通知驾驶员和行人有关情况的信息。

参考文献

Abdelwahab, S., Hamdaoui, B., Guizani, M., &Znati, T. (2016). Replisom：disciplined tiny memory replication for massive IoT devices in LTE edge cloud. IEEE Internet of Things Journal, 3 (3).

Alam, M., Fernandes, B., Almeida, J., Ferreira, J., & Fonseca, J. (2016). Integration of smart parking in distributed ITS architecture. *Proceedings of the 2016 International Conference on Open Source Systems & Technologies (ICOSST)*. 10. 1109/ICOSST. 2016. 7838582

Aslam, Rasheed, Shah, Rahim, Khan, Qasim, Qasim, Hassan, Khan, & Javaid. (2013). Energy optimization and Performance Analysis of Cluster Based Routing Protocols Extended from LEACH for WSNs. *International Journal of Modern Engineering Research*, 3 (2).

Aslam, M., Shah, T., Javaid, N., Rahim, A., Rahman, Z., & Khan, Z. A. (2012). CEEC: Centralized energy efficient clustering a new routing protocol for WSNs. *Sensor, Mesh and Ad - Hoc Communications and Networks (SECON), 2012 9th Annual IEEE Communications Society Conference on IEEE*.

Aslam, N., Philips, W., Robertson, W., & Siva Kumar, S. H. (2011). A multi - criterion optimization technique for energy efficient cluster formation in Wireless Sensor networks. *Information Fusion*, 12 (3).

Astarita, V., Vaiana, R., Iuele, T., Caruso, M. V., Vincenzo, P., & De Masi, F. (2014). 2014, "Automated Sensing System for Monitoring of Road Surface Quality by Mobile Devices. *Procedia: Social and Behavioral Sciences*, 111, 242 - 251. doi: 10. 1016/j. sbspro. 2014. 01. 057

Atzori, Iera, & Morabito. (2010). The Internet of Things: A Survey. *Journal of Computer Networks*, 54 (15).

Bandyopadhyay & Coyle. (2003). An Energy Efficient Hierarchical Clustering Algorithm for Wireless Sensor Networks. *IEEE INFOCOM*.

Bonomi, F., Milito, R., Natarajan, P., & Zhu, J. (2014). Fog Computing: A Platform for Internet of Things and Analytics. In Studies in Computational Intelligence, (vol. 546). Springer.

Bulumulle, G., & Bölöni, L. (2016). A study of the automobile blind - spots' spatial dimensions and angle of orientation on side - sweep accidents. *Proceedings of the 2016 Symposium on Theory of Modeling and Simulation (TMS - DEVS)*.

Cai, H., & Lin, Y. (2011). Modelling of Operators' Emotion and Task Performance in a Virtual Driving Environment. *International Journal of Human - Computer Studies*, 69 (9), 571 - 586. doi: 10. 1016/j. ijhcs. 2011. 05. 003

Castanedo, F. (2013). A review of data fusion techniques. *Sci. World J*.

Chen, L., & Englund, C. (2016). A Survey. *IEEE Trans. Intell. Transport. Syst*, 17, 570 - 586.

Chen, L., Tseng, Y., &Syue, K. (2014). *Vehicular tracking and reporting by V2V communications. Surveillance on - the - road*: Comput. Netw.

Chen, Y., Shu, J., Zhang, S., Liu, L., & Sun, L. (2009). Data fusion in wireless sensor networks. *Electronic Commerce and Security, ISECS' 09*, 2.

Dai, S., Jing, X., & Li, L. (2005). Research and Analysis on Routing Protocols for Wireless Sensor Networks. IEEE International Conference.

Dasarathy, B. V. (1997). *Sensor fusion potential exploitation - innovative architectures and illustrative applications*. Proc. IEEE.

Dehni, L., & Bennani, Y. (2005). LEA2C: low energy adaptive connectionist clustering for wireless sensor networks. In *International Workshop on Mobile Agents for Telecommunication Applications*. Springer.

Deng, Y., Hsu, D. F., Wu, Z., & Chu, C. H. (2012). Feature Selection and Combination for

Stress Identification Using Correlation and Diversity. *Proceedings of the 12th International Symposium on Pervasive Systems, Algorithms and Networks.* 10.1109/I-SPAN.2012.12

Dolui, K., & Datta, S. K. (2017). Comparison of edge computing implementations: Fog computing, cloudlet and mobile edge computing. *Proceedings of the 2017 Global Internet of Things Summit, GIoTS 2017,* 1-6. 10.1109/GIOTS.2017.8016213

Dong, B., Wu, W., Yang, Z., & Li, J. (2016). Software Defined Networking Based On-Demand Routing Protocol in Vehicle Ad Hoc Networks. *Proceedings of the 12th International Conference on Mobile Ad-Hoc and Sensor Networks, MSN 2016,* 25. 10.1109/MSN.2016.041

Doolan, R., & Muntean, G. M. (2017). EcoTrec—A Novel VANET-Based Approach to Reducing Vehicle Emissions. *IEEE Trans. Intell. Transport. Syst.*

Dreiseitl, S., & Ohno-Machado, L. (2002). Logistic regression and artificial neural network classification models: a methodology review. *Journal of Biomedical Informatics.*

Durrant-Whyte, H. F. (1988). Sensor models and multisensor integration. *The International Journal of Robotics Research,* 7 (6), 97-113. doi: 10.1177/027836498800700608

Durrant-Whyte, H. F., & Stevens, M. (2001). Data fusion in decentralized sensing networks. *Proceedings of the 4th International Conference on Information Fusion.*

El Faouzi, N., & Klein, L. A. (2016). Data Fusion for ITS: Techniques and Research Needs. *Transport. Res. Procedia,* 15, 495-512.

Enami, Moghadam, &Dadashtabar. (2010). Neural Network Based Energy Efficiency In Wireless Sensor Networks: A Survey. *International Journal of Computer Science and Engineering Survey,* 1 (1).

Enami, N., Moghadam, R. A., Dadashtabar, K., &Hoseini, M. (2010). Neural network based energy efficiency in wireless sensor networks. *International Journal of Computer Science and Engineering Survey,* 1 (1), 39-53. doi: 10.5121/ijcses.2010.1104

Farhady, Lee, & Nakao. (2015). Software-defined networking. *Computer Networks: The International Journal of Computer and Telecommunications Networking,* 81.

Fedele, R., Pratic, F. G., Carotenuto, R., & Giuseppe Della Corte, F. (2017). Instrumented infrastructures for damage detection and management. *Proceedings of the 2017 5th IEEE International Conference on Models and Technologies for Intelligent Transportation Systems (MT-ITS).* 10.1109/MTITS.2017.8005729 Fong, A. C. M., Chan, C., Situ, L., & Fong, B. (2016). Wireless biosensing network for drivers' health monitoring. *Proceedings of the 2016 IEEE International Conference on Consumer Electronics (ICCE).* 10.1109/ICCE.2016.7430600

Frenzel, L. (2018). *The Battle over V2V Wireless Technologies.* http://www.mwrf.com/systems/battleover-v2v-wireless-technologies

Gojak, V., Janjatovic, J., Vukota, N., Milosevic, M., & Bjelica, M. Z. (2017). Informational bird's eye view system for parking assistance. *Proceedings of the 2017 IEEE 7th International Conference on Consumer Electronics-Berlin (ICCE-Berlin).* 10.1109/ICCE-Berlin.2017.8210604

Gond, S., & Gupta, N. (2012). Energy Efficient Deployment Techniques for Wireless Sensor Networks. *International Journal of Advanced Research in Computer Science and Software Engineering,* 2 (7), 257-262.

Gruhn, H., Stöhr, D., Gövercin, M., & Glesner, S. (2013). Design and verification of a health-monitoring driver assistance system. *Proceedings of the 2013 7th International Conference on Pervasive Computing Technologies for Healthcare and Workshops*. 10.4108/icst.pervasivehealth.2013.252091

Hartenstein, H., &Laberteaux, K. P. (2010). *VANET: Vehicular Applications and Inter-Networking Technologies*. Wiley Online Library. doi: 10.1002/9780470740637

He, Yan, & Xu. (2014). Developing Vehicular Data Cloud Services in the IoT Environment. *IEEE Transactions on Industrial Informatics*.

He, Z., Cao, J., & Liu, X. (2016). SDVN: Enabling rapid network innovation for heterogeneous vehicular communication. *IEEE Network*, 30 (4). doi: 10.1109/MNET.2016.7513858

Heinzelman, W., Chandrakasan, A., & Balakrishnan, H. (2000). Energy-efficient communication protocol for wireless microsensornetworks. In *System Sciences (HICSS '33) Proceedings of the 33rd Annual Hawaii International Conference on*. IEEE.

Heinzelman, W. R., Chandrakasan, A., & Balakrishnan, H. (2000). Energy-efficient communication protocol for wireless microsensor networks. In *System sciences, Proceedings of the 33rd annual Hawaii international conference on*. IEEE.

Hossain, E., Chow, G., & Leung, V. C. M. (2010). Vehicular telematics over heterogeneous wireless networks: A survey. *Computer Communications*, 33 (7). doi: 10.1016/j.comcom.2009.12.010

Hossan, A., Kashem, F. B., Hasan, M. M., Naher, S., & Rahman, M. I. (2016). A smart system for driver's fatigue detection, remote notification and semi-automatic parking of vehicles to prevent road accidents. *Proceedings of the 2016 International Conference on Medical Engineering, Health Informatics and Technology (MediTec)*. 10.1109/MEDITEC.2016.7835371

Hu, Y. C., Patel, M., Sabella, D., Sprecher, N., & Young, V. (2015). *White paper: mobile edge computing a key technology towards 5G*. ETSI (European Telecommunications Standards Institute).

Huang, J., Zhang, T., & Metaxas, D. (2009). Learning with structured sparsity. *Proceedings of the International Conference on Machine Learning*, 417–424.

Intelligent Transport Systems (ITS). (2012). *Framework for public mobile networks in cooperative its (c-its)s*. Tech. Rep., European Telecommunications Standards Institute (ETSI), Palo Alto, CA. James, L., & Nahl, D. (2000). Road Rage and Aggressive Driving: Steering Clear of Highway Warfare. Prometheus Books.

Jermsurawong, J., Ahsan, M. U., Haidar, A., Dong, H., & Mavridis, N. (2012). Car Parking Vacancy Detection and Its Application in 24-Hour Statistical Analysis. *Proceedings of the 2012 10th International Conference on Frontiers of Information Technology*. 10.1109/FIT.2012.24

Jiacheng, Haibo, Ning, Peng, Lin, & Xuemin. (2016). Software defined Internet of vehicles: architecture, challenges and solutions. *Journal of Communications and Information Networks*, 1.

Katsis, C. D., Katertsidis, N., Ganiatsas, G., & Fotiadis, D. E. (2008). Toward Emotion Recognition in Car-Racing Drivers: A biosignal Processing Approach. *IEEE Trans. Syst. Man Cybern. Part A Syst.*

Katzourakis, D. I., Lazic, N., Olsson, C., & Lidberg, M. R. (2015). Driver Steering Override for LaneKeeping Aid Using Computer-Aided Engineering. *IEEE/ASME Trans. Mechatron*.

Kim, H., & Feamster, N. (2013). Improving network management with software defined networking. *IEEE Communications Magazine*, 51 (2). doi: 10.1109/MCOM.2013.6461195

Kim, S., Kim, J., Yi, K., & Jung, K. (2017). Detection and tracking of overtaking vehicle in Blind Spot area at night time. *IEEE International Conference on Consumer Electronics (ICCE)*, Las Vegas, NV.

Kim, Y., Oh, H., & Kang, S. (2017). Proof of Concept of Home IoT Connected Vehicles. *Sensors (Basel)*, 17 (6), 1289. doi: 10.339017061289 PMID: 28587246

Kyriakou, C., Christodoulou, S. E., & Dimitriou, L. (2016). Roadway pavement anomaly classification utilizing smartphones and artificial intelligence. *Proceedings of the 2016 18th Mediterranean Electrotechnical Conference (MELECON)*. 10.1109/MELCON.2016.7495459

Lai, Y. K., Chou, Y. H., & Schumann, T. (2017). Vehicle detection for forward collision warning system based on a cascade classifier using adaboost algorithm. *Proceedings of the 2017 IEEE 7th International Conference on Consumer Electronics (ICCE)*. 10.1109/ICCE – Berlin. 2017. 8210585

Lanatà, A., Valenza, G., Greco, A., Gentili, C., Bartolozzi, R., Bucchi, F., Frendo, F., & Scilingo, E. P. (2015). How the Autonomic Nervous System and Driving Style Change with Incremental Stressing Conditions During Simulated Driving. *IEEE Transactions on Intelligent Transportation Systems*, 16 (3), 1505 – 1517. doi: 10.1109/TITS.2014.2365681

Lecompte, D., & Gabin, F. (2012). Evolved multimedia broadcast/multicast service (eMBMS) in LTEadvanced: overview and Rel – 11 enhancements. *IEEE Communications*, 50 (11).

Lee, S., Yoo, J., & Chung, T. (2004). Distance – based energy efficient clustering for wireless sensor networks. *Local Computer Networks, 29th Annual IEEE International Conference.*

Li, H., Dong, M., & Ota, K. (2016). Control Plane Optimization in Software – Defined Vehicular Ad Hoc Networks. *IEEE Transactions on Vehicular Technology*, 65 (10). doi: 10.1109/TVT.2016.2563164 Lin, X., Sun, X., Ho, P. – H., & Shen, X. (2007). GSIS: A secure and privacy – preserving protocol for vehicular communications. *IEEE Transactions on Vehicular Technology*, 56 (6).

Lin, Y., Nguyen, H. T., & Wang, C. (2017). Adaptive neuro – fuzzy predictive control for design of adaptive cruise control system. *Proceedings of the 2017 IEEE 14th International Conference on Networking, Sensing and Control (ICNSC)*.

Liu, B., Jia, D., Wang, J., Lu, K., & Wu, L. (2015). Cloud – assisted safety message dissemination in VANET – cellular heterogeneous wireless network. *IEEE Systems Journal.*

Liu, K., Son, S. H., Lee, V. C. S., &Kapitanova, K. (2011). A token – based admission control and request scheduling in lane reservation systems. *Proceedings of the 14th International IEEE Conference on Intelligent Transportation Systems (ITSC)*. 10.1109/ITSC.2011.6082959

Liu, Y., Zeng, Q. A., & Wang, Y. H. (2014). *Data fusion in wireless sensor networks.* www.Journals.sagepub.com

Luan, T. H., Gao, L., Li, Z., Yang, W., Guiyi, S., & Sun, L. (2015). Fog computing: focusing on mobile users at the edge, networking and internet architecture. Networking and Internet Architecture. Luo, F., Zhao, Y., & Yuan, Z. (2017). Fast and accurate vehicle detection by aspect ratio regression. *Proceedings of the 2017 Chinese Automation Congress (CAC)*. 10.1109/CAC.2017.8242943

Luo R. C., Yih C. -C., &Su K. L. (2002). Multisensor fusion and integration: Approaches, applications, and future research directions. *IEEE Sens. J.*

Manyika, J., & Durrant-Whyte, H. (1995). *Data Fusion and Sensor Management: A Decentralized Information-Theoretic Approach.* Prentice Hall.

McKeown, N., Anderson, T., & Balakrishnan, H. (2008). OpenFlow: Enabling innovation in campus networks. *Computer Communication Review*, 38 (2). doi: 10.1145/1355734.1355746

Mehrabi, A., & Kim, K. (2015). Using a mobile vehicle for road condition surveillance by energy harvesting sensor nodes. *Proceedings of the 2015 IEEE 40th Conference on Local Computer Networks (LCN).* 10.1109/LCN.2015.7366303

Meneguette, R. I., Bittencourt, L. F., & Madeira, E. R. M. (2013). A seamless flow mobility management architecture for vehicular communication networks. *Journal of Communications and Networks (Seoul)*, 15 (2). doi: 10.1109/JCN.2013.000034

Mobile Edge Computing (MEC), ETSI, and Industry Specification Group (ISG) . (2016). *White paper: mobile edge computing (MEC); framework and reference architecture.* ETSI (European Telecommunications Standards Institute).

Morgan, Y. L. (2010). Notes on DSRC & WAVE standards suite: Its architecture, design, and characteristics. *IEEE Communications Surveys and Tutorials*, 12 (4). doi: 10.1109/SURV.2010.033010.00024

Niewolny, D. (2013). *How the Internet of Things is revolutionizing healthcare*, Free scale Semiconductor. http://www.freescale.com/healthcare

Oniga, S., & Suto, J. (2014). Human activity recognition using neural networks. *15th International Carpathian Control Conference-ICCC 2014.* 10.1109/CarpathianCC.2014.6843636

Padmavathi, G., Shanmugapriya, D., & Kalaivani, M. (2010). *A Study on Vehicle Detection and Tracking Using Wireless Sensor Networks.* WSN. https://m.scirp.org/papers/1385

Pu, L., Liu, Z., Meng, Z., Yang, X., Zhu, K., & Zhang, L. (2015). Implementing on-board diagnostic and
GPS on VANET to safe the vehicle. *Proceedings of the 2015 International Conference on Connected Vehicles and Expo (ICCVE)*, 13-18. 10.1109/ICCVE.2015.64

Qi, G.-J., Tang, J., Zha, Z.-J., Chua, T.-S., & Zhang, H.-J. (2009). An efficient sparse metric learning in high-dimensional space via l1-penalized log determinant regularization. *Proceedings of the International Conference on Machine Learning.*

Qin, Y., Dong, M., Zhao, F., Langari, R., & Gu, L. (2015). Road profile classification for vehicle semiactive suspension system based on Adaptive Neuro-Fuzzy Inference System. *54th IEEE Conference on Decision and Control.* 10.1109/CDC.2015.7402428

Qu, L., Li, L., Zhang, Y., & Hu, J. (2009). PPCA-based missing data imputation for traffic flow volume: A systematical approach. *IEEE Trans. Intell. Transp. Syst.*

Rebolledo-Mendez, G., Reyes, A., Paszkowicz, S., Domingo, M. C., &Skrypchuk, L. (2014). *Developing a Body Sensor Network to Detect Emotions during Driving. IEEE Trans. Intell. Transport. Syst.*

Reyes, A., Barrado, C., & Guerrero, A. (2016). Communication technologies to design vehicleto – vehicle and vehicle – to – infrastructures applications. *Latin American Applied Research*, *46*, 29 – 35.

Reyes – Muñoz, A., Domingo, M. C., López – Trinidad, M. A., & Delgado, J. L. (2016). Integration of Body Sensor Networks and Vehicular Ad – hoc Networks for Traffic Safety. *Sensors (Basel)*, *16* (1), 107. doi: 10. 339016010107 PMID: 26784204

Rigas, G., Goletsis, Y., & Fotiadis, D. I. (2012). Real – time driver's stress event detection. *IEEE Trans. Intell. Transport. Syst.*

Safi, Q. K., Luo, S., Wei, C., Pan, L., & Chen, Q. (2017). Cloud – oriented secure and privacy – conscious parking information as a service using VANETs. *Computer Networks*, *124*, 33 – 45. doi: 10. 1016/j. comnet. 2017. 06. 001

Salahuddin, M. A., Al – Fuqaha, A., &Guizani, M. (2015). Software – defined networking for rsu clouds in support of the internet of vehicles. IEEE Internet of Things Journal, 2 (2). doi: 10. 1109/JIOT. 2014. 2368356 Sarvada, H., Nikhil, T. R., & Kulkarni, H. J. (2013). Identification of black spots and improvements to junctions in Bangalore city. *International Journal of Scientific Research (Ahmedabad, India)*, *2* (8).

Satyanarayanan, M., Bahl, P., Cáceres, R., & Davies, N. (2009). The case for VM – based cloudlets in mobile computing," pp. 14 – 23. *IEEE Pervasive Computing*, *8* (4), doi: 10. 1109/MPRV. 2009. 82 Satyanarayanan, M., Lewis, G., Morris, E., Simanta, S., Boleng, J., & Ha, K. (2013). The role of cloudlets in hostile environments. *IEEE Pervasive Computing*, *12* (4). doi: 10. 1109/MPRV. 2013. 77

Satyanarayanan, M., Schuster, R., & Ebling, M. (2015). "An open ecosystem for mobile – cloud convergence. *IEEE Communications Magazine*, *53* (3). doi: 10. 1109/MCOM. 2015. 7060484

Sengupta, S., Verma, S., Mull, S., & Paul, S. (2015). Comparative Study of Image Segmentation Using Variants of Self – Organizing Maps (SOM). *International Journal for Research in Emerging Science and Technology*, *2* (5).

Sharma, S., Sethi, D., & Bhattacharya, P. (2015). Artificial Neural Network based Cluster Head Selection in Wireless Sensor Network. *International Journal of Computers and Applications*, *119* (4).

Shi, J., & Wu, J. (2017). Research on Adaptive Cruise Control based on curve radius prediction. *Proceedings of the 2017 2nd International Conference on Image, Vision and Computing (ICIVC)*.

Simon, M., Schmidt, E. A., Kincses, W. E., Fritzsche, M., Bruns, A., Aufmuth, C., Bogdan, M., Rosenstiel, W., &Schrauf, M. (2011). EEG alpha spindle measures as indicators of driver fatigue under real traffic conditions. *Clinical Neurophysiology*, *122* (6), 1168 – 1178. doi: 10. 1016/j. clinph. 2010. 10. 044 PMID: 21333592

Singh, R. K., Sarkar, A., & Anoop, C. S. (2016). A health monitoring system using multiple non – contact ECG sensors for automotive drivers. *Proceedings of the 2016 IEEE International Instrumentation and Measurement Technology Conference Proceedings*. 10. 1109/I2MTC. 2016. 7520539

Smith, D., & Singh, S. (2016). Approaches to multisensor data fusion in target tracking: A survey. *IEEE Transactions on Knowledge and Data Engineering*.

Stallings. (2010). Software defined networks and openflow. *The Internet Protocol Journal*, *16* (1).

Stallings, W. (2014). *Openflow switch specification*. Tech. Rep., Open Networking Foundation.

Tang, T., Lin, Z., & Zhang, Y. (2017). Rapid Forward Vehicle Detection Based on Deformable Part Model, *Proceedings of the2017 2nd International Conference on Multimedia and Image Processing* (ICMIP), 27 – 31. 10.1109/ICMIP.2017.78

Thein, M. C. M., & Thein, T. (2010). An energy efficient cluster – head selection for wireless sensor networks. Intelligent systems, modelling and simulation (ISMS), 2010 international IEEE conference.

Truong, N. B., Lee, G. M., &Ghamri – Doudane, Y. (2015). Software defined networking – based vehicular Adhoc Network with Fog Computing. *Proceedings of the 14th IFIP/IEEE International Symposium on Integrated Network Management/International workshop on management of the future Internet*. 10.1109/INM.2015.7140467

Ultsch, A. (1993). Self – organizing neural networks for visualisation and classification. In Information and classification. Springer Berlin Heidelberg. doi: 10.1007/978 – 3 – 642 – 50974 – 2_31

Vejlgaard, B., Lauridsen, M., Nguyen, H., Kovacs, I. Z., Mogensen, P., & Sorensen, M. (2017). Coverage and Capacity Analysis of Sigfox, LoRa, GPRS and NB – IoT. *Proceedings of the 2017 IEEE 85th Vehicular Technology Conference (VTC Spring)*. 10.1109/VTCSpring.2017.8108666

Vermesan, O., Friess, P., & Furness, A. (2012). The Internet of Things 2012 New Horizons. Academic Press.

Vesanto, J. (1999). *SOM – based data visualization methods. Intelligent data analysis.* Volvo IntelliSafe System. https://www.volvocars.com/us/about/our – innovations/intellisafe

Wang, X., Wang, C., Zhang, J., Zhou, M., & Jiang, C. (2017). Improved rule installation for real – time query service in software – defined internet of vehicles. *IEEE Transactions on Intelligent Transportation Systems*, 18 (2), 2017. doi: 10.1109/TITS.2016.2543600

World Health Organization Report on Road Traffic Injury Prevention. (n. d.). https://apps.who.int/iris/bitstream/10665/42871/1/9241562609.pdf

Wu, X., & Zhu, X. (2008). Mining with noise knowledge: Error – aware data mining. *IEEE Trans. Syst. Man Cybern.*

Xu & Saadawi. (2001). Does the IEEE 802.11 MAC Protocol Work Well in Multihop Wireless Ad Hoc Networks. *IEEE Communications Magazine*.

Yang, J. Y., Chou, L. D., Li, Y. C., Lin, Y. H., Huang, S. M., Tseng, G., Wang, T. W., & Lu, S. P. (2010). Prediction of short – term average vehicular velocity considering weather factors in urban VANET environments. *Proceedings of the International Conference on Machine Learning and Cybernetics*. 10.1109/ICMLC.2010.5580743

Younis, M., & Akkaya, K. (2008). Strategies and techniques for node placement in wireless sensor networks: A survey. *Journal of Ad Hoc Networks*, 6 (4).

Zhang, D., Yu, F. R., Wei, Z., &Boukerche, A. (2016). *Trust – based secure routing in software – defined vehicular ad hoc networks.* Networking and Internet Architecture.

Zhang, J., Wang, F., Wang, K., Lin, W., Xu, X., & Chen, C. (2011). Data – Driven Intelligent Transportation System: A survey. *IEEE Transactions on Intelligent Transportation Systems*, 12 (4), 1624 – 1639. doi: 10.1109/TITS.2011.2158001

第 9 章
车载延迟容忍网络中的路由比较分析

随着道路上的车辆交通活动不断增加，交通的高效管理以及驾驶员和乘客的安全至关重要。VANET 已经成为一种系统，其中车辆可以感知位置，并提供必要的输入以采取必要的措施来缓解各种问题。该系统旨在检测和识别重要的交通事件，并通知所有相关实体并采取适当的行动。VANET 的特点是拓扑结构高速移动，依赖于城市基础设施，车辆速度快。这些挑战导致连接频繁中断、消息传递延迟很长。使用车载延迟容忍网络（VDTN）路由协议可以便于在这些网络挑战下通信。在本章中，作者评估了节点密度和消息大小对各种 VDTN 路由协议性能的影响。

9.1 简介

如今，互联网已成为大多数通信系统的骨干网络。通信网络的目标是将信息从源头顺利传输到目的地。端到端成功传递取决于找到最佳路径或路由，因此良好的路由策略是高效通信的关键。在互联网的路由使用连通图中，总是存在从一个节点到每个其他节点的路径或路由。它可以通过单一路径或多条路径到达目的地。使用互联网进行通信，至少需要有网络中的一个设备元素连接到互联网。当发件人、收件人或入网设备无法接入互联网，信息会被丢弃。例如，TCP 是一种广泛使用的连接导向协议，在此之前，发件人和收件人必须建立端到端连接（Fall，2003）。TCP 使用发送方和目标的 IP 地址和端口号来发送数据。为了发送数据，TCP 使用三次握手过程。该网络具有持续的连通性、极低的数据包丢失率、稳定的网络拓扑结构和低数据包传递延迟。

车辆不断运动，没有稳定的端到端路径，节点间只能间歇性连接。因此，车载网络拓扑结构不稳定，连接频繁中断。传统的互联网在这种复杂环境中的表现很差。基于 DTN 的车辆延迟容忍网络（VDTN）可以在这种挑战性网络中提供通信。车辆网络可能会存在大量不可预测的消息传递延迟。VDTN 的消息传递概率非常低，并且资源有限。节点之间的通信范围不足以连接所有节点。节点之间的联系时间不确定，且持续时间也各不相同。因此，VDTN 利用节点之间的联系机会来传递消息。DTN 网络有许多路由方法，其中大多数是基于复制的。

在具有挑战性的环境中，网络节点之间可能存在不连续的连接，但即使没有一条直通目的地的路径，数据也需要被传输到目的地。为了传输数据，数据需要不断流动，直到到达目的地。为了保持数据流动，节点需要交互，将其所拥有的数据传输给彼此（Keränen，2009）。在车联网移动挑战网络中，VDTN 可以以高效的方式保持数据流动。DTN 可以提供机会性网络，具有移动节点，例如由行人、动物和车辆构建的网络（Juang，2002）。

DTN 采用存储 - 携带 - 转发消息交换机制来克服诸如连接频繁中断、延迟长且不可预测、数据传输速度不均匀和数据传输速度过快等所有问题（Keränen，2009）。整个数据包（所有完整的应用程序数据块）或这些消息的片段从一个节点的缓冲存储传输或转发到另一个节点的缓冲存储，最终到达目的地。由于网络经常中断，节点需要在机会性联系期间进行通信。机会性联系是未安排的联系（Burleigh，2007）。DTN 利用节点的这个属性（动态性）作为机会，通过将消息传递给任何进入该节点通信范围内的其他节点，将其传递到源端和目的端之间（Mealling，2002）。动态节点随后携带消息帮助网络将它们传递到目的地。随着互联网通信技术的发展和 5G 通信的出现，车联网将能够利用动态性来发挥其优势（Agrawal，2016；Agrawal，2017；Agrawal，2018；Agrawal，2019）。

9.2 VDTN 概述

9.2.1 DTN 体系结构

DTN 架构实现了一个新的协议，即 Bundle 协议（Burleigh，2007）。该协议实现了消息交换的存储 - 转发机制。如图 9.1 所示，Bundle 协议在更低层协议之上实现，与更低层协议绑定在一起，从而帮助应用层在受限环境中跨越更低层协议进行通信（Fall，2003）。

该协议在节点之间存储和转发接收到的或生成的数据包。在 DTN 中，只使用一个数据包协议，这有助于较低层协议在各种通信环境中工作。收敛层协议栈位于数据包协议下面，该层支持数据包的交换。收敛层接口是数据包协议和较低层协议之间的边界。

9.2.2 DTN 面临的挑战

1）缓冲区大小：为了解决连接中断的问题，网络中的节点必须将消息或数据保存在缓冲空间中，直到它们找到节点来传输消息或找到更好的节点来中继消息。当节点等待下一个传输消息的候选节点时，可能会出现几秒、几分钟、几小时或几天的延迟。这意味着网络节点需要

图 9.1　DTN 协议栈

大容量缓冲区来处理等待中继或传递的消息（Pan，2013）。找到理想的缓冲区来保留全部信息面临多重阻碍。确定理想的缓冲区还取决于消息生成的速度。很难找到适合所有应用程序的缓冲区大小。最终只能二者择其一：考虑预留无限缓冲空间，或者为特定应用程序设置缓冲区。

2）联系容量（Contact Capacity）：是指节点之间在连接中断之前可以转发或交换的数据量（Sterbenz，2002）。在动态 VDTN 中，每次接触的持续时间通常较短且有限，网络的性能在很大程度上取决于这一因素。如果节点要交换的数据量相对较小，而网络在给定的或平均接触阶段内可以交换的数据容量超过了这个数据量，或者节点要交换的数据量比网络在给定的或平均接触阶段内可以交换的数据容量要大。

3）动态性：节点移动的速度可能因不同的不规则性而有所变化。移动速度可以是恒定的或变化的（Juang，2002）。如果环境具有高度动态性，则可能会导致连接更频繁地中断，联系能力低于不太动态的环境。节点的动态性取决于环境。许多路由协议已经设计用于不同类型的动态性。动态性可以根据其可预测性进行分类。物体的可预测移动有助于通过创建其时间表使 DTN 路由算法高效执行。另一个动态性的例子是人或公交车的移动，其整个旅程可能是规律的，但由于交通或其他障碍，其开始和结束时间可能会有所变化（Chaintreau，2007）。这些类型的实例的动态性时间表不是精确的，因为存在不规则的交通和其他条件。它们显示了隐含的活动时间表，因为公交车到达或人到达办公室的时间没有严格的时间，但它们的时间表是规律的（Juang，2002）。这意味着时间表是隐含但规律的。因此，为了提高路由算法的效率，可以观察节点的动态性和时间表的规律性来做出决策。

4）处理能力和能量：在 DTN 中可以使用各种设备进行通信。这些设备可以固定在人、动物或车辆上，用于将数据传输到目的地或收集数据进行研究（Juang，2002）。通常这些设备体积小且处理和收集数据的能力有限。因此，在短暂的联系期间，DTN 节点不能运行复杂的路由算法，因为这些算法会消耗更多的能量。

9.2.3　DTN 中的路由

路由在缺乏网络拓扑信息面临更多挑战。因此，在 DTN 中使用存储 – 携带 – 转发机制来帮助移动节点之间的路由。路由算法帮助网络中的节点做出最佳的转发决策（Jones，2007）。有一些协议仅仅做出简单的决策，将数据传递给可达或通信范围内的节点，例如流行路由协议和第一联系人路由协议（Vahdat，2000）。而其他协议则通过使用有限的信息进行复杂的决策，这些信息可以是节点之间的距离、节点的动态性、节点中剩余的能量、节点中可用的缓冲空间或要复制的副本数量。路由决策取决于空间或时间条件之一（Small，2005）。这一直是一个吸引研究者关注的主要话题。路由算法的性能可能会受到许多因素的影响，例如网络密度、节点的动态性、源节点和目的节点之间的距离以及节点拥有信息的数量和质量。这就是为什么 DTN 路由协议的转发策略需要与环境保持一致，需要适应网络的要求，并覆盖可能发生在该环境中的所有最可能的情况。迄今为止，许多路由协议已被不同的研究者提出。根据路由协议的工作方式和它们用于决策的信息，它们可以分为两种类型。第一种是基于泛洪的路由协议，另一种是基于估计的路由协议（Jones，2007）。基于洪泛的路由协议的原则是复制消息并将其转发或中继到与携带消息的节点接触过的所有节点或可能的所有节点，直到消息到达目的地。泛洪方法增加了将消息传递到目的地的机会。但它也使用了大量的网络资源，导致网络资源的浪费。基于估计的路由协议（Keränen，2009）采用了某种程度上的泛洪方法，但是使用了有限的方式。这些类型的协议通过使用可用的本地或全局信息选择下一个最佳链接来中继消息，以减少网络中的泛洪。下面给出了这些路由方法的详细信息和一些示例。

1) 直接传递（Direct Delivery）路由协议：是 DTN 中最简单的路由协议之一，用于将数据从源节点传递到目的节点。它类似于泛洪协议的简化版本，节点仅尝试将消息转发到最少数量的节点（Keränen，2009）。仅当源节点和目的节点直接接触时，该路由协议才会转发消息。或者可以说，使用直接传递路由协议的消息路由仅在源节点和目的节点是邻居或仅相隔一跳时才会成功。直接传递路由协议不进行中继，因为每条消息仅由源节点进行传递。该协议的优点在于它最大限度地利用了网络资源，如缓冲区、能量和带宽（Juang，2002）。因为中间节点不接收其他节点的消息以将其传递给其他节点，所以节省了用于接收和传输消息的能量。缓冲区和带宽也得到了节省。但是，考虑到缺点，在使用该协议时将限制将消息传递到目的地的机会。因为该协议仅允许原始发送者将消息传递到目的地，这会导致较大的传递延迟、数据丢失和传递概率降低。大多数情况下，直接传递协议用于将最低开销比的路由协议与其他更实用的路由协议比较。

2) 第一联系人（FC）路由协议：是一种与直接传递路由协议类似的简单路由协议，实际上它也采用了直接传递策略来传递消息（Small，2005）。发送节点仅创建一份消息副本，并将其转发给下一个节点。之后，不会有其他节点复制或转发相同的消息。然后，该协议遵循直接传递策略将消息传递到目的地（Fall，2003）。因此，如果目标节点进入中继节点或发送节点的通信范围，则消息将成功传递。该协议在提高传递概率方面表现优于直接传递路由协议，因为它使用的资源比直接传递路由协议多。尽管该协议在保持资源使用和开销有限的同时成功提高了传递概率，但仍有很大的改进空间。

3) 流行（Epidemic）路由协议：流行路由协议是 DTN 中最简单且最快速的路由协议。使用此协议的节点会复制消息并将其中继到它所经过的每个节点。同样，接收消息的节点将展现相同的行为。节点保留摘要向量以帮助丢弃已存储在节点缓冲区中的消息。该协议采用了纯泛洪方法，因为它将消息泛洪到所有处于通信范围内的节点，直到消息被传递到目的地。该协议假设消息较小，并且网络具有无限的资源，如缓冲区容量、能量和网络带宽。因此，节点在每次联系时都会发送其摘要向量给其他节点。该协议通过消耗节点和网络资源来换取高传递概率。由于该协议将消息分发到所有可能的路径，因此它减少了消息传递到最后目的地的延迟。它还减少了延迟，即消息从源节点创建到传递到目标节点的时间。尽管该协议会持续泛洪消息直到到达目的地，但实际上，目标节点不会将消息中继到任何其他节点，但是其他仍具有此消息且不是目标节点的节点将继续将该消息中继到其他节点，直到它从缓冲区中被丢弃或由于某些原因而被中止。它提供了传递概率和传递延迟的上限以比较其他协议的性能。

4）ProPHET 路由协议：当使用 ProPHET 路由协议发送信息时，节点会利用与其他节点的历史遭遇记录以将信息传递到目的节点（Lindgren，2004）。该协议具有一定的统计特性，用于找到下一个要发送信息的节点。此协议使用传递性和传递可预测性。每个节点维护一个传递概率表，该表显示信息被成功传递到目的节点的概率（Lindgren，2004）。每当节点相遇时，它们会交换传递可预测性表并更新其传递概率表。传递性意味着，如果节点 x 频繁遭遇节点 y，而节点 y 又频繁遭遇节点 z，则节点 z 是向节点 x 传递信息的好中继节点。每个节点都会为所有已知目的节点计算传递可预测性，其中 $P(x,y) \in [0,1]$。计算节点遭遇其他节点时的传递可预测性：

$$P(x,y) = P(x,y)_{\text{old}} + [1 - P(x,y)_{\text{old}}] P_{\text{init}} \tag{9-1}$$

在这里，P_{init} [2,3] 是初始可预测性，且 $P_{\text{init}} \in [0,1]$。所以，每当节点 x 遇到节点 y 时，它们会交换它们的传递可预测性表以更新它们的传递可预测性。建议的 P_{init} 值为 0.75。

如果节点 x 长时间没有遇到节点 y，则节点 x 将使用以下公式更新其传递可预测性：

$$P(x,y) = P(x,y)_{\text{old}} \gamma^k \tag{9-2}$$

式中，γ 为衰老常数，$\gamma \in [0,1]$；k 为衰老因子，表示自上次遭遇以来经过的时间。

式（9-3）展示了传递性对传递预测的影响。传递性是指，如果任何节点 x 经常遭遇另一个节点 y，并且该节点 y 经常遭遇任何其他节点 z，则节点 z 是将消息传递到节点 x 的良好中继（Grasic，2011）。

$$P(x,y) = P(x,y)_{\text{old}} + [1 - P(x,y)_{\text{old}}] P(x,y) P(y,z) \beta \tag{9-3}$$

式中，$\beta \in [0,1]$，它是比例常数，表示传递对传递预测的影响。

该协议假定带宽是无限的，因此忽略了传递消息所需的时间。该协议的传递性质减少了消息丢失率，并有助于减少消息在节点队列中浪费的时间。它降低了节点的负载和压力。

5）喷洒和等待（Spray and Wait）路由协议是一种结合了流行路由协议和直接传递路由协议的方法，假定带宽是无限的，忽略了传输信息所需的时间。该协议通过复制固定数量 L 的消息来减少泛洪。该协议有两个版本：基本版和二进制版，它们的区别在于它们在喷洒阶段中如何分散 L 份消息副本。该协议的基本版将 L 份消息副本传播到前 L 个遇到的不同节点，而该协议的二进制版将 L/2 的消息副本传播到第一个遇到的节点，将另外 L/2 的消息副本传播到发送节点遇到的第二个节点。接收节点在将消息传递到目的地之前会重复这个过程。这是协议在其第一阶段——喷洒阶段的工作方式。该协议的第二阶段是等待阶段。在这个阶段，当网络的中继节点和源节点只剩下一份消息副本时，它们进入等待阶段，在此阶段通过使用直接传递策略来传递消息，其中携带消息的节点将自行将消息传递到目的地。因此，节点会携带消息，直到到达目的地或生存时间（TTL）过期。这种路由协议解决了流行路由协议中无限复制消息的问题。它还通过 L 减少了对网络带宽的使用。该路由协议的缺点是长时间的传递延迟，以及消息被中继到的节点可能永远无法到达目标节点的可能性。

9.3 仿真与结果

本研究使用了 ONE Simulator 进行模拟。模拟时间被设定为 43200s，即 12h。为了评估消息大小对性能的影响，定义了六个节点组，并为每个组分别设置了特定的参数。总共使用了 126 个节点。其中，组 1～组 3 各包含 40 个节点，其余三个组每个组只有 2 个节点。但是，为了评估节点密度对性能的影响，对于每种情况，组 3～组 6 中的节点数量保持不变，而组 1～组 3 的节点数量会随着每种情况的变化而变化，但每个组中节点数量相同。每个组中的节点数量在下一场景都会增加。从第 1 个到第 6 个场景中，对于组 1～组 3 来说，其节点数均分别为 40、60、80、100、120 和 150 个。组 1 到组 3 中的节点可以沿地图上的所有路径移动，因此可以用来模拟行人。组 1 包含行人节点，组 2 仅使用路线 1（即道路），用于模拟只能在道路上行驶的车辆，组 3 则仍是行人。其余组用于有轨电车的模拟。本次模拟采用 ShortestPathMapBasedMovement 作为移动模型。在模拟中，每 25～35s 生成一条新的消息。表 9.1 列出了用于模拟协议的参数。

表 9.1 用于模拟协议的参数

参数	数值
模拟区域	4500×3400
模拟时间/s	43200
移动模型	ShortestPathMapBasedMovement
TTL/s	300
缓冲区大小/MB	5
节点数	126
包生成时间/s	25～35
包大小	500KB～1MB

图 9.2 展示了节点数对每个协议传递概率的影响。可以看到，当节点数增加时，首个接触协议和 Spray and Wait 协议的传递概率增加，而其他协议的传递概率在节点数量增加时会下降，因为网络中的泛洪会导致网络开销增加。因此，其他协议的传输概率也会下降。

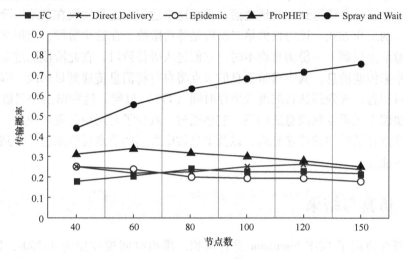

图 9.2 节点数与传递概率的关系

节点数对网络开销的影响如图 9.3 所示。结果表明，随着节点数的增加，每个协议的开销也随之增加。这是因为在泛洪过程中，每个节点都会复制消息，增加网络通信量，从而导致网络开销的增加。

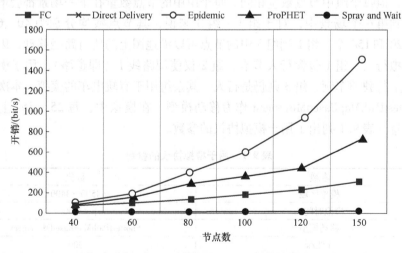

图 9.3 节点数对网络开销的影响

延迟是指消息从源节点生成到目标节点最终接收到的总时间。它是降低传递延迟的关键因素。如图 9.4 所示，大多数路由协议的延迟呈下降趋势。但是，FC 和

Spray and Wait 路由协议的延迟呈上升趋势。

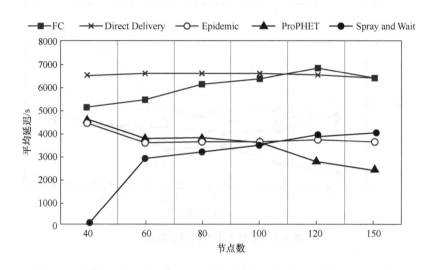

图 9.4 节点数与平均延迟的关系

图 9.5 显示了消息大小对每个协议的传递概率的影响，图中可见随着消息大小的增加，每个路由协议的传递概率都在降低。

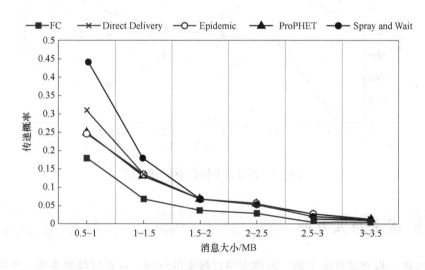

图 9.5 消息大小与传递概率

图 9.6 显示了消息大小对每个协议的网络开销的影响。消息容量越大，每个协议的开销越大。

图 9.7 显示了消息大小对每个协议延迟的影响。

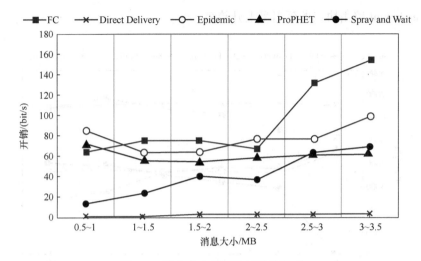

图 9.6　消息大小与网络开销的关系

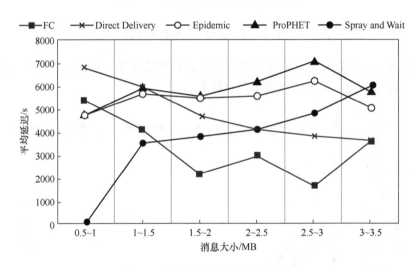

图 9.7　消息大小与平均延迟的关系

9.4　未来研究方向

在进一步改进算法方面，有许多可以探索的空间。从观察结果来看，传递概率和资源之间存在权衡。增加分配的资源，例如缓冲空间、TTL 和能量，可以显著提高系统的传递概率。但是，这些资源在不同的网络环境和应用中具有一定的限制。因此，为了进一步提高路由协议的性能，研究人员需要思考如何在最小化资源使用的同时提高传递概率，并保持网络开销的低水平。

9.5 结论

本研究基于消息大小和节点数的影响,评估了五种路由协议的性能。对于协议的评估,本章考虑了传递概率、开销和平均延迟作为参数指标。本研究的性能表现如下:

(1) 节点密度的影响

1) 除了 FC 和 Spray and Wait 路由协议,对于每个协议,随着网络中节点数的增加,传递概率都会降低。

2) 对于每个协议,开销都会增加。

3) 对于每个协议,平均延迟降低,除了 FC 和 Spray and Wait 路由协议,其平均延迟会增加。

(2) 消息大小的影响

1) 对于每个协议,随着消息大小的增加,传递概率都会降低。

2) 对于每个协议,随着消息大小的增加,开销都会增加。

3) 在增加消息大小时,每个协议的平均延迟行为是不同的。Spray and Wait 协议的平均延迟会增加,而直接传递和流行路由协议的平均延迟会随着消息大小的增加而降低。

参考文献

Agrawal, S. K. (2016). 5G Millimeter Wave (mmWave) communication system with software defined radio (SDR). *Proceedings of the International Conference on Recent Trends in Engineering & Science (ICRTES – 16)*.

Agrawal, S. K. (2016). 5G millimeter wave (mmWave) communications. In *3rd International Conference on Computing for Sustainable Global Development (INDIACom)* (pp. 3630 – 3634). IEEE.

Agrawal, S. K. (2017). Software Defined Millimeter Wave 5th Generation Communications System. *Application and Theory of Computer Technology*, 2 (1), 46 – 56.

Agrawal, S. K. (2018). *Intelligent Software Defined Atmospheric Effect Processing for 5th Generation (5G) Millimeter Wave (MMWave)*. Communication System. doi: 10.5815/ijwmt.2018.02.02

Agrawal, S. K. (2019). 5th generation millimeter wave wireless communication propagation losses dataset for indian metro cities based on corresponding weather conditions. Data in Brief, 23.

Burgess, J. G. (2006). *MaxProp: Routing for Vehicle – Based Disruption – Tolerant Networks* (Vol. 6). Infocom.

Burleigh, S. &. (2007). *Bundle protocol specification*. IETF Request for Comments RFC 5050. Cao, Y. (2012). Routing in delay/disruption tolerant networks: A taxonomy, survey and challenges. *IEEE Communications Surveys & Tutorials*, 15 (2), 654 – 677.

Chaintreau, A. H. (2007). Impact of human mobility on opportunistic forwarding algorithms. IEEE Transactions on Mobile Computing, 6, 606–620. doi: 10.1109/TMC.2007.1060

Daly, E. M. (2007). Social network analysis for routing in disconnected delay–tolerant manets. In *Proceedings of the 8th ACM international symposium on Mobile ad hoc networking and computing* (pp. 32–40). ACM. 10.1145/1288107.1288113

Fall, K. (2003). A delay–tolerant network architecture for challenged internets. In *Proceedings of the 2003 conference on Applications, technologies, architectures, and protocols for computer communications* (pp. 27–34). ACM. 10.1145/863955.863960

Grasic, S. D. (2011). The evolution of a DTN routing protocol–PRoPHETv2. In *Proceedings of the 6th ACM workshop on Challenged networks* (pp. 27–30). ACM. 10.1145/2030652.2030661

Hui, P. C. (2010). Bubble rap: Social–based forwarding in delay–tolerant networks. *IEEE Transactions on Mobile Computing*, 10 (11), 1576–1589.

Jones, E. P., Li, L., Schmidtke, J. K., & Ward, P. A. S. (2007). Practical routing in delay–tolerant networks. *IEEE Transactions on Mobile Computing*, 6 (8), 943–959. doi: 10.1109/TMC.2007.1016

Juang, P. O. (2002). Energy–efficient computing for wildlife tracking: Design tradeoffs and early experiences with ZebraNet. ACM SIGARCH Computer Architecture News, 30 (5), 96–107. doi: 10.1145/605397.605408 Keränen, A. J. (2009). The ONE simulator for DTN protocol evaluation. In *Proceedings of the 2nd international conference on simulation tools and techniques* (p. 55). ICST (Institute for Computer Sciences, Social–Informatics and Telecommunications Engineering). 10.4108/ICST.SIMUTOOLS2009.5674 LeBrun, J. C. (2005). Knowledge–based opportunistic forwarding in vehicular wireless ad hoc networks. In *2005 IEEE 61st Vehicular Technology Conference* (pp. 2289–2293). IEEE. 10.1109/VETECS.2005.1543743 Lindgren, A. A. (2004). Probabilistic routing in intermittently connected networks. In *International Workshop on Service Assurance with Partial and Intermittent Resources* (pp. 239–254). Springer. 10.1007/978-3-540-27767-5_24

Lu, R. L. (2010). Spring: A social–based privacy–preserving packet forwarding protocol for vehicular delay tolerant networks. In 2010 Proceedings IEEE INFOCOM (pp. 1–9). IEEE.

McMahon, A. &. (2009). Delay–and disruption–tolerant networking. *IEEE Internet Computing*, 13 (6), 82–87.

Mealling, M. (2002). *Report from the Joint W3C/IETF URI Planning Interest Group: Uniform Resource Identifiers (URIs), URLs, and Uniform Resource Names (URNs): Clarifications and Recommendations*. RFC 3305.

Musolesi, M. (2008). Car: context–aware adaptive routing for delay–tolerant mobile networks. *IEEE Transactions on Mobile Computing*, 8 (2), 246–260.

Pan, D. R., Ruan, Z., Zhou, N., Liu, X., & Song, Z. (2013). A comprehensive–integrated buffer management strategy for opportunistic networks. *EURASIP Journal on Wireless Communications and Networking*, 2013 (1), 103. doi: 10.1186/1687-1499-2013-103

Pentland, A. F. (2004). Daknet: Rethinking connectivity in developing nations. *Computer*, 37 (1), 78–83.

Pereira, P. R. - P. (2011). From delay - tolerant networks to vehicular delay - tolerant networks. *IEEE Communications Surveys & Tutorials*, 14 (4), 1166 - 1182.

Sharma, D. K. (2016). A machine learning - based protocol for efficient routing in opportunistic networks. *IEEE Systems Journal*, 12 (3), 2207 - 2213.

Small, T. a. (2005). Resource and performance tradeoffs in delay - tolerant wireless networks. In *Proceedings of the 2005 ACM SIGCOMM workshop on Delay - tolerant networking*. ACM. 10.1145/1080139.1080144 Spyropoulos, T. P. (2005). Spray and wait: an efficient routing scheme for intermittently connected mobile networks. In *Proceedings of the 2005 ACM SIGCOMM workshop on Delay - tolerant networking* (pp. 252 - 259). ACM. 10.1145/1080139.1080143

Sterbenz, J. P. (2002). Survivable mobile wireless networks: issues, challenges, and research directions. In *Proceedings of the 1st ACM workshop on Wireless security* (pp. 31 - 40). ACM. 10.1145/570681.570685 Vahdat, A. a. (2000). *Epidemic routing for partially connected ad hoc networks*. Academic Press.

第10章
使用整流天线进行无线传感器节点的能量收集

无线传感器节点通常依赖于电池供电,而电池需要定期更换或充电,给节点的长期稳定运行带来困难。为解决这一问题,射频能量收集技术被提出并作为一种可行的能源供给方式。射频能量在环境中广泛存在,并来自于多种源头,因此它被认为是一种可靠的能源来源。射频能量收集技术能够将电磁辐射转化为直流电能,因此可以作为一种替代电池的能源。虽然环境中存在大量射频能量,但是每个单位面积的功率密度却相对较低。因此,提高整流电路的输出功率密度是射频能量收集技术的主要难点。通过克服这个难点,可以在电池不需要更换或充电的情况下,实现无线传感器节点的长期稳定运行。

10.1 简介

传感器节点通常使用电池作为其能源,然而电池需要定期更换或充电,这会影响节点的稳定运行。射频能量收集技术是为这些节点提供能源的最佳方法之一,通过将电磁能转化为直流电能。环境中存在大量射频能量,可以从多个源辐射出来,因此相比其他能量收集技术更为可靠和可预测。通过使用这种系统,可以消除节点定期更换电池的需要。

尽管环境中存在巨大的射频能量,但每个单位面积的功率密度却很低,这是射频能量收集技术的主要挑战。为了提高功率密度,可以采用不同的天线设计,如线型偶极天线、宽带天线等。在相同尺寸的情况下,圆形贴片天线提供更高的增益。尽管宽带天线能够接收更多的射频能量,但相对于单频带天线,它们存在阻抗不匹配和输出电压较低的问题。由于整流电路中的二极管的整流效果受到频率和输入功率级别的影响,在宽带天线中,其存在阻抗不匹配和输出电压较低的问题。因此,在本章中,采用阵列天线的方式,将多个指数形式的天线的能量进行叠加,以从环境中收集更多的能量。

天线的增益 G 是指定方向上的天线强度 ψ 与各向同性天线辐射强度 ω_r 之比。

$$G = \frac{\psi(\theta,\varphi)}{\omega_r/4\pi} \quad (10\text{-}1)$$

式中,$\psi(\theta,\varphi)$ 为指定方向上的天线强度;ω_r 为各向同性天线的辐射强度。

10.2 相关研究

我们周围的电视、收音机、手机和 Wi-Fi 发射器提供了巨大的能量。可以收集并储存这些能量信号以供各种应用。这个过程分为四步,即电磁波入射天线提供激励电流、整流产生功率、优化电压和电流转换,最后通过电容器存储能量供传感器使用(Sample,2013)。

对于物联网环境,需要构建无线传感器节点,但需要更换电池,这使得其经济前景不佳。从环境中收集的能量非常低,无法用于激励传感器节点。在环形和螺旋天线的情况下,提供 0~80nW 范围的电力,这取决于天线的频率。因此,系统的需求是增加功率输出。可以通过使用天线阵列系统来增加功率。当天线排列成阵列时,它们之间存在相互耦合。相互耦合会影响天线上的电流分布。阻抗由此电流控制,最终影响系统的功率。相互耦合现象以两种方式影响功率,一种是正向的,另一种是负向的,这取决于当考虑耦合时电路的等效阻抗的性质。间距(即 d)$/\lambda$(<1)会增加相互耦合效应(λ 为波长),而 $d/\lambda > 1$ 的范围会减小相互耦合。当系统的等效阻抗包含电容性阻抗时,相互耦合提供了增加系统功率的优势。0.55λ 的间距提供的功率是未耦合功率的 1.5 倍(Kim,2016)。

由于发射器和接收天线之间的距离很长,收集系统有能量损失的风险,因此本章的目标是最小化距离引起的损失。因此,采用天线阵列来增加系统的功率增益。系统的带宽增加了 11%(Keyrouz,2012)。

在参考文献(Nayna,2014)中,为不同的应用选取 10GHz 频率。与圆形贴片天线相比,矩形贴片天线显示出增加约 3dB 的回波损耗。矩形贴片天线的驻波比(VSWR)值为 1.18,而圆形贴片天线的 VSWR 值为 1.27,显示出更好的改进效果。然而,圆形贴片天线提供的带宽比矩形天线高约 8%,侧瓣功率水平也降低了近 2dB。矩形和圆形贴片天线分别在图 10.1 和图 10.2 中显示。

图 10.1 矩形贴片天线

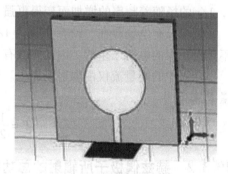

图 10.2 圆形贴片天线

在参考文献(Agarwal,2014)中提到了两种匹配网络设计方法,分别是采用离散元件的集总元件法和采用微带线的分布元件法。其中,集总元件法的元件包括电阻器、电感和电容,而分布元件法采用微带线实现匹配网络设计。

10.3 方法和概念

10.3.1 赫兹偶极子的辐射

赫兹偶极子是一种无限小的电流元素,它是一种基本的天线元素和天线分析的起点。由于赫兹偶极子是无限小的电流元素,不能被自由空间支持,但由于麦克斯韦方程遵循线性原理,它可以用任意电流分布的电流元素表示。因此,如果已知某个电流元素的场,可以通过叠加积分或将由组成电流分布的所有电流元素的贡献相加来计算任何电流分布的场。虽然单个电流元素本身并不重要,但它构成了任何复杂辐射结构的基础。实际上,任何辐射结构都可以看作小电流元素的集合。因此,赫兹偶极子是天线分析的重要主题。

$$E_\theta = \frac{Idl\sin\theta e^{j\omega t}e^{-j\beta r}}{4\pi\varepsilon} \frac{j\beta^2}{\omega r} \tag{10-2}$$

$$H_\varphi = \frac{Idl\sin\theta e^{j\omega t}e^{-j\beta r}}{4\pi r}(j\beta + 1/r) \tag{10-3}$$

根据电场和磁场的表达式[即式(10-2)和式(10-3)],可以将场按照距离的变化分类为三种类型。这三种场的空间变化分别为 $1/r$(辐射场)、$1/r^2$(感应场)和 $1/r^3$(静电场)。注意到 $\beta = \omega^2\sqrt{\mu\varepsilon}$,即 β 与频率成正比,可以观察到,变化为 $1/r^3$ 的场的幅度与频率成反比。变化为 $1/r^2$ 的场与频率无关,而变化为 $1/r$ 的场与频率成正比。$1/r^2$ 和 $1/r^3$ 的场仅在距离源点较近时占主导地位,而 $1/r$ 的场在距离源点较远时占主导地位。有趣的是,在低频时,场更集中在源点附近,而在高频时,场会扩散到距离源点很远的地方。换句话说,对于相同的电流和距离 r,$1/r$ 的场随着频率的增加而变得更强。

近场只有电场存在,没有变化为 $1/r^3$ 的磁场分量。磁场是由电流产生的,而不是由积累的电荷产生的,因此它没有 $1/r^3$ 的变化。

介质中的能量流仅由辐射场产生。这可以通过在空间某一点计算平均坡印廷向量 P 来证明。

$$P = \frac{1}{2}(E \times H) \tag{10-4}$$

10.3.2 赫兹偶极子所辐射的总功率

通过对半径为 r 的球面上的坡印廷向量进行积分,可以得到天线所辐射的总功率。元面积可以表示为 $r^2\sin\theta d\theta d\phi$,而总功率 W 可以表示为

$$W = 40\pi^2 l^2 (\mathrm{d}l/\lambda)^2 \tag{10-5}$$

若将电偶极子的长度归一化到波长，则其辐射功率与长度 l 的平方成正比。随着频率的升高，电子器件开始辐射更多的功率，且功率能够到达更远的距离。

10.3.3 赫兹偶极子的辐射图案

辐射图案是辐射电场幅度作为 θ 和 ϕ 的函数的图形表示。它描述了功率随方向变化的方式。由于辐射图案的目的是提供辐射场的方向依赖性，因此绝对场幅值并不太重要。因此，辐射场可以相对于其最大值进行归一化。因此，赫兹偶极子的辐射模式为

$$F(\theta,\phi) = \sin\theta \tag{10-6}$$

当在球坐标系 (ρ,θ,ϕ) 绘制时 $\rho = |F(\theta,\phi)|$ 产生辐射图案。尽管可将辐射图案想象为三维形状，但有时只需用图案的两个主要截面就足以描述天线的总体辐射特性。该辐射图案的形状类似于一个苹果。

10.3.4 天线阵列

单极子和偶极子天线的辐射特性具有宽阔的辐射波束和较低的定向性。通过增大天线的物理尺寸可以增加其定向性，但天线尺寸的增加不仅会增加定向性，而且辐射图案也会以不理想的方式发生变化。同时，在控制辐射图案的同时，天线的终端特性可能会发生不利的变化。实际上，无法确定特定类型的天线形状如何准确地改变辐射图案。可以为给定的天线结构找到辐射图案，但是找到实现给定辐射图案的天线形状是不可能的。实际应用中，根据应用需求，天线的辐射图案被指定，工程师必须为其设计辐射结构。

参考天线上电流分布和辐射图案之间的基本傅里叶关系，如果控制天线表面上的电流分布，将能够获得所需的辐射特性。不幸的是，对于上述的这些天线，人们无法控制电流分布。一旦天线在其馈电点被电压或电流源激励，电流分布将自动调整以满足电磁学的基本定律。因此，为了更好地控制辐射图案，必须找到一种控制空间电流分布的机制。天线阵列是一种机制，它提供了精确控制空间电流分布的手段。利用基本天线元件的空间配置，可以借助阵列实现任意复杂的辐射图案。在操纵辐射图案的同时，基本天线元件的终端特性仅会略微改变。因此，天线的输入阻抗从辐射图案中分离出来。

如果考虑各向同性天线的两个元件阵列，尽管在实际应用中不存在各向同性天线，但使用各向同性天线有助于理解阵列的原理。

如图 10.3 所示，连接两个元件的线称为阵列的轴线。所有的角度 φ 都是从阵列的轴线测量的。请注意，从阵列轴线测量 φ 是随机的，并且与标准的球坐标系 (r,θ,ϕ) 无关。

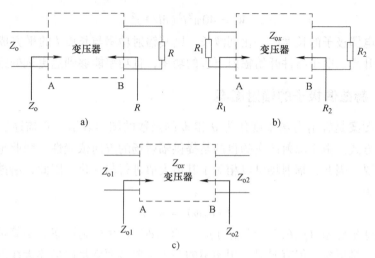

图 10.3 不同类型的四分之一波长变压器

10.3.5 两个各向同性辐射源

$$E_{\text{total}} = E_0 + E_0 k e^{\psi} \tag{10-7}$$

Ψ 是电流的相位差与路径差的和。如果两个电流的幅度相同，则 $k=1$，路径差由 $d\cos\theta$ 给出，其中 θ 是辐射图案与水平轴的夹角。

$$\text{相位差} = \frac{2\pi d\cos\theta}{\lambda} \tag{10-8}$$

式中，d 为两个天线之间的距离。

$$\Psi = \alpha + \beta d\cos\theta \tag{10-9}$$

式中，$\beta = \dfrac{2\pi}{\lambda}$。

所以　　$E_{\text{total}} = E_0 (1 + e^{\psi})$

$$= E_0(1 + \cos^{\psi}e^{\psi} + j\sin^{\psi}) \quad |E_{\text{total}}| = 2E_0\cos(\Psi/2) \tag{10-10}$$

10.3.6 阻抗匹配

在讨论传输线的特性时，如果一条线的终端电阻是特性阻抗 Z_o，那么在这种情况下，线路上就没有反射，且功率被最大程度地传递到了负载上。然而，在实际情况下，设计一个输入或输出阻抗与相邻电路匹配的电路并不总是可能的。例如，可能有一个电路需要连接到一个输出阻抗为 50Ω 的信号发生器，但是电路的输入阻抗不是 50Ω。当进行这种连接时，不仅不能将最大功率传递给负载，而且反射波可能会进入发生器并改变其特性，例如频率等。因此，有必要设计一种技术来避免电路中的反射。传输线可用于匹配两个阻抗。由于传输线的低损耗，它可以提供阻抗匹配，并且几乎没有功率损失。

10.3.7 四分之一波长变压器 (Transformer)

这种技术通常用于匹配两个电阻性负载，或将电阻性负载与传输线匹配，或将两条特性阻抗不相等的传输线匹配。

所有这些情况在原理上都是相同的，因为它们都需要在两个纯电阻性阻抗之间进行匹配。这里的原理非常简单。在要匹配的两个电阻之间引入一个传输线部分（变压器），使得变压器部分的两端形成完美匹配的转换阻抗，即，在图 10.3 中，A 处向右看到的阻抗看起来是 Z_o，而 B 处向左看到的阻抗看起来是 R。

因此，当从传输线端看时，它看起来是以 Z_o 终止的，当从负载电阻侧看时，它看起来连接到一个共轭匹配的负载 R。由于在这里要匹配纯电阻，所以变压器中的阻抗转换必须是从电阻性阻抗到电阻性阻抗。这仅在以下两种情况下可能实现：变压线的长度为 $\lambda/2$ 或 $\lambda/4$。

当变压线的长度为 $\lambda/2$ 时，变压线将阻抗转换为它本身，因此对于匹配没有任何作用。因此，唯一可能的情况是变压器必须为 $\lambda/4$。假设变压器段的特性阻抗为 Z_{ox}。对于 $\lambda/4$ 长度，变压器将反转归一化阻抗。因此，在图 10.3 中向右看到的 A 处看到的阻抗将是：

$$Z_A = \frac{1}{\left(\frac{R}{Z_{ox}}\right)} Z_{ox} = Z_{ox}^2 / R \tag{10-11}$$

对于 A 匹配，Z_A 应当等于 Z_o，即

$$Z_{ox} = \sqrt{RZ_o} \tag{10-12}$$

因此，一般而言，通过一条特性阻抗为两个阻性阻抗的几何平均数的四分之一波长的传输线节段，可以实现两个阻性阻抗的匹配。

初看起来，从上面的讨论中可以看出，四分之一波长变压器只能用于匹配纯电阻性阻抗。然而，如果仔细观察，就会发现这不是正确的。这是因为总是可以通过添加适当长度的传输线节段来将复阻抗转化为实阻抗。考虑将复杂阻抗 $R+jX$ 匹配到传输线特性阻抗 Z_o 上。为了将阻抗 $R+jX$ 转化为一些实值，让一个额外的长度为 L 的传输线添加在四分之一波长变压器和阻抗之间，如图 10.4 所示。

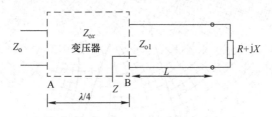

图 10.4 四分之一波长变压器

额外长度的传输线的特征阻抗设为 Z_{o1}（也可以使用特征阻抗为 Z_o 的传输线）。

应选择长度 L 使得在 B 处向右看到的变换后阻抗 Z' 是纯实数。这可以通过使用史密斯图方便地实现。

首先，将阻抗 $Z = R + jX$ 相对于 Z_{o1} 进行归一化，得到 $\check{Z} = (R + jX)/Z_{o1} \equiv r + jX$。记此点为 P。画过 P 的常数 VSWR 圆。该圆将在实轴上的 S 和 T 点相交。这些点代表阻抗为纯电阻的传输线上的位置。在 T 点，归一化阻抗为 r_{max}，在 S 点，归一化阻抗为 r_{min}。

若取 $L = L_{max}$，则阻抗 $Z' = Z_{o1} r_{max}$，则

$$Z_{ox} = \sqrt{Z_o Z_{o1} r_{max}} \tag{10-13}$$

若取 $L = L_{min}$，则阻抗 $Z' = Z_{o1} r_{min}$，则

$$Z_{ox} = \sqrt{Z_o Z_{o1} r_{min}} \tag{10-14}$$

尽管理论上两个解决方案都是可接受的，但只有它们的数值将决定哪个在实践中更容易实现。然而，四分之一波长变压器有一个非常严重的缺点。对于每个需要匹配的阻抗，都需要一个具有不同特性阻抗 Z_{ox} 的线路，因为线路的特性阻抗是由线路的物理结构如导体尺寸、介电常数、导体之间的间隔等决定的。对于每个特性阻抗 Z_{ox}，都需要一个特殊的传输线。在实践中实现特定的 Z_{ox} 线路可能并不总是可行的。为了克服这个缺点，提出了阻抗匹配技术。这些技术利用标准传输线段来匹配任意阻抗。图 10.5 展示了史密斯图表。

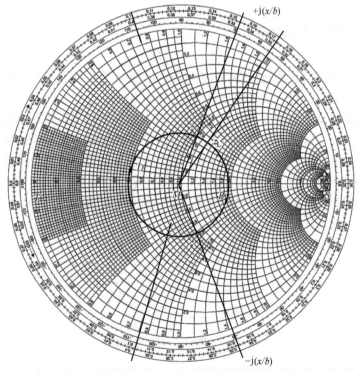

图 10.5　史密斯图表

10.3.8 术语和定义

（1）各向同性天线

各向同性天线是一种辐射方向均匀的天线，即具有全向性质，其电场模式不依赖于 θ 和 φ，例如广播塔。

（2）辐射功率密度

天线在任何距离和任何方向上辐射功率的强度，通常以功率/面积（W/m²）为单位。它可以用于描述天线的辐射强度，可以根据其在特定距离和方向上的功率密度计算出接收天线的接收信号强度。

$$P(r,\theta,\varphi) = \frac{dW_r}{ds} \quad (10\text{-}15)$$

也可写为

$$\frac{E^2(r,\theta,\varphi)}{2\eta}$$

式中，η 为波阻抗。

（3）辐射功率强度

辐射功率强度指天线在任何方向上辐射出的功率强度，是单位立体角（W/球面角度）的功率。其计算公式为

$$\psi(\theta,\varphi) = dW_r/d\Omega \quad (10\text{-}16)$$

式中，$d\Omega = r^2\sin\theta\, d\theta\, d\varphi$。

（4）有效长度

如果一根天线通过其物理长度以非均匀电流辐射出 W_r 功率，则假设电流均匀的长度定义为有效长度。

（5）天线的辐射参数

天线的辐射图案描述了天线所辐射功率的方向依赖性。一般情况下，辐射图案具有最大辐射方向。然后，存在某些方向被称为空洞方向，沿这些方向没有辐射。还有一些方向，辐射功率在该方向上局部最大，这些局部最大值称为辐射图案的侧瓣。因此，在某个平面上的典型辐射图案如图 10.6 所示。

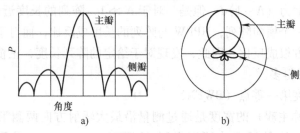

图 10.6 典型辐射图案

图 10.6a 展示了辐射方向图的极坐标图，图 10.6b 则展示了辐射方向图的笛卡儿图。它实际上是以 θ 为独立参数的表征真实辐射方向图的方式，将 $|E|$ 作为 θ 的函数在常规图中绘制出来。辐射方向图实际上在 360° 即 2π 弧度的范围内是周期性的。

虽然辐射方向图是对天线辐射方向特性的完整描述，但由于其过于详细，其实用性受到了限制。相反，人们更希望从辐射方向图中导出某些定量参数，以便用于比较不同的天线。这些参数如下：

（6）主瓣方向

指辐射场强度最大的方向，通常用 θ_{max} 表示。

（7）半功率波束宽度（HPBW）

主波束是天线有效辐射的角度范围。主波束的有效宽度是辐射图案上场强幅度降至 $E_{max}/\sqrt{2}$ 的点之间的角度宽度，其中 E_{max} 为最大场强。从图 10.7 中可以看出，HPBW = $\theta_1 - \theta_2$。因为方向 θ_1 和 θ_2 处的场强降至其最大值的 $\frac{1}{\sqrt{2}}$；与最大辐射方向相比，该方向上的指向向量降低到一半或 $-3dB$。因此，通常被称为天线的 3dB 波束宽度。通常，半功率波束宽度在辐射图案的 E 面和 H 面上进行测量。

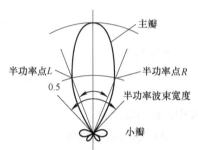

图 10.7 辐射图案的半功率波束宽度

对于均匀线性阵列，当最大方向角 ϕ_{max} 从 0 增加到 $\pi/2$ 时，半功率波束宽度 ϕ_{HPBW} 单调递减。也就是说，当 $\phi_{max}=0$ 时（端面阵列），HPBW 最大，当 $\phi_{max}=\pi/2$（正横向阵列），HPBW 最小。对于正横向阵列（$\phi_{max}=\pi/2$），HPBW 为

$$\phi_{HPBW} = \frac{\gg}{dN} = \frac{\gg}{阵列长度} \tag{10-17}$$

对于端面阵列（$\phi_{max}=0$），HPBW 为

$$\phi_{HPBW} = \sqrt{2\lambda/dN} = \sqrt{\frac{2\gg}{阵列长度}} \tag{10-18}$$

该阵列的长度为 $(N-1)d$。但是，对于 $N \gg 1$，阵列的长度近似为 dN。值得注意的是，对于一个横向阵列，HPBW 与阵列的长度成反比，而对于端面阵列，它与阵列长度的平方根成反比。因此，发现对于给定的阵列长度，正横向阵列的 HPBW 比端面阵列小得多。

（8）光束宽度第一零点（BWFN）

主波束（也称主瓣）的宽度是通过测量沿最大辐射方向两侧第一个零点的角度间隔来确定的。从图 10.7 中可以得到，BWFN = $\theta n_2 - \theta n_1$。需要指出的是，与 BWFN 相比，HPBW 更好地度量了主波束的有效宽度，因为有些情况下，HPBW 会

改变，但 BWFN 保持不变。

侧瓣的存在实际上表明功率泄漏到了不需要的方向。天线系统主要是为了沿主波束方向传输辐射。然而，由于在任何实际的天线系统中都存在侧瓣，因此总辐射功率并未完全聚焦到主波束中，而是有一部分泄漏到了侧瓣方向。显然，人们希望将这种泄漏最小化。换句话说，侧瓣幅度应该尽可能小，与主波束的幅度相比。最高侧瓣幅度与主波束幅度之比称为侧瓣电平（SLL）。对于良好的卫星通信天线，侧瓣电平为 -40 ~ -30dB。通常情况下，随着远离主波束，侧瓣的幅度会减小，因此在主波束两侧的第一个侧瓣定义了侧瓣电平。

（9）定向性

定向性是量化天线辐射聚焦能力的参数。HPBW 在某种程度上具有类似的信息，但它并不量化有多少总辐射功率被限制在主波束中。部分辐射功率会通过侧瓣泄漏出去，剩余功率会分布在 HPBW 中。由于正在研究辐射功率的角度分布，因此定义一个称为辐射强度的量作为单位球面角度的功率是合适的。辐射强度通常是 θ 和 ϕ 的函数，由以下公式给出（Lin，2018）：

$$U(\theta,\phi) = \frac{\text{Power along direction } (\theta,\phi) \text{ in solif angle } d©}{\text{Solid angle } (d©)} \tag{10-19}$$

球面角度定义为

$$d© = \frac{dA}{r^2} \tag{10-20}$$

式中，dA 为球体表面上的面积；r 为球体的半径。

$$U(\theta,\phi) = \frac{\text{Power along } (\theta,\phi)}{dA} r^2 = (\text{能量密度}) r^2 \tag{10-21}$$

如果 W 的功率在所有方向上均匀辐射，即超过 4π 球面角度，可得平均辐射强度：

$$U(\theta,\phi) = \frac{W}{4\pi} = \frac{1}{4\pi} \iint U(\theta,\phi) d\Omega \tag{10-22}$$

式中，$d\Omega = \sin\theta d\theta d\phi$。

天线的定向增益定义为

$$G(\theta,\phi) = \frac{U(\theta,\phi)}{U_{av}} = \frac{4\pi U(\theta,\phi)}{\iint U(\theta,\phi)} \tag{10-23}$$

显然，$G(\theta,\phi)$ 可以小于或大于 1，且没有上下界限制。也就是说，理论上 $G(\theta,\phi)$ 可以从 0 到无穷大变化。在零点方向，$E(\theta,\phi)$、$U(\theta,\phi)$ 和 $G(\theta,\phi)$ 都为零，而在主波束方向，$G(\theta,\phi)$ 最大。

最大定向增益称为天线的"直向性"，用 D 表示。

$$D = \text{Max}[G(\theta,\phi)]$$

直向性 D 介于 1 到无穷大之间。当 $D = 1$ 时，$U_{max} = U_{av}$，天线没有任何定向特性。这种天线称为"各向同性天线"。需注意的是,各向同性天线只是理论上的,实际上无法实现各向同性天线。因此,对于实际天线,D始终大于1。随着直向性D的增加,辐射越来越集中在主波束方向。直向性也可以通过以下方式定义:

$$D = \frac{4\pi}{\phi_{HP} \theta_{HP}} \quad (10\text{-}24)$$

式中,θ_{HP}和ϕ_{HP}分别为θ和ϕ平面上的半功率波束宽度(以弧度为单位)。

实际主波束下的体积大约等于高度为1、长度和宽度分别为θ_{HP}和ϕ_{HP}的长方体的体积。

对于一个N元素均匀阵列,其定向性由以下公式给出:

$$D = \frac{4\pi}{\iint |AF|^2 d\Omega} \quad (10\text{-}25)$$

式中,AF为阵列的归一化辐射图,图示阵列的主瓣在三维空间中的形态。

很明显,虽然侧面和端面阵列的平面辐射图看起来相似,但在三维空间中它们的形态完全不同。侧面阵列的三维形态几乎看起来像一个圆盘,而端面阵列则看起来像一个细长的气球。对于任何最大辐射方向,主瓣看起来像一个中空圆锥体,如图10.8所示。

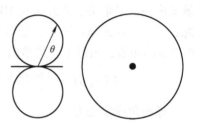

图10.8 宽侧面(左)和端面(右)辐射模式

如果分别用D_{BS}和D_{EF}表示宽侧面和端面阵列的直向增益,则可以得到:

$$D_{BS} = \frac{2dN}{\lambda} \quad (10\text{-}26)$$

$$D_{EF} = \frac{8dN}{\lambda} \quad (10\text{-}27)$$

这个结果非常有趣。相同长度的端面阵列的定向性大约比同长度的正面阵列高4倍。

(10)天线增益

如上所述,指向性是完全依赖于辐射图的参数。间接地,它假定总辐射功率W与输入到天线的功率相同。然而,在实际中,天线并不是由理想的导体制成的,因此当电流沿着天线表面流动时,存在欧姆损耗。因此,输入到天线的功率的一部分将在加热天线时损失。如果假设实际辐射的功率是W,则输入到天线的功率将为

$$P_i = W + P_1 \quad (10\text{-}28)$$

式中,P_1为天线有限电导率引起的欧姆损耗。

定义天线的功率效率:

$$\eta_r = \frac{W}{P_i} = \frac{W}{W + P_l} \tag{10-29}$$

天线功率增益（Antenna Power Gain）被定义为 $GP = D\eta_r$。则有，功率增益 = 定向度×效率。

10.4 HFSS 模拟

该天线使用高频仿真软件（HFSS）2011 进行设计。由于给定天线尺寸下具有高增益，所以电路采用圆形贴片天线。设计涉及多个步骤，包括以下内容：

打开 HFSS 项目窗口，单击项目图标，在其中插入新的 HFSS 设计，如图 10.9 所示。

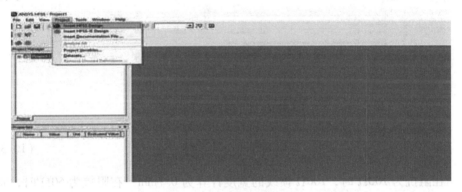

图 10.9　HFSS 项目窗口

在插入设计后，会打开一个项目窗口，其中有三个轴，用于开始所需天线系统的设计，如图 10.10 所示。

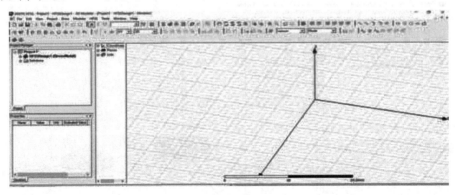

图 10.10　设计插入窗口

形成一个圆圈，以产生半径为 17mm 的圆形贴片天线，如图 10.11 所示，贴片的半径使用下面给出的公式进行计算（Agarwal, 2014）。

$$A = \frac{F}{\left\{1 + \frac{2h}{\Pi\varepsilon F}\left[\ln\left(\frac{\Pi F}{2h}\right) + 1.7726\right]\right\}} \qquad (10\text{-}30)$$

式中，$F = \frac{8.791 \times 10^9}{fr^2 \sqrt{\varepsilon}}$ 和 ε 分别为天线的相对介电常数。

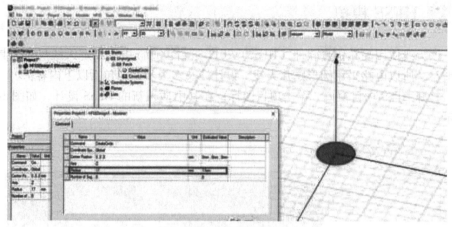

图 10.11　圆形贴片天线

$$Z = \frac{60}{\sqrt{\varepsilon r_{\text{eff}}}} \ln\left(\frac{8h}{w} + \frac{w}{4h}\right) \qquad (10\text{-}31)$$

在阻抗为 100Ω 时，100Ω 馈线的宽度计算为 0.7mm；在阻抗为 50Ω 时，50Ω 馈线的宽度计算为 3mm。

1) 每个补丁都通过在位置 (0, 0.35, 0) 虚拟一个矩形，尺寸为 -20mm（X 方向）和 -0.7mm（Y 方向），连接到 100Ω 馈线。图 10.12 所示为圆形贴片 2×1 阵列。

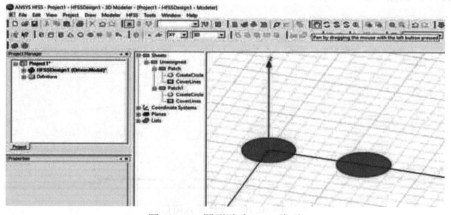

图 10.12　圆形贴片 2×1 阵列

2) 将矩形复制，以形成到第二个天线补丁的距离为 62.5mm 的另一个矩形。

3）在（-20，-0.35，0）的位置连接这两个矩形的另一个矩形，Z 轴为 0，X 轴为 -0.7mm，Y 轴为 63.2mm。

4）在两条 100Ω 馈线的交汇处，使用边缘馈电连接到一个等效于 50Ω 的馈线。这两条 100Ω 馈线和 50Ω 馈线的长度不受阻抗的影响，只有宽度与之有关，如前所述。在位置（-20.7，30.1，0）处绘制一个矩形，Z 轴为 0，X 轴为 -3mm，Y 轴为 3mm。

图 10.13 所示为馈线 1。

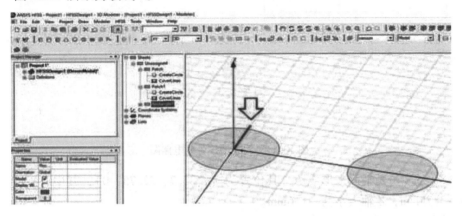

图 10.13　馈线 1

5）现在绘制另一个矩形，覆盖到目前为止绘制的所有元素。选择 Patch 和所有矩形，进行联合，并在位置（26.6，89.1，-1.6）[即（17+9.6，62.5+17+9.6，-1.6）]处形成地平面。

6）地平面的长度和宽度均大于 Patch 的 6h，其中 h 是基板的高度，即 6×1.6 = 9.6mm，Z 轴为 0，X 轴尺寸为 -50.3（即 23.7+26.6）mm，Y 轴尺寸为 -115.7mm。

图 10.14 所示为馈线 2。

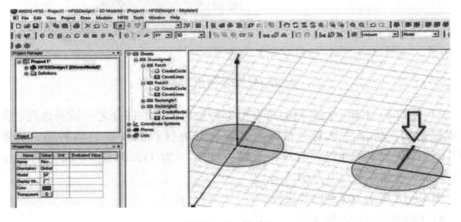

图 10.14　馈线 2

7）选择一个立方体结构来形成 FR4_epoxy 材料的基板，其相对介电常数为 $\xi_r = 4.4$，尺寸与地平面相同，并具有相同的高度/厚度。

图 10.15 所示为 50Ω 馈线等效电路图。

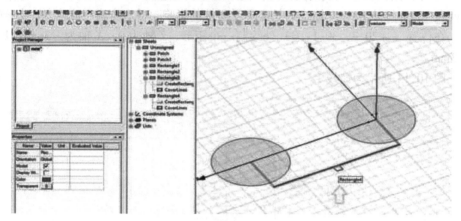

图 10.15　50Ω 馈线等效电路图

8）选择 YZ 平面来形成源，其位置为（-23.7，32.75，0），其中，X 轴大小为 -3.75mm，Z 轴大小为 -1.6mm。

图 10.16 和图 10.17 所示分别为单个圆片天线组和天线的基底平面。

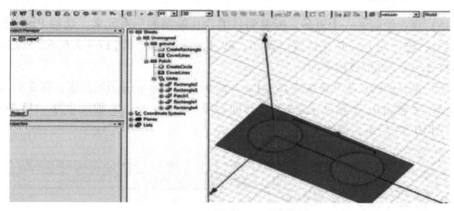

图 10.16　单个圆片天线组

9）回到 XY 平面。辐射箱的所有面都是辐射图案的四分之一波长远离。为了形成辐射箱，将基底复制并粘贴，重新命名为材料为真空的辐射箱，位置为 (57.85，120.35，32.85)，其中，X 轴方向大小为 112.8mm；Y 轴方向大小为 178.2mm；Z 轴方向大小为 64.1mm。

图 10.18 所示为源到贴片天线。

衬底的每个位置添加 $\lambda/4$。

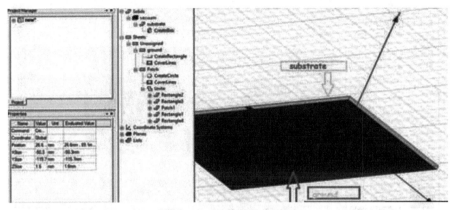

图 10.17　天线的基底平面

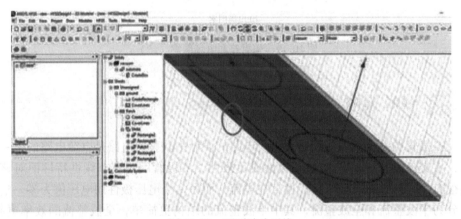

图 10.18　源到贴片天线

图 10.19 所示为辐射箱和电场图案。

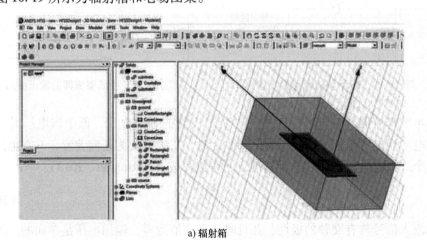

a) 辐射箱

图 10.19　辐射箱和电场图案

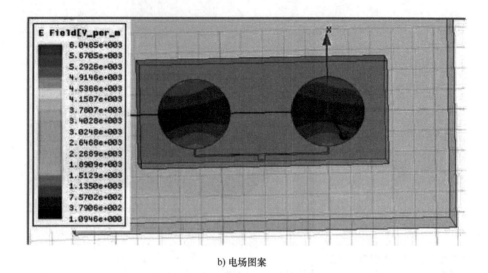

b) 电场图案

图 10.19　辐射箱和电场图案（续）

10.5　ADS 模拟

二极管的一个重要应用是在整流电路的设计中。整流电路是电源电路的第一阶段，将交流电压（AC）变成正极性或负极性。二极管因具有非线性特性而对该特性很有用，即只有一个电压极性存在电流，而另一个电压极性的电压值为零。整流可分为半波整流和全波整流，其中半波整流的结构更简单，全波整流的效率更高。图 10.20 所示为折半整流电路的图像，图 10.21 所示为半波整流器的输出波形。

图 10.20　折半整流电路的图像　　　　图 10.21　半波整流器的输出波形

半波整流器及其传输特性——V_γ 是二极管的导通电压，低于该电压时二极管不导电。当电源电压 V_S 大于二极管的 V_γ 时，二极管变为正向偏置，并在电路中引入一个二极管电流 i_D。在这种情况下，可以写成（Matsunaga，2013）：

$$i_D = \frac{V_S - V_\gamma}{R} \tag{10-32}$$

输入信号具有交替的极性，并且时间平均值为零，输出电压是单向的，其平均值不为零。因此，输入电压被整流了。图 10.22 所示为全波桥式整流器，图 10.23

所示为全波桥式整流器波形图。

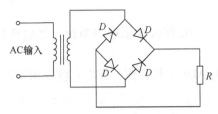

图 10.22　全波桥式整流器

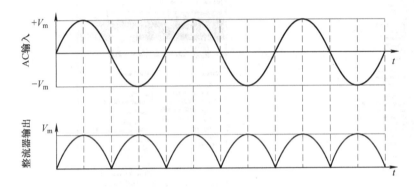

图 10.23　全波桥式整流器波形图

所采用的整流电路基本上是电压四倍器电路，由两个二极管和两个电容器组成（Matsunaga，2013）。该电路的工作原理和电压四倍器电路如图 10.24 所示。

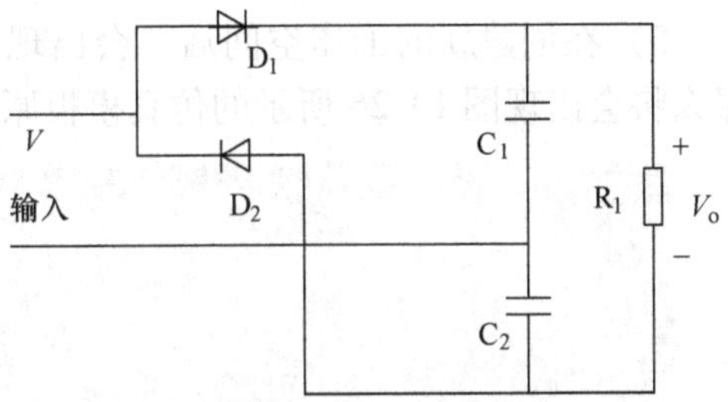

1）在负半周期中，二极管 D_1 导通，而 D_2 不导通，电容 C_1 被充电至所施加电压的最大值。

图 10.24　电压四倍器电路

2）在正半周期中，二极管 D_2 导通，D_1 与电容 C_1 形成开路，而二极管 D_2 和电容 C_2 则串联在一起。

3）电路输出电压通过 KVL 计算，其中电容 C_1 在上一个周期中已充电至所施加电压的最大值。因此，它的形式为

$$-V_m - V_m + V_o = 0 \tag{10-33}$$

式中，V_m 为电路所施加的最大电压，电容器会被充电到这个电压值。

本节使用的软件是 Advanced Design System（ADS）。

使用 ADS 需要遵循以下步骤：

1）ADS 窗口显示一个新的工作空间选项，以及其他获取知识的选项，用户需要选择"新工作空间"选项来启动一个项目。

2）用户需要在下一步中添加工作空间名称并添加包含模拟、数字和用户定义库的库。

3）一个窗口会打开，需要选择原理图图标，然后选择单元名称和设计模板（可选择）。

4）图 10.25 所示为 ADS 工作界面，即带有教程和知识中心的窗口。

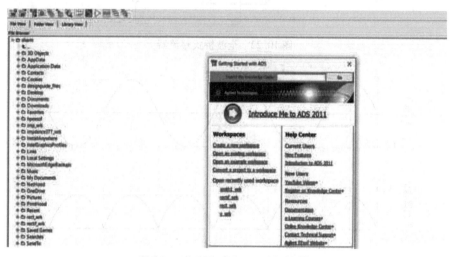

图 10.25　ADS 工作界面

5）在创建新的工作空间后，会出现选择模板的选项，如果选择了仿真模板，那么将会出现图 10.26 所示的仿真模板原理图。

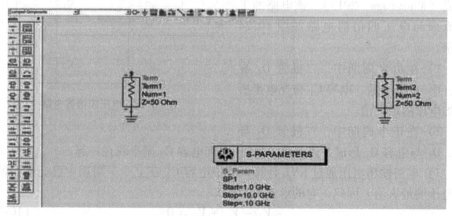

图 10.26　仿真模板原理图

6）接下来，通过在所需位置放置电容 C_1 和 C_2 以及二极管 D_1 和 D_2，设计出了电压倍增器原理图。需要使用与所选二极管相同名称的模型来定义二极管，如图 10.27所示。

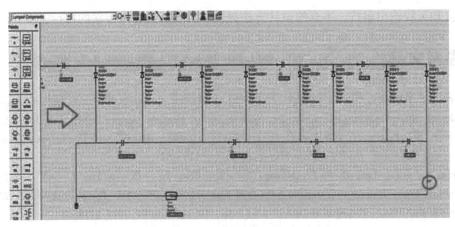

图 10.27 电压倍增整流电路

7）ADS 中，天线系统通过一个功率源来表示其接收等效值，该值的计算来自 HFSS 设计的输出。

8）在 HFSS 中，前面的部分描述了 3D 图形，显示增益为 4.287dB，当转换为功率时，为 2.6834W。

9）天线系统的输出阻抗可以在解决方案数据中看到，显示网络的输出阻抗，该值用于 ADS 中的接收天线电路。

10）为了避免失配，两个网络都需要通过匹配网络相连接。阻抗匹配网络将整流器电路的输入阻抗和天线输出阻抗进行匹配。

11）为了计算电容器的电抗，使用频率 5.5GHz 计算电路的输入阻抗，动态电阻为 25Ω。

12）采用单支臂匹配将其置于两者之间，然后在匹配窗口中放置源阻抗和负载阻抗。W 和 L 值根据频率和网络进行合成。

13）史密斯图匹配用于构建电感和电容的值以匹配两个部分。在为电路的源阻抗和负载阻抗输入后，构建 ADS 设计。

14）此设计是在接收天线和整流器电路的两个单独网络之间构建的。

10.6　结论

本章利用 2×1 圆形补丁阵列天线，提供更高增益，介绍了天线辐射的基本概念，包括赫兹偶极子的电场方程和磁场方程。天线系统的辐射模式提供了系统的功率增益，因为它表示天线的定向性，该定向性由特定方向上的最大功率增益给出。使用 HFSS（高频仿真软件）从简单的圆形到完整的 2×1 圆形贴片阵列天线的工作方法进行了阐述。在 ADS 中，从如何在 ADS 中创建新的工作空间开始设计了三个基本子系统。通过对天线输出阻抗和整流器输入阻抗进行匹配，两个网络通过匹配网络连接在一起，以避免不匹配。设计了一个匹配网络来匹配整流器电路的输入阻抗和天线输出阻抗。本章的设计方法提供了实现所需功率传输的可行方案。

参考文献

Agarwal, S., Pandey, S. K., & Singh, J. (2014). Realization of efficient RF energy harvesting circuits employing different matching techniques. *Int. Symp on Quality Electronic Design (ISDEQ)*, 754–761.

Keyrouz, S., Perotto, G., & Visser, H. J. (2012). Novel broadband Yagi–Uda antenna for ambient energy harvesting. *IEEE European Microwave Conf.*, 518–521.

Khang, S. -T., Lee, D. -J., Hwang, I. -J., Yeo, T. -D., & Yu, J. -W. (2017). Microwave Power Transfer with Optimal Number of Rectenna Arrays for Mid–Range Applications. *IEEE Antennas and Wireless Propagation Letters*, 1–1. doi: 10.1109/LAWP.2017.2778507

Kim, J. H., Cho, S. I., & Kim, H. J. (2016). Exploiting the mutual coupling effect on dipole antennas for RF energy harvesting. *IEEE Antennas and Wireless Propagation Letters*, 1301–1304.

Li, X., Yang, L., & Huang, L. (2019). Novel Design of 2.45–GHz Rectenna Element and Array for Wireless Power Transmission. *IEEE Access: Practical Innovations, Open Solutions*, 1–1. doi: 10.1109/ACCESS.2019.2900329

Lin, Chiu, & Gong. (2018). *A Wearable Rectenna to Harvest Low–Power RF Energy for Wireless Healthcare Applications.* doi: 10.1109/CISP–BMEI.2018.8633222

Matsunaga, T., Nishiyama, E., & Toyoda, I. (2013). 5.8–GHz Stacked Differential Rectenna Suitable for Large–Scale Rectenna Arrays With DC Connection. *IEEE Transactions on Antennas and Propagation*, *63*, 1200–1202. doi: 10.1109/APMC.2013.6695070

Nayna, T. F., Baki, A. K., & Ahmed, F. (2014). *Comparative study of Rectangular and Circular micro strip patch antenna.* ICEEICT. Neaman. (n.d.). *Electronic Circuits* (3rd ed.). MGH.

Niotaki, K., Kim, S., Giuppi, F., Collado, A., Georgiadis, A., &Tentzeris, M. (2014). Optimized design of multiband and solar rectennas. *WiSNet 2014 – Proceedings: 2014 IEEE Topical Conference on Wireless Sensors and Sensor Networks*, 31–33. 10.1109/WiSNet.2014.6825507

Olgun, U., Chen, C. -C., & Volakis, J. (2011). Investigation of Rectenna Array Configurations for Enhanced RF Power Harvesting. *Antennas and Wireless Propagation Letters. IEEE.*, *10*, 262–265. doi: 10.1109/LAWP.2011.2136371

Sample, A. P., Parks, A. N., & Southwood, S. (2013). *Wireless ambient radio power in smith J. P. In Wirelessly powered sensor networks and computational RFID.* Springer. Shevgaonkar, R. K. (n.d.). *Electromagnetic waves* (12th ed.). MGH.

Singh, M., Agarwal, S., &Parikar, M. S. (2017). Design of rectenna system for GSM–900 band using novel broadside 2*1 array antenna. *Journal of Engineering (Stevenage, England)*.

Takacs, A., Okba, A. & Aubert, H. (2018). *Compact Planar Integrated Rectenna for Batteryless IoT Applications.* doi: 10.23919/EuMC.2018.8541574

Takhedmit, H., Cirio, L., Costa, F., & Picon, O. (2014). Transparent rectenna and rectenna array for RF energy harvesting at 2.45 GHz. *8th European Conference on Antennas and Propagation (EuCAP)*, 2970–2972. 10.1109/EuCAP.2014.6902451

第11章

云计算技术

当今世界,云计算和电子商务相辅相成,发挥重要作用。电子商务推动企业脱离物理空间,在互联网上发展。云计算推动IT基础设施投资,助力电子商务发展。这是大多数组织将业务转向云计算的唯一原因,同时也获得更多好处,但全面应用之前,应了解其利弊。本章介绍了电子商务组织对云计算应用的要求、电子商务业务采用云计算的益处,以及电子商务组织在使用云计算技术后所遇到的困难。

11.1 云计算

近年来,云计算成为IT领域最具发展前景的领域,并从理论知识向现实应用转变。目前,几乎在医疗、学术、电信等各个领域都得到了大规模的应用。

云计算可以通过互联网访问和使用存储在其他远程位置的所需服务和信息,非常方便。它是一个多用户共享的资源池,如分布式环境中的存储、网络基础设施、应用程序和服务。对于组织或个人来说,以按使用付费的方式访问数据和服务也是有益的,用户只需要为组织或个人使用的数据或服务的数量付费,而不需要为整个数据、资源和服务付费。云计算的一个吸引人的特性是,用户的数据存储在远端(云上)储存,提供商负责数据维护和安全。如今,许多基于教育、医疗保健和银行领域的组织正朝着云计算的方向发展,以按次付费的方式为客户提供各种服务。一些主要的云服务提供商有Google、Amazon、Salesforce、Microsoft等。云用户不要求实体储存装置,而是从第三方提供商处租用。

11.2 云实体

一般来说,云计算环境的概念涉及三个实体,如图11.1所示。

1)所有者:拥有用户所需数据或服务的实体。所有者将所有数据和服务存储在云中,任何用户都可以从云中访问这些数据和服务。所有者还决定访问标准和访问类型,例如:对用户的数据、资源或服务进行读、写或更新。在决定访问之后,访问标准所有者不需要执行任何数据处理任务,如存储、维护、转换等,因为所有这些任务都由CSP进一步处理。只有在需要对以前存储的数据进行新的更新/添加或修改用户访问条件时，所有者才可以自由地与服务提供商联系。

2）云服务提供商（CSP）：云服务提供商充当所有者和用户之间的中间层。云服务提供商是维护数据和服务并设置安全协议的实体。云服务提供商允许授权用户根据所有者决定的基于角色、能力、访问控制或授权等的访问标准访问其所需的数据和服务。这个实体在整个云环境中扮演着重要的角色。所有者和用户都可以就其服务联系此实体。

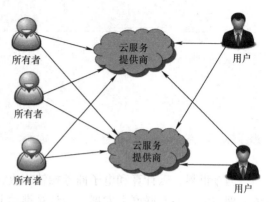

图 11.1　云计算环境中的实体

3）用户：是指实际需要数据和服务，并根据需要从云服务提供商处获得数据和服务的实体，只需支付所使用的数据或资源量。用户不与所有者有任何直接联系，只有在交叉验证访问标准后才能与 CSP 联系。只有在这之后，用户才能使用它所需的数据或服务，并且只为他们所使用数据付费。

11.3　云部署模型

根据云在各个组织中的发展情况和社会使用情况，如图 11.2 所示，可以分为：

1）公共云：为用户或多个组织提供服务的基础设施，利用各种资源，传递云数据，不需要防火墙。此类模型由负责处理所有请求和问题的第三方管理和提供。不存在访问限制、授权和身份验证机制。

2）私有云：组织内提供的基础设施，用于在防火墙中利用其资源。这种类型的模型由第三方拥有或租赁，由组织管理，

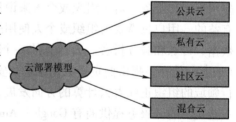

图 11.2　云计算环境下的云部署模型

根据访问控制、身份验证等安全标准将资源交付给用户。与公共云相比，用户在私有云中使用的资源成本效益不高，而且在数据、资源方面提供了更高的生产效率。

3）社区云：许多组织在同一个服务上合作，并且遵循相同的策略、价值观和需求。此云模型由外部第三方或社区中涉及的任何组织拥有。它比公共云安全得多，还可以帮助不同的组织聚集在社区中。

4）混合云：这种类型的基础设施是两个或多个部署模型的组合，它们之间的数据传输不会相互影响，即由私有云和公共云组成。混合云下敏感数据一般由私有云处理，非敏感数据由公共云处理。公共云和私有云的这种组合也有助于节约成

本，因为公共云比私有云成本更高。

11.4 云服务交付模型

根据服务类型，在云计算环境提供的众多可用服务中，可以将其进行分类，如图 11.3 所示。

1）软件即服务（SaaS）：在云环境中，根据预期用户的需求向其交付任何应用程序或软件服务，并允许在云服务器端虚拟地使用、维护和操作这些应用程序或软件服务。此交付模型不需要在用户计算机上进行任何安装，因为所有应用程序或服务都在服务提供程序端处理。

2）平台即服务（PaaS）：向用户交付各种计算服务，以用于其应用程序或程序的实现和执行。这种交付模式下的各种服务有：数据库用于数据存储、操作系统提供执行环境。所有这些任务都在网络/服务提供商端处理，不需要在用户计算机上进行任何安装。这也将减少与软件维护及其支持相关的任务。通常，它为用户提供应用程序编程接口（API），帮助开发定制的应用程序。PaaS 中的主要元素是点和快照，它鼓励用户在时间和成本限制内轻松有效地创建新的网络应用程序，例如：Force.com、Microsoft Azure。

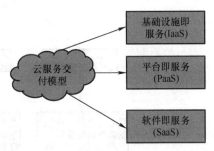

图 11.3 云计算环境下的云服务交付模型

3）基础设施即服务（IaaS）：根据用户使用虚拟化执行其应用程序的需求，向用户交付与硬件相关的资源。它使用户能够通过互联网找到可用所需基础设施，例如：Amazon EC2、GoGrid。

表 11.1 总结了这三种云服务交付模型的对比分析。

表 11.1 云服务交付模型对比分析

交付模型	范例	关键特性	关键术语	专业人士	缺点	不适用情况
软件即服务（SaaS）	软件作为优势	通过 API、服务级别协议（SLA）进行通信	客户端-服务器应用程序	避免对软件和开发资源的投资，降低风险，迭代更新	数据集中需要新的/不同的安全措施	几乎在每个应用程序中都可以使用
平台即服务（PaaS）	许可证获取	使用云基础架构	解决方案堆栈	合理化版本分布	集中化需要安全措施	—
基础设施即服务（IaaS）	作为优势的基础设施	通常独立于平台，基础设施成本由用户分担，按使用率付费	网格计算，实用程序计算、管理程序、多租户计算	避免硬件和人力资源方面的资本支出	业务效率和生产力在很大程度上取决于供应商的能力；潜在较大的长期成本	资本预算大于经营预算时

11.5 云计算对实体的好处

所有参与云计算的实体都从云计算中获益匪浅,如图 11.4 所示。

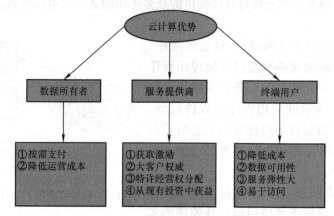

图 11.4 云计算对实体的好处

1)为数据所有者带来的好处(所有者是指正在接受云计算应用程序并获益的组织):①按需支付,对于小型组织来说,在它的基础架构上投入大量资金是不可行的。因此,采用云计算对其有益。这些组织只需要为使用的服务或资源付费,而不需要为其他服务或资源付费;②降低运营成本,对于初创公司来说,使用云计算是受益的,因为可以跳过硬件/软件的购买和安装成本,在云计算的帮助下使用它们。

2)对服务提供商的好处(云服务提供商在向用户提供服务后得到了很多的激励):①获取激励,获取利润始终是任何组织的首要要求;②大客户权威,组织通过将资源作为服务来提供,与众多客户建立了健康的关系;③特许经营权分配,服务提供商还通过分配其特许经营权来激励不同的供应商向其用户提供云选项;④从现有投资中获益,许多服务提供商只创建一次基础结构,然后通过服务多个请求来利用它。例如,Google 一次建立并同时服务于多个用户,同时也从私有云转移到公共云以获得更多关注和宣传。

3)对终端用户的好处:这些实体是云计算的实际受益者,因为它降低了成本,确保数据全天候可用性,只需连接互联网即可轻松访问,并且具有服务弹性。

11.6 云计算特点

根据云计算与其他传统技术的关系,云计算的特性可分为两类:

（1）基本特征

1）按需自我管理：客户在注册容量方面有一些安排，例如服务器时间和系统存储。

2）广泛的网络访问：由于这些功能可以通过系统访问，并且可以通过标准仪器访问，因此意味着可以通过网络从各种小工具（例如 PC 端、工作站和手机）访问客户端。

3）资源池或共享基础设施：云专业合作社的机械资产被集中起来，利用多居民模型为各种客户提供服务，各种物理和虚拟资产根据买方的要求进行强有力的指定和重新分配。客户对给定资产的精确面积没有控制权或信息，但可能有权选择以更高的审议级别指示面积。资产实例包括存储、处理、内存、安排传输容量和虚拟机。

4）快速弹性：可以快速灵活地调配能力，云随时为客户端提供无限的容量调配。

5）可度量的服务：云框架通过利用适合于管理类型的估计/度量能力，自然地控制和改进资产利用率。可以检查、控制和显示资产使用情况，并向所使用协助的供应商和买方提供直截了当的信息。

（2）关键特性

1）敏捷性：客户可以有效、合理地重新调配机械基础资产。

2）成本：成本可能会受到很大限制，资本中获得的成本会转化为运营成本。客户不必购买资产，而可以使用外人提供的资产，并根据使用情况付费。

3）小工具和区域自由（Gadget and Area Freedom）：有能力的客户端可以访问使用 Internet 浏览器的框架，而不必考虑它们的区域或它们正在使用的小工具（例如 PC、移动设备）。

4）可靠性：信息可以存放在不同的服务器中，这使得云适合于业务一致性和灾难恢复。

5）可维护性：通过改进资产使用、日益有效的框架和碳缺乏偏见来实现。无论如何，PC 和相关框架是能源的重要买家。

6）维护：云的应用维护不那么麻烦；云不需要在客户机器中引入任何应用程序。如果发生任何进展，它将立即到达客户。

7）计量：云资产的使用必须根据每天、每周、每月和每年的应用程序按客户进行估计和计量。

11.7 云计算挑战

由于客户端对分布式计算的真实性不信任，因此目前分布式计算的选择面临各种困难。IDC（2008）认为阻止云计算被接受的重大困难如下：

1）安全性：显然安全问题是云注册的最大阻碍。在不确定的情况下，将个人利用另一个人的 CPU 在其硬盘上运行，对许多人来说似乎是难以接受的。已知的安全问题包括网络钓鱼、僵尸网络（在机器的聚集处远程运行）对信息和程序构成威胁。另外，分布式计算中的多租户模式和集合处理资产也带来了新的安全挑战，需要新的方法来处理。例如，程序员可以利用云计算来组成僵尸网络，因为云计算经常以较低的成本提供逐渐可靠的基础管理，让它们开始进行攻击（Ramgovind，2010）。

2）成本模型：云服务使用者必须考虑计算、通信和组合之间的交换。虽然移动到云可以完全降低框架成本，但它增加了信息通信的费用，例如，将协会的信息移动到普通社会和网络云的费用以及使用的每单位注册资产的费用可能会更高。如果买方使用交叉品种云安排模型，信息在各种开放/私有（内部 IT 框架）/网络 MIST 之间传播，则此问题尤其明显（Ramgovind，2010）。

3）收费模式：灵活的资产池使得成本调查比普通的服务器群更加混乱，普通的服务器群经常根据静态处理的利用率来确定其成本。此外，一个启动的虚拟机已经变成了成本调查的单位，而不是基本的物理服务器。对于 SaaS 云计算供应商来说，在他们的产品中创造多种占用率的费用可能是非常重要的。这些费用包括重新规划和开发最初用于单用途的产品、提供允许集中定制的新亮点的费用、为同时访问客户的执行和安全升级，以及管理上述变化所带来的复杂性。因此，SaaS 供应商需要权衡多租期安排和多租期产生的成本储备资金之间的交换，例如通过摊销减少管理费用、减少现场编程许可证的数量等。因此，SaaS 供应商的重要和可行的收费模式对于 SaaS 云供应商的收益和维持能力至关重要（Ramgovind，2010）。

4）系统级协议（SLA）：虽然云用户对基本注册资产没有权限，但当客户将其中心业务能力转移到其指定的云上时，这些资产的质量、可访问性、可靠性和执行性都应该得到保障。通常，通过供应商和采购商之间协商的服务水平协议提供这些服务。SLA 细节条款应当具备具有适当的粒度，特别是表达性和复杂性之间的权衡，以此保证云用户的大部分愿望能够实现，同时可以方便地通过云上的资产分配系统进行加权、检查、评估和授权。同样，类似的云服务（IaaS、PaaS 和 SaaS）中的 SLA 应当有所区别，以避免各种执行中的问题。此外，SLA 工具需要根据用户反馈和特殊需求整合到 SLA 评估框架中（Weinhardt，2009）。

5）移动内容：根据 IDC 2008 年的报告（样本量 = 244），移动到云端的七个 IT 框架/应用是：IT 管理应用（26.2%）、协同应用（25.4%）、个人应用（25%）、业务应用（23.4%）、应用开发和部署（16.8%）、服务器容量（15.6%）和存储容量（15.5%），这一结果揭示了 IDC 在将其信息移动到云端时仍然存在安全/保护方面的担忧。到目前为止，边缘能力（例如，IT 板和单个应用程序）是最轻松的 IT 移动框架。与 SaaS 相比，IaaS 与 SaaS 之间的关联程度适中。这是因为部分容量被定期重新分配给云计算，同时将核心操作保持在内部。审查同样表明，三年内，

31.5%的协会将其存储容量转移到云。然而,与当时的协作应用程序(46.3%)相比,这一数字仍然较低(Gens,2009)。

6)云互操作性问题:目前,每个云产品都有自己的特定方式,说明云客户/应用程序/客户如何与云连接,这就促使了"模糊云"的出现。这严重阻碍了云环境的改善,因为它推动了卖方的锁定,限制了客户在选择商家/产品时的能力,以便在协会内部的各个层面上提高资产。更重要的是,独有的云计算 API 使得云计算服务很难与企业自身的传统框架相协调(例如,在制药企业中,一个用于特殊智能显示应用的内部服务器场)。对于分布式计算来说,互操作性是基础性质。第一,为了增强 IT 资源和处理资产,协会需要定期保持与其中心技能相关的内部 IT 资源和能力,同时将外围能力和操作(例如人力资源框架)重新分配到云上。第二,作为一般规则,以优化为最终目标,协会可能需要将各种可忽略的容量重新分配给各种商家提供的云管理。人们认为制度化似乎是解决位置互操作性问题的正确答案。尽管如此,随着分布式计算淡出视野,重要行业云用户并未因为互操作性问题而放弃云使用(Ramgovind,2010)。

11.8 云计算属性

云计算机构用户提出的特定需求较少,这些需求是成功执行和使用云计算属性的驱动因素,例如,数据可用性、弹性、协作、移动性、低成本、可扩展性、降低风险和虚拟化,如图 11.5 所示。表 11.2 描述了所有这些属性,并说明了它们与组织的关系以及它们用于解决各种问题的方式。

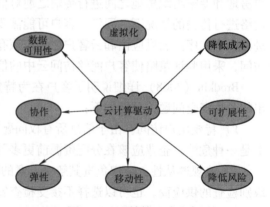

图 11.5 云计算驱动程序

表 11.2 云计算属性

属性	说　　明
数据可用性	云计算的使用使得用户可以随时随地访问所需的数据,只需连接互联网,数据就可以随时获取
弹性	用户可以根据需要随时添加或删除资源。因此,动态使用资源比静态使用资源更容易。允许用户仅在初始阶段不指定完整的需求
协作	如果多个组织同时访问同一数据或信息,云计算会将它们带到同一地点。此功能还将有助于维护数据的一致性
移动性	用户可以在任何地方访问数据,不需要只在特定位置进行修复。数据将在世界各地提供

(续)

属性	说　　明
降低成本	云计算的按使用付费功能允许用户只投资于他们使用的资源或数据,而不投资于其他任何东西。另外,用户不需要为基础设施成本和物理资源结算支付任何金额
可扩展性	通过增加可扩展性,用户可以根据需要访问大量可访问的资源
降低风险	用户可以在云基础设施上测试他们的想法,而无须在实际设置环境中投入任何成本。这将减少风险发生,因为用户完全了解任何风险出现的可能性
虚拟化	云环境中的每个用户都有这样一种印象,即可用资源是自己使用的,而不知道它们是如何物理安排的。但在实际中,同一资源被多个用户同时使用。因此,对服务提供商的要求很高,它将以较少的可用资源同时支持多个用户

11.9　云安全

客户将数据存储在远程"云端",也因此对存储其私有信息异常敏感。也有可能将业务原理和不同的业务相关交换放在云端,因此云客户端需要高安全性才能在云中保存自己的私有信息。分布式计算应制定客户所需的 IT 安全游戏计划。在客户房地和专家组织房地之间进行传输之前对信息进行加密特别重要,例如,在利用网络进行传输的情况下。同样,客户可能需要在明确的设备上而不是共享设备上促进其应用程序。云供应商和云客户之间应该有一个入口利益。这将保护未经批准的访问,采用验证策略使客户能够访问云中的信息。

Brodkin(2008)详细说明了客户在为特定服务选择任何服务提供商时可能提出的各种安全问题,总结如下:

1)特权用户访问:由于信息所有权问题,客户通过互联网传输数据某种程度上是一种危险;企业应该在分配资源前更多了解供应商及其需求。

2)法规遵从性:客户负责其解决方案的安全性,因为他们可以选择适用安全级别检查的供应商,也可以选择不接受检查安全级别评估的供应商。

3)数据位置:根据协议区域信息,少数客户可能无法了解数据存储在哪些地区。

4)数据隔离:来自不同组织的加密数据可能存放在相同硬盘上,因此供应商应使用隔离信息系统。

5)恢复:供应商应提供损坏数据恢复约定,保护客户信息。

6)调查支持:如果客户认为供应商行为有缺陷,缺少合法的途径申请检查。

7)长期获取数据:如果现有供应商被另一家公司收购,用户应当可以随时毁约,并撤回数据。

下面对用于在不同参数下保护云环境的不同解决方案技术进行对比分析,如表 11.3 所示。

表 11.3 云环境下安全技术对比

安全性参数/型号	架构	安全技术	安全性实现	类型	优点	缺点	类似应用
入侵检测系统(IDS)	集成、分层	蜜罐和签名生成	日志管理、网络攻击/分布式拒绝服务攻击	网络、主机	兼容、高效和可扩展	耗时长、资源利用率更高	Oracle SOA 套装、IBM 开放云架构
Hadoop 分布式文件系统(HDFS)	主-从	模式匹配算法	数据丢失导致的偶然故障	MapReduce 和 HDFS	集群节点的高可用性、可靠性与容错	性能降低	雅虎、Facebook
虚拟的私人网络(VPN)	轮毂和轮辐模型	边框网关协议(BGP)和自主式系统数字(ASN)	数据解密后的交通检查	多服务主机服务器	一对一连接性和完全前向保密	无法强制执行身份验证策略	NCP、亚马逊
安全套接字层(SSL)	云服务器的行为类似于代理服务器	公钥密码与握手消息	篡改和监控	OpenSSL 和 Apache	Google 将增加具有高 SSL 等级的网站排名	豆荚咬伤攻击	Windows、Azure
基于多租户的访问控制	基于身份和基于角色的访问控制	安全地分割每个租户	不同租户间的身份危机	MAC、DAC、RBAC	分配角色并限制每个角色的用户数和事务数	侧通道攻击	美国宇航局、图书馆

11.10 云攻击

（1）拒绝服务（DoS）攻击

在 DoS 攻击中，入侵者利用管理需求加重目标云框架负担，难以对新请求做出反应，使客户端无法访问数据。云安全联盟指出，随着云用户增多，DoS 攻击危害性也大大增加。DoS 攻击有多种类型：

1）入侵者可以用大量的垃圾信息来加重目标的负担，这些垃圾信息会吞噬系统的数据传输容量和资产，例如 UDP 泛洪、ICMP 泛洪等。

2）入侵者可以利用与不同系统管理约定相关的清晰空间来超载目标数据，例如 SYN 泛洪、分区攻击、死亡之 Ping 等。

3）入侵者可以通过 HTTP DDoS 攻击、XML DDoS 攻击等方式，产生大量的 HTTP 请求，令服务器无法处理。

解决方案：根据批准订购流量，限制 DoS 攻击，借此处理识别为未批准的流量，同时区分已批准的流量。因此，防火墙可用于在访问约定、端口或 IP 地址的前提下允许或拒绝流量。

（2）云恶意软件注入攻击

在云恶意软件注入攻击中，入侵者试图向云中注入报复性协助或虚拟机。攻击者制造自己的恶意协助执行模块（SaaS 或 PaaS）或虚拟机事件（IaaS），并试图将其添加到云框架中。入侵者将恶意代码伪装成为云框架中合法的帮助，一旦成功，云就会将合法客户端的请求转移到恶性协助执行，并且入侵者代码开始执行。云恶意软件注入攻击背后的主要情况是入侵者将恶意帮助示例移动到云中，以实现对不幸受害者管理的管理请求的访问。要实现这一点，攻击者需要推断出对云中不幸伤亡者信息的权限。根据命令，这次攻击是滥用云攻击面的重要因素。

解决方案：为了防止云受到恶意软件注入攻击，可以加强设备的可信性，因为攻击者很难在 IaaS 级别进行干预。为此，可以使用一个记录指定表（FAT）框架，通过对比当前和过去的案例来判断新案例的合法性和可信度。

（3）侧通道攻击

入侵者通过在目标云服务器框架附近设置一个有害的虚拟机并随后推进侧通道攻击云框架。侧通道攻击已构成安全风险，其重点是密码计算的框架使用。因此，评估密码框架对侧信道攻击的灵活性对于安全框架结构具有重要意义。侧通道攻击虚拟机（VM）共两个阶段，攻击者可以定期将其案例放在等效物理机上作为客观示例和 VM 提取，即恶性场合使用侧通道学习关于共存的数据的能力。在分布式计算中提供防止侧向转移攻击的保护并不困难，因为在硬件设备中增加神秘数据并不困难。

解决方案：一种方法是使用混合虚拟防火墙设备可以防止云受到侧通道攻击。另一种方法是利用任意加密解译（利用复杂度分散的思想），因为它预期侧通道攻击的第二步提取。

（4）中间人（MIM）攻击

中间人攻击是指攻击者在公开密钥交易中捕获消息，然后重新传输，用自己的公开密钥代替之前的密钥，保持两个集合依旧保持"交谈状态"，消息发送者没有察觉到攻击者正在试图获取或更改先前重新传输给收集器的消息，最终攻击者控制整个通信。中间人攻击主要形式有：

1）地址解析协议（ARP）通信：在普通 ARP 通信中，主机发送包含源和目标 IP 地址的数据包至每个相关设备，这些设备随后发送带有 Macintosh 地址的 ARP 应答，获取通信。ARP 协议未经过验证，而且 ARP 存储没有安全的系统，最终导致问题发生。

2）ARP 缓存中毒：攻击者通过控制系统更改来嗅探系统，以屏蔽系统流量，扰乱主机和目标 PC 之间的 ARP 包，实施 MIM 攻击。

3）DNS 欺骗：目标提供伪造数据导致资格丧失。这种在线 MIM 攻击可能伪造银行网站，引导用户转向攻击者创建的网站，以获取用户信息。

4）会话劫持：主机 PC 和网络服务器之间建立会话，攻击者可以获取某些基础信息。

（5）身份验证攻击

在分布式计算管理中，身份验证是攻击者通常关注的一个薄弱环节。当前，绝大多数网站仍然使用基于学习的基本用户名和秘密短语类型的验证，特殊情况下使用不同类型的辅助验证（例如：隐私问题、站点密钥、虚拟控制台等），让主流钓鱼攻击变得困难。验证攻击有如下类型：

1）暴力破解：利用所有可想到的秘密密钥破解用户密钥。暴力破解通常应用于分割编码密码，这些密码存在拼凑的内容当中。

2）字典攻击：这种攻击一般比暴力破解要快。字典攻击与暴力破解不同，它试图使用日常生活中经常出现的单词或表达来破解密钥。

3）背后监视：也可以称为"间谍"，入侵者时刻监视用户的一举一动，以获得密码。攻击者监视用户输入密码的行为来窃取用户秘密。

4）网络钓鱼攻击：这是一种电子攻击，攻击者将客户转移到虚假网站，以获取客户的密码/PIN 码。

5）键盘记录器：这种方式可以记录客户的每一个动作，同时筛选客户的行为，以获得用户设定的密码。

解决方案：①延迟反应，服务器延迟给出对登录名/密码的回应，防止攻击者在一定时间内检索更多密码；②记录锁定，冻结多次尝试登录的账户（例如，五次错误登录则锁定账户 1h），这样防止攻击者在短时间内检索更多密码；③生物特征识别，生物特征识别是一种基于图片的验证框架，其中，指纹、人脸、虹膜、视网膜、话语、签名都可以用作识别对象。首先对图像进行预处理，然后完成图像的识别和校验。

11.11 什么是电子商务

电子商务通过在线环境（包括任何计算机网络或因特网）销售或购买产品，如今，电子商务广泛应用于几乎所有的领域，如网上支付交易、供应链管理、自动化信息采集系统、移动商务、电子数据交换等。为了顺利处理业务，财务和支付通过数据交换解决，电子商务几乎可以适用于任何业务。但是，许多研究者对电子商务以及小企业如何利用电子商务开展业务有着不同的看法。

Raymond（2001）将电子商务描述为"电信、连接商业客户和供应商在网络上交换信息，进行商务贸易"。Turbon等人（2002）将电子商务描述为"一个新兴概念，描述了通过计算机购买、出售或交换服务和信息的过程"。将电子商务纳入商业活动主要优势有：

1）降低成本，增加销售量，提高利润。
2）在电子商务的帮助下，商业组织都可以24h不间断地工作。
3）电子商务解除了顾客购物的空间限制。
4）客户来自世界各地，而不是某个特定区域。

几乎所有的组织都在使用电子商务。表11.4说明了从中小型组织到基于电子商务的各种应用。

表11.4 电子商务应用

电子商务应用	说明
电子营销	允许客户与销售人员联系 利用互联网了解客户需求 利用互联网满足客户需求 通过使用电子渠道来满足客户 向目标客户或供应商展示所需信息
电子订单和产品交付	客户可以在线订购所需的数据或服务 客户可以跟踪其数据传递的传出和传入 业务交易成本也被最小化
电子广告	展示符合客户需求的产品 在线获取产品介绍 在线维护产品信息 访问生产产品公司主页
电子支付系统	电子资金转账（EFT）便利化 提供电子卡、在线信用卡处理和预付卡处理的设施
客户支持服务中心	便于获取常见问题解答（FAQ） 在线处理客户查询、新客户登记、反馈评价

11.12 电子商务面临的问题

如今,电子商务广泛用于产品销售以获取更高利润,但是仍然面临许多问题,如图 11.6 所示,同时云计算也用于解决这些问题:

1) 资本需求:电子商务运作需要大量投资以购买和维护硬件,随着数据流增长,最终用户交互次数增多,各种硬件以及软件都需要更新,才能维持相同的服务水准。当到达某个极限,商业机构将在维护上花费较多精力,难以再扩展硬件或软件。

2) 数据安全和隐私问题:欺诈、数据泄漏、黑客攻击频发,许多组织都在犹豫是否转移至云上平台。

3) 技术人员短缺:电子商务企业组织完全依赖于网络技术,对负责管理和维护的技术人员需求激增。随着电子商务需求不断增长,目前已经解决了数据集成、数据挖掘、数据存储、信息安全等各种技术问题,但由于缺乏技术支持,许多问题仍然受到阻碍,成为中小型组织面临的一项具有挑战性的任务。

4) 移动终端:移动通信已经成为人们生活中的一种必需品。移动终端也将成为未来电子商务的主要来源。因此,对移动终端切换的需求也是电子商务面临的挑战,包括信息安全和处理等。

图 11.6 云计算和电子商务

11.13 面向电子商务的云计算

20 世纪 70 年代以来,电子商务成为人们关注的焦点。电子商务的重点是允许各种组织以电子方式完成其所有业务相关任务,如交易、数据处理等。它破除企业空间和实体限制，实现在线销售和产品购买。云计算降低了基础设施成本，提高部署速度，帮助电子商务发展，同时允许商业组织随着业务发展，动态添加或删除所需资源。

(1) 电子商务应用云计算的优势

云计算与电子商务的结合使用为用户带来了许多好处，如图 11.6 所示。

1) 安全和信任：云用户最关注的就是数据安全（Babar，2011）。除了隐私之外，维护不同实体之间的信任关系，是用户使用云计算的原因之一。云计算服务用户会确保服务提供商严格遵守所有安全策略和标准，电子商务应用会自动选择最佳政策以保证电子商务数据储存的安全。

2) 建设运营成本：随着业务增长，数据也会随之增加，需要更多软件、硬件维护这些数据。云计算可以帮助用户解决这些数据存储、操作和维护相关问题。

3) 可移动性：接入互联网，云计算帮助电子商务应用通过使用移动设备随时随地访问数据或服务。

4) 决策模型：目前许多使用电子商务的商业组织面临着一系列问题，如：用户数量庞大，需要更强大的存储、管理和数据挖掘能力；客户需求的快速变化需要实时反馈。商业智能（BI）的使用将有助于做出有关业务的决策。

5) 质量：任何服务的质量取决于它的可靠性、灵活性和用户随时随地的可访问性。许多 CSP（如 Google、IBM、Amazon）数据中心分散在世界各地，以提供其数据的可靠性，并在出现任何故障时保持其质量（Buyya，2008）。

6) 定制化投资：云计算为电子商务客户节省了 70% ~ 80% 的总投资成本，促进了电子商务基础设施的完善和未来的发展。云计算的数据具有灵活性和可扩展性，电子商务应用也越来越多元。

7) 全球发展：云技术的使用让客户在全球范围内都可以访问云上电子商务数据，可以随时随地处理业务相关问题。

8) 云计算资源规模优势：云计算可以根据需要，随时扩展、升级资源或者舍弃资源，解决电子商务用户面对资源需求变化的忧虑。

(2) 电子商务应用云计算面临的问题

1) 缺乏相关规章制度：当前还没有规章制度约束云计算在电子商务中的使用，造成很多问题在特定的时间内无法解决。

2) 云计算安全问题：云环境下更容易解决终端用户真实性、数据完整性、可抵赖性等诸多安全问题，但网络安全、多方信任维护、数据保密等诸多安全问题仍有待解决。

3) 服务供应商监管：云环境下，所有与数据存储、数据处理、维护相关的任务均由服务商自行处理。但是，没有办法对服务提供者进行监督、控制和管理。

(3) 相关研究

Darwazeh 等人（2015）提出了一种生产性的分布式云存储模型，该模型通过信息排列提供分类和诚实性，并通过应用 TLS、AES 和 SHA 安全工具（取决于排列的信息的种类）来限制多方面的性质和处理时间。该模型利用加密计算保证有效运行。本节利用人工对信息进行排序，而非编程排序，给予更高级别的安全性和保密性。

Sengupta 等人（2015）计划采用加密计算混合 DESCAST，以确保通过 web 发送的大量信息的安全性，解决了 DES 和 CAST 两种分组密码算法的约束条件，突破了 DES 和 CAST 两种分组密码算法在计算时间和加密解译方面均高于 DES 和 CAST 两种分组密码算法。他们认为，整合 128 个键和 64 个键的数字计算，暴力破解和通过生日问题验证的攻击被拒绝，功能逐渐强大。

Ko 等人（2013）提出了一种在私有云上保存最机密和最基本信息的安全模型，并将其放置在一般云上，用于检查一般社会云上信息的真实性。该模型使用哈希码，将一个作业分配给每一个客户端，并将客户端的作业存储在数据库中，以供客户端进行审批流程和活动。另外，出于安全考虑，该模型使用双重检查合谋进行密钥确认的同时，在另一层使用用户名和密钥进行客户端验证。他们针对不同类型攻击进行剖析，提出了一种保证云中信息安全的加密方法，通过对多种现有云安全结构检测，该过程比其他现有模型更加可靠、有效和快速。此外，该模型还可以降低成本，因为它在私有云上存储敏感的信息。

Hwang 等人（2011）提出利用加密的信息安全模型，该模型利用云专家组织执行容量和加密/解密任务。这种策略的缺点是客户或信息所有者无法控制全部信息。

Prakash 等人（2014）提出了利用 256 段对称密钥进行加密和解码的技术，并对云 worldview 中异常的基本远程信息进行了验证。他们对可变大小的内容文档库进行了测试，结果表明所提出的技术优于现有的技术。此外，他们还介绍了用于从未经批准的客户端验证云服务器的系统。同样，他们也展示了加密和解码计算的演示研究。

Lai 等人（2013）提出了一种基于属性的加密（ABE）和基于云的框架下的解读策略，以赋予信息安全性。这种解码计算取决于客户端提到的重新分配的编码信息的属性。该策略的限制在于，尽管云服务器开销可以通过提供外部审查者来限制，但是云专家组织使用重新分配的编码信息来检查客户质量的计算增加了开销。

Liu 等人（2012）探讨了分布式计算中的安全问题，以及解决安全问题的方法，并展示了不同的云边界。云框架中的管理可访问性和信息保护是问题之一，同时这一问题不能通过单一的安全技术来解决，可能需要融合传统和创新的方法。

Moghaddam 等人（2013）评估了在基于云的条件下对 6 个异常对称密钥密码计算的近似研究。他们提出了两种云服务器，即云和信息服务器。这种技术的局限性在于，两个独立的服务器会增加存储和计算开销。

参考文献

Babar, M. A., & Chauhan, M. A. (2011, May). A tale of migration to cloud computing for sharing experiences and observations. In *Proceedings of the 2nd international workshop on software engineering for cloud computing* (pp. 50 – 56). ACM. 10. 1145/1985500. 1985509

Brodkin, J. (2008). Gartner: Seven cloud – computing security risks. *InfoWorld*, 2008, 1 – 3.

Buyya, R., Yeo, C. S., & Venugopal, S. (2008, September). Market – oriented cloud computing: Vision, hype, and reality for delivering it services as computing utilities. In *2008 10th IEEE international conference on high performance computing and communications* (pp. 5 – 13). IEEE.

Darwazeh, N. S., Al – Qassas, R. S., & AlDosari, F. (2015). A secure cloud computing model based on data classification. *Procedia Computer Science*, 52, 1153 – 1158. doi: 10. 1016/j. procs. 2015. 05. 150

Gens, F. (2009). New IDC IT cloud services survey: Top benefits and challenges. *IDC exchan*.

Hwang, J. J., Chuang, H. K., Hsu, Y. C., & Wu, C. H. (2011, April). A business model for cloud computing based on a separate encryption and decryption service. In *2011 International Conference on Information Science and Applications* (pp. 1 – 7). IEEE.

Ko, R. K., Jagadpramana, P., Mowbray, M., Pearson, S., Kirchberg, M., Liang, Q., & Lee, B. S. (2011, July). TrustCloud: A framework for accountability and trust in cloud computing. In *2011 IEEE World Congress on Services* (pp. 584 – 588). IEEE. 10. 1109/SERVICES. 2011. 91

Lai, J., Deng, R. H., Guan, C., & Weng, J. (2013). Attribute – based encryption with verifiable outsourced decryption. *IEEE Transactions on Information Forensics and Security*, 8 (8), 1343 – 1354. doi: 10. 1109/TIFS. 2013. 2271848

Liu, W. (2012, April). Research on cloud computing security problem and strategy. In *2012 2nd International Conference on Consumer Electronics, Communications and Networks (CECNet)* (pp. 1216 – 1219). IEEE. 10. 1109/CECNet. 2012. 6202020

Malik, M. I., & Wani, S. H. (2018). Cloud Computing Technologies. *International Journal of Advanced Research in Computer Science*, 9 (2), 379 – 384. doi: 10. 26483/ijarcs. v9i2. 5760

Moghaddam, F. F., Karimi, O., &Alrashdan, M. T. (2013, November). A comparative study of applying real – time encryption in cloud computing environments. In *2013 IEEE 2nd International Conference on Cloud Networking (CloudNet)* (pp. 185 – 189). IEEE. 10. 1109/CloudNet. 2013. 6710575

Prakash, G. L., Prateek, M., & Singh, I. (2014, July). Data encryption and decryption algorithms using key rotations for data security in cloud system. In *2014 International Conference on Signal Propagation and Computer Technology (ICSPCT 2014)* (pp. 624 – 629). IEEE. 10. 1109/ICSPCT. 2014. 6884895

Ramgovind, S., Eloff, M. M., & Smith, E. (2010, August). *The management of security in cloud computing*. In 2010 Information Security for South Africa. IEEE.

Raymond, L. (2001). Determinants of Web site implementation in small business. *Internet Research: Electronic Network Applications and Policy*, 411.

Sengupta, N., & Chinnasamy, R. (2015). Contriving hybrid DESCAST algorithm for cloud security.

Procedia Computer Science, *54*, 47-56. doi: 10.1016/j. procs. 2015. 06. 006

Turban, E., King, D., Lee, J., & Viehland, D. (2002). *Electronic commerce: A managerial perspective 2002.* Prentice Hall.

Weinhardt, C., Anandasivam, A., Blau, B., &Stößer, J. (2009). Business models in the service world. *IT Professional*, *11* (2), 28-33. doi: 10. 1109/MITP. 2009. 21